典藏诵读版

论语

全鉴

〔春秋〕孔丘◎著

余长保◎解译

U0823147

扫一扫
免费赠送3种国学音频！

国家一级出版社 中国纺织出版社 全国百佳图书出版单位

内　容　提　要

《论语》是一部记录孔子及其弟子言行的语录体著作，至今已有2500多年。它的哲学思想以"仁"、"礼"为核心，影响着世代中国人及华人世界，是重要的儒家经典。本书对《论语》一书进行了全面的解译，并结合现实予以进一步解读。

图书在版编目（CIP）数据

论语全鉴：典藏诵读版／余长保解译．-- 北京：
中国纺织出版社，2018.10（2020.12重印）
ISBN 978-7-5180-5198-4

Ⅰ．①论… Ⅱ．①余… Ⅲ．①儒家②《论语》—译文
Ⅳ．①B222.24

中国版本图书馆CIP数据核字（2018）第141171号

策划编辑：陈希尔　　　　责任印制：储志伟

中国纺织出版社出版发行
地址：北京市朝阳区百子湾东里A407号楼　邮政编码：100124
销售电话：010—67004422　传真：010—87155801
http：//www.c-textilep.com
E-mail：faxing@c-textilep.com
中国纺织出版社天猫旗舰店
官方微博 http：//weibo.com/2119887771
北京华联印刷有限公司印刷　各地新华书店经销
2018年10月第1版　2020年12月第5次印刷
开本：710×1000　1/16　印张：20
字数：299千字　定价：49.80元

前言

对于东方文化而言，孔子是一个特殊的存在，他是一位伟大精神的直接缔造者。而《论语》无疑是我国古代儒家经典著作之一，它记录了孔子及其弟子言行，集中体现了孔子的政治主张、伦理思想、道德观念及教育原则。作为中华文化的重要源头，其蕴涵的哲理已深深浸透到中国两千多年的政教体制、社会习俗、心理习惯和行为方式中。

“半部《论语》治天下”，自古至今，无论在士人当中还是在老百姓中间，《论语》一书都是中国人的一部不能逾越的圣典。当我们捧读被颂扬千年的《论语》之时，自然而然地从字里行间感受到孔子那关注人们生活的炙热目光，聆听那朴实简洁的教诲……

《论语》中记载：子之燕居，申申如也，夭夭如也。孔子是自由爽朗舒展的，因为他是一个道德品质高尚的人。可见，自由的获得与道德是密切相关的。因为当人们自觉践行道德法则的时候，必将使自己的心灵不断得到净化与升华，并逐渐摆脱物欲的束缚和名利的羁绊，由此洞见到宇宙间存在的“大道”，进入无机心的自由之境。

《论语》是儒家学说中论述道德的一本书。它以修身治国为诉求，以仁为根本，以善为指向，以学为方法，为人们构建了一座完美的道德之都。这一道德之都是中国传统文化的主流，也是中国人安身立命的根本。可以说，今天中国人的为人处世，基本上遵循的就是儒家的行为准则和道德规范。中国人判断事物的价值标准、说话做事的原则，很多都是参照《论语》中的道德法则。《论语》对中国人思想观念和生活方式的影响，涉及人生、社会的方方面面。其中所蕴涵的智慧就像钻石一样，成为后人最为珍贵的宝物。这座道德之都，实乃国人精神的支撑。面对孔子，人们常常会产生敬畏感，因为他是站在千万人之上的思想巨人，他的智慧好像阳光普照大地一样普照着人心，为人们获取终极的自由提供了道德上的保障。

从思想发展史的角度来看，《论语》当然也是一部哲学论著。它虽然是以谈话的方式来表达思想的，但是，在一个条目之中、几个条目之间以及各章节之间仍然有很强的逻辑关系。因此在解读时，对于相对独立的条目，单独加以解读；对于相互之间有联系的条目，把它们划分为一个小节，然后用一个标题加以概括，选择一个点加以解读，这样就可以使人们更全面地理解每一个小节乃至全书的内容。

《论语》语言简洁精练，含义深刻，其中的许多言论至今仍被世人视为至理。《论语》的智慧具有普适性，它不仅是一部哲学经典，更是一部世俗生活的指导书。所以，它能够跨越时空，到今天仍可以给我们的心灵注入鲜活的生命力。

在《论语》中，孔子的每一处言论，都蕴涵了他对人生、社会的认知与理解，体现了他道德化的人生观、世界观、价值观。当我们对此有所认识之后，才能从宏观上把握《论语》内在的逻辑性以及各章节之间的逻辑关系，从更高层次上领悟到个中潜藏的深意。

为了让读者从源头上了解《论语》，从不同角度去感悟《论语》，我们编撰出版了这本《论语全鉴》，该书以《论语集解义疏》和《论语集注》为底本，参阅诸家学说汇编而成，力求确保全书的严谨性。

本书将纸质图书和配乐诵读音频完美结合，以二维码的方式在内文和封面等相应位置呈现，读者扫一扫即可欣赏、诵读经典片段。诵读音频由中国国际广播电台、中央在人民广播电台专业播音员，以及中国传媒大学等知名高校播音系教师构成的实力精英团队录制完成，朗读中融进了对传统文化的理解，声音感染力极强。

编著者

2018 年 7 月

目录

学而第一

在孔子看来，道德是修身治国的根本，所以他非常重视教化的作用，并开明宗义地提出：学而时习之。因为求知是沟通心灵与德性的桥梁。在求知的过程中，可以懂得为人处世和治国平天下的道理，当心灵最终到达道德之彼岸时，一个人就能够从人生的至高境界中体验到无尽的欢悦。

为政第二

美好的品德是人生的基础，也是为政的基础。正如盖房子一样，如果没有坚实的地基，就不可能修建坚固而耐用的房屋。一个人没有好的品德，再好的学识也难以有益于人，甚至还会害人，而且知道得越多害人越深，权势越大破坏越广。一个品行端正的人，总会以德为原则，为国为民奉献自己的所有。

八佾第三

中国有句格言：“退一步海阔天空。”不少人将它抄下来贴在墙上，奉为处世的座右铭。这句话与当今商品经济下的竞争观念似乎不大合拍，事实上，“争”与“不争”并非总是不相容，反倒经常互补。在生意场上也好，在外交场合也好，在个人之间、团体之间，也无需一个劲儿“争”到底，退让、妥协、牺牲有时也很必要。而作为个人修养和处世之道，不争则不仅是一种美好的德行，而且也是一种宝贵的智慧，更是“礼”的具体体现。

里仁第四

仁是一种生活态度，也是为人的根本。它能让你的人生充满阳光，能使你成为真正有德的君子。要想达到仁的境界，就要克服人性的弱点，发挥自己的优点，成就自身的道德。当你成为一个仁德之人时，是最具亲和力的。

公冶长第五

修养之高低，完全可以通过言行判断出来。孔子就是据此对自己、弟子以及其他一些人的品行做出了恰当的评价。古人以璧玉比喻一个人的人格，璧玉上如果有了一块小小的斑点，这块璧玉就不好了；如果不注意言行，就会使自己的人格像玉一样受到玷污。因此，我们要严格要求自己，注意检点自己的言行是否符合道德规范，防微杜渐，扬长避短。

雍也第六

“中庸之道”是孔子为我们提供的安身立命的忠告。处世为人要讲究一个“度”，恰如其分，保持“中庸”是处世为人的最高境界。过刚易折，过柔则卑。坚守平常心，就能进退自如，在纷繁复杂的社会中周旋有术，游刃有余。

述而第七

人生短短百年，如白驹过隙，转瞬即逝。如何保持乐观向上的生活态度呢？俗话说，心底无私天地宽。古今中外的所谓“君子”，之所以能够品行正、修养好、境界高，原因即在于他们以德为重，拥有坦荡的胸怀，因此，他们的人生之路也变得宽广坦荡。有了坚定的志向，纯洁的思想，坦荡的胸怀，自然就能淡看贫富，不忧不惧，不计毁誉，无欲而刚。

泰伯第八

君子修德求仁，有道有节。孔子在这里所论述的仁者行为，主要偏重于在现实中施行的方法问题，只有那种彻底吃透“仁”的内核精神，对有害于“仁”的各种手段伎俩洞察明白的人，才可能真正地施行仁德，坚守气节。

子罕第九

孔子的智慧两千年来经久不衰，并非因为它有多么高深，而是因为它非常人性化，非常实用。它来源于生活，贴近生活而又高于生活，因此在不同的历史时期，它都能够高屋建瓴地指导生活，帮助人们提高自己的心灵修养。譬如孔子讲“智者不惑，仁者不忧，勇者不惧”等，就是指导加强个人修养的金玉良言。

乡党第十

礼仪是待人处世、进行社会交往的重要手段。一个人只要置身于社会，无论居家还是外出，日常工作还是出入重要场合，从政还是经商，均离不开礼仪。礼仪虽是生活小节，但它不仅可以展现一个人的风度与魅力，还体现了一个人的学识、文化素养及内在的精神风貌。

先进第十一

孔子是一个很重感情的人，从他的话语中，我们可以体验到他与弟子之间的真挚情感。这些长者之言，还蕴涵了许多对人生和社会的认知。当我们对人生和社会的认识达到一定的高度之时，非但能使自身修养得到提高，还能在更高层次上享受人生。

颜渊第十二

克己是一种品德。忍让、谦让由克己而生，恒心、毅力由克己而成。克己，处世能大公无私，临危能当仁不让。能克己者，其人品自高。孔子认为，只有克己，才能遵守礼义，才能守信，才能使一切变得有秩序起来。

子路第十三

倘若为政者自己不能端正行为作出表率，那么他的所谓“命令”就没有人会放在眼里。反之，作为一个领导、一个当政者，倘若自己品德端正，率先垂范，自然也就成为引导群众、教育群众、改良社会风气等带有根本性的治政带头人了。即使作为一个普通人，品行端正的效果也是很明显的，它能使一个人在某个群体中自然而然地树立威信。一个“不正”之人，是不会在人群中拥有话语权的。

宪问第十四

成为君子，是一个不断完善自我品德修养的过程。如果一个人明白德行之所在，内心始终向着道德的方向，并以道德为尺度，察是非，辨得失，识进退，树立正确的义利观，他也就走在了君子的路上。

卫灵公第十五

君子与小人的不同之处在于，君子能够一直坚持正道，把仁作为自己毕生的追求，把义作为行事的根本，并坚持用“礼”来约束自我，这就是孔子所说的“一以贯之”。如果能这样做的话，那么“道”是很容易追求到的。

季氏第十六

天下有道是人们所向往的。有所乐，有所戒，有所畏，有所思，这样做了，就能明白礼义之所在。对个人而言，可以避免不必要的纷争；对国家而言，可以减少不必要的干戈，天下自然也就有“道”了。

阳货第十七

既然人性都是相近的，为什么还有善恶呢？孔子认为，这与后天习染有关。近朱则赤，近墨则黑。当我们不断接近高尚的德行时，将会领悟到，哪些是合乎伦理的，哪些是违背道义的，久而久之，也就是知勇尚义的仁人了。

微子第十八

士之为士，是由于他们具有高尚的情操；隐者之隐，是由于他们对世俗的彻悟。二者都是建立在高深的道德修养基础之上的。古时的高士和隐者虽然已经离我们很远，然夙夜思之，想象高士风怀，亦足以抚慰心灵了。

子张第十九

有德之人不仅注重自身的修养，更可贵的是他会坚定不移地把德行发扬光大，这自然也是“仁”的体现。孔子就是这样的一个人，所以子贡对他崇敬不已，并以日月来赞誉自己的老师。

尧曰第二十

尧是中国古代理想的君主，尧的时代也是孔子心目中理想的社会。读尧曰之篇，听圣贤之言，很自然地就勾起了人们对理想社会的怀念和向往。倘若人皆有尧舜之心，大同之世不远矣。

学而第一

在孔子看来，道德是修身治国的根本，所以他非常重视教化的作用，并开明宗义地提出：学而时习之。因为求知是沟通心灵与德性的桥梁。在求知的过程中，可以懂得为人处世和治国平天下的道理，当心灵最终到达道德之彼岸时，一个人就能够从人生的至高境界中体验到无尽的欢悦。

为学常温，自有境界

【原典】

子①曰："学而时习之，不亦说②乎？有朋自远方来，不亦乐乎？人不知而不愠③，不亦君子乎？"

【注释】

①子：中国古代对于有地位、有学问的男子的尊称，有时也泛称男子。在《论语》中均指孔子。②说：音 yuè，通"悦"，愉快、高兴的意思。③愠：音 yùn，恼怒、怨恨。

【译释】

孔子说："学习并且时常温习，不是很愉快吗？有志同道合的人从远方来，不是很令人高兴的吗？人家不了解我，我也不怨恨、恼怒，不也是一个有德的君子吗？"

解读

吃茶也能悟出三层境界

孔子是一个非常重视学习的人，他认为学习不仅能获取知识，而且是人内心快乐的源泉。人生在世，如果能够通过学习，每天都能对世界有新的认识、新的发现，并且有所体悟、有所感动，才能真正算得上是一种高层次的人生。因为在学习的过程中，当你有所体悟、有所感动之时，就能获得一种智者的欢悦。并且这种欢悦是有层次的，它涵盖了三重境界。

唐朝时，有一些僧人为了寻求真理，不远万里来到赵州，参访赵州和尚，请教佛法大意、禅宗嫡旨。有一人问："什么是道？"赵州则问："你以前来过吗？”这人答道：“来过。”赵州说：“吃茶去。”赵州又问另一个人：“你以前来过吗？”这人答道：“没来过。”赵州也说：“吃茶去。”这时，同在一寺、生活在赵州和尚身边的一位僧人感到奇怪，问赵州：“怎么来过的与没有来过的你都让他吃茶去呢？”赵州对他说：“你也吃茶去。”

僧人心想，赵州和尚真是徒有虚名，枉费了那些远来客人的苦心。

一天，僧人找水喝，不知不觉茶到嘴边，心中一愣，猛地顿悟了赵州和尚的禅机，心里痛快极了，大叫一声，把茶喝了。

这就是著名的禅宗公案“吃茶去”。这宗公案与孔子的“学而时习之”有异曲同工之妙。

普通人总是以为像孔子这样的大圣人，言论一定非常高深。谁知打开一看，第一句就是像白开水一样的大白话，不由得大失所望。这种人其实没有仔细体味这句话内涵中的不同境界。孔子是个学问极高的人，他说的“学而时习之”自有一番道理。

“学而时习之，不亦说乎”所描述的，是一个人做人做事的状态和心情体验。学习的内容是做人做事，因此学习的时间并不仅在课堂上，在书本里，而是在日常生活的时时刻刻。小到洗衣吃饭，大到政务国事，处理事务就是学习做事的过程，与人交往就是学习做人的过程。“时习之”就是要时时刻刻加以练习和温习，通过实践得来的知识才是真知。生活是一切知识的源泉，这就要求我们“时习之”，勤思考，多练习，时刻不忘学习，保持一种活到老、学到老的生活态度。

“不亦说乎”说的是学到知识之后的心情体验。其实人人都有过此类体验，当你完成一项此前并未完全掌握的工作，当你切身明白一条早已耳熟能详的道理，是否会会心一笑呢？“说”通“悦”，表示一种内在的、不露于外的愉悦。

“有朋自远方来，不亦乐乎？”这一句描述的是，当一个人的学问已经完成，有同道者慕名而来，双方相见甚欢，有会于心，志同道合的快乐。这个“朋”当然不是指酒肉朋友，酒肉朋友一来，免不了酒酣耳热，伤身破财，又何乐之有？而同样有志于学、有成于学的朋友，听闻了你的学问，慕名来与你相谈，与你共事，与你分享胸中之学，笑傲风物，指点江山，这才算人生的一大乐事。乐与悦都是高兴，但其义不同，乐表现在外。有知己远来，原本独会于心的悦就变成相视而笑的大乐了。

“人不知而不愠，不亦君子乎？”这一句的境界不得了，说的乃是学问臻大成圆满之境，世间已经没有多少人能理解你的学问了，但你自己知道自己到了什么境界，因此不苛求世人的理解。因为没达到这个境界的人理解不了，所以对他人不理解自己的言行，能够坦然接受，能够“不愠”了。

不愠就是不生气，不埋怨。要做到不愠，光脾气好可不够，前提是你的学问要达到大成的境界，这是一种“君子知命”的开阔豁达的境界。当一个人达到这样的境界时，他已经成为大德的君子，当然也就能获得无上的欢悦了。

以仁做人，孝悌为本

【原典】

有子[①]曰："其为人也孝弟[②]，而好犯上者，鲜矣；不好犯上，而好作乱者，未之有也。君子务本，本立而道[③]生。孝弟也者，其为仁之本与?"

【注释】

①有子：孔子的学生，姓有，名若。②孝弟：弟（tì），悌的古字。善事父母曰孝，善事兄长曰弟。③道：在中国古代思想里，道有多种含义。此处的道，指孔子提倡的仁道。

【译释】

有子说："假如一个人奉行孝悌之道，还存心冒犯尊长，这样的人是很少见的。不冒犯尊长，而又喜欢作乱的人是没有的。君子专心致力于根本的事务，根本建立了，道也随之而生。孝顺父母、顺从兄长，这就是仁的根本啊!"

解 读

始终保有一颗孝敬的心

孝是古代儒家学说的一个重要内涵和范畴，是在中国古代劳动民众中影响最广泛的思想观念，甚至对日本、朝鲜等国家的汉文化也有广泛的影响。孝敬父母，尊敬师长，一直是人们需要遵守的道德准则，孝在今天仍然有着不可低估的影响。

王祥是汉末琅玡临沂（今属山东省）人，因遭世乱，扶母携弟在庐江隐居三十余年。母卒后，才应召入仕。魏时，曾封关内侯、万岁亭侯、睢陵侯，拜司空、太尉、侍中等职。入晋，拜太保，晋爵为公。享年 85 岁。

王祥的生母在他年幼的时候即已去世。他的继母朱氏很不喜欢他，只偏爱自己的儿子，经常在他父亲面前说他的坏话。如此一来，他不仅失去了母爱，还失去了父爱。但王祥生性至孝，虽然成天被父母驱使，干各种杂活，却从不叫苦叫累，态度十分恭谨。父母如果有病，他就整天不解衣睡觉，在左右伺候，汤药熬好了，还必定先亲自尝一尝。

尽管如此，他的继母仍然欺负他，待他很凶狠。然而，王祥却始终把她当作自己的亲生母亲来孝顺。继母朱氏常常要吃活鱼，王祥总是想办法满足她的要求。有一次，天寒地冻，朱氏又要吃活鱼。但三九时节，哪儿也找不到活鱼。王祥却不死心，来到结了厚冰的河面上，不顾寒风飕飕，脱下衣服，躺在透心凉的冰上，准备凿开冰块捕鱼。忽然冰块自己裂开，从水里跃出两条活蹦乱跳的鲤鱼。王祥赶忙抓住，高高兴兴地带回家去，做好给继母吃。乡里人都说：从来也没人能在大冬天结了这么厚冰的河里凿冰捕鱼，王祥这个小孩子却做到了，这是他的孝心感动了天地啊！从此就留下了“卧冰求鲤”的美谈。

父亲去世后，王祥在社会上的声誉越来越大。朱氏不但不高兴，反而嫉恨在心。一次，她在酒中下了毒，想把王祥毒死。王祥的弟弟王览是朱氏所生，他只有几岁的时候，便很懂事。他发现朱氏在酒中下毒以后，就径直去取酒。此时，王祥也疑心酒中有毒，争着把酒夺过来，不给王览。朱氏见兄弟俩争酒，怕事情败露，急忙把酒抢了过去。从此以后，凡是朱氏赐给王祥的食品，王览总是要先尝尝，以防出事。朱氏害怕下毒毒死自己的亲儿子，就止住了在食品中下毒的做法。

但是朱氏并没有放弃杀害王祥的念头。一天王祥因有事独睡在一张床上，朱氏以为机会来了，半夜里悄悄地拿把刀摸进屋，对着被子狠命连砍了好几下。这时正好王祥出外小便，因此只砍破了被褥，并没有伤着王祥。王祥回来一看，被褥被砍破了，知道是继母恨自己恨得要命，就跑到继母房里跪下，请求继母把他处死。朱氏起先吓了一跳，后来听了王祥的一番话又羞又愧，醒悟过来，真正感受到王祥对自己的一片孝心，于是把王祥扶了起来，流下了悔愧而又感激的眼泪。

此后，朱氏爱王祥就像爱自己的亲生儿子一样，一家人日子过得很和睦。王祥尽心赡养继母朱氏，直到给她送了终，才答应别人的邀请，出去做官。

虽然看起来，王祥的至孝行为不是一般人所能做到的，甚至不是一般人所能理解的，但我们所看到并应当予以效法的，是他以孝为本的做人准则。他的这种精神能够感化原本歹毒的继母，把它放到当今社会，肯定也会产生积极的作用。孝悌与社会的安定有直接关系。所以孔子从为人孝悌就不会发生犯上作乱之事这点上，说明孝悌即为仁的根本道理。自春秋战国以后的历代封建统治者和文人，都继承了孔子的孝悌说，主张“以孝治天下”。汉代即是一个显例。他们普遍推行“孝”这一道德准则，对民众的道德观念和道德行为产生了极大影响，也对整个中国传统文化产生了深刻影响。在古代，孝悌说是为封建统治和宗法家族制度服务的，今天我们应该有所取舍，继承其合理的内容，充分发挥孝道在社会安定方面应有的作用。

是非常思，一日三省

【原典】

子曰：“巧言令色①，鲜矣仁。”

曾子②曰：“吾日三省吾身：为人谋而不忠乎？与朋友交而不信乎？传不习乎？”

子曰：“道千乘之国，敬事而信，节用而爱人，使民以时。”

【注释】

①巧言令色：巧和令都是美好的意思。但此处应释为装出和颜悦色的样子。

②曾子：曾子姓曾名参（shēn），字子舆，是孔子的得意门生，以孝出名。据说《孝经》就是他撰写的。

【译释】

孔子说：“花言巧语，装出和颜悦色的样子，这种人是很少有仁心的。”

曾子说：“我每天多次反省自己：替别人办事尽心了吗？与朋友交往有不诚实的地方吗？老师传授我的学问时时温习了吗？”

孔子说：“治理一个拥有一千辆兵车的国家，就要严谨认真地办理国家大事而又恪守信用，使用财物要节俭，任用人才要珍惜，使百姓不误农时。”

解读

反省自己才不会犯错误

曾子是孔子的学生，他学习勤奋，很快便有所成就。为养活父母，曾子曾经在莒地为官，而后他又收徒讲学。据《孟子》记载，他的弟子有七十多人。著名的军事家吴起就是他的学生。

孔子的孙子子思是曾子的弟子，而孟子又私淑（意为私自向所敬仰的人学习）子思，形成思孟学派，成为儒家思想的正统。所以曾子是儒家思想奠基人之一。

我们在这里要探讨的不是曾子自省的内容：为人谋是否忠，与朋友交是否信，老师传授的知识是否已掌握，而是探讨其“一日三省吾身”的自省精神。在现今这个有些以追求外在成功为潮流、精神为外物所累的时代，自省精神显得尤为难能可贵。

“一日而三省吾身”，这句话所体现出来的自律精神，是每一个有志于成就一番事业者所必须学习的。做不到这一点，即使能有一个良好的开始，也未见得会有良好的发展过程和结果。

明代的张瀚在《松窗梦语》中有这样一段记录：

张瀚初任御史的时候，有一次，他去参见都台长官王廷相，王廷相就给张瀚讲了一个乘轿见闻。说他某一天乘轿进城办事时，不巧遇上了雨。而其中有一个轿夫刚好穿了双新鞋，他开始时小心翼翼地循着干净的路面走，后来轿夫一不小心，踩进泥水坑里，此后他就再也不顾惜自己的鞋了。王廷相最后总结说：“处世立身的道理，也是一样的啊。只要你一不小心，犯了错误，那么以后你就再也不会有所顾忌了。所以，常常检点约束自己，是一个人必修的功课。”张瀚听了这些话，十分佩服王廷相的高论，终身不敢忘记。

这个历史故事告诉我们，人一旦“踩进泥水坑”，心里往往就放松了戒备。反正“鞋已经脏了”，一次是脏，两次也是脏，于是便有了惯性，从此便“不复顾惜”了。有些人，一开始在工作中兢兢业业，廉洁奉公，偶然一不小心踩进“泥坑”，禁不住灯红酒绿的诱惑，便从此放弃了自己的操守。这都是因为不能时时自省而造成的恶果。

不慎而始，而祸其终，这道理谁都明白，但要做到一直“不失”，似乎也很难。一些人为达到不可告人的目的，会设置种种陷阱，包括利用“糖衣炮弹”来百般诱惑，让你“湿鞋”。

现实生活中实在有太多的东西需要防范，贪官成克杰、胡长清、李嘉廷的“失足”，可以说正是因为在平时不知检点、不知约束自己造成的。应该说，这些人并非一开始就胆大妄为，他们也曾犹豫过、心虚过、自责过，但终究没能战胜自己。有的还以“就干这一次”为托词，原谅自己。还有一些人，开始时并不认为事情很严重，觉得占点小便宜，捞点小外快，乃小事一桩，不足挂齿。殊不知，如此慢慢地放松了警惕，在错误的道路上越走越远，最终悔之莫及。

世间充满了诱惑，有时候，仅仅依靠人自身的意志作抵抗是不够的。由于“病毒”无孔不入，所以必须经常性地给自己打“预防针”，并且应随着“病毒”的升级而更新换代。其实，大多数人缺少的也正是这种自我省察和约束的精神。

生活是一种惯性行为，人在其中，只要没有什么大的波澜，往往会“随波逐流”。但这种庸常的腐蚀性后果却是严重的。因此，经常性地检省自己的言行，并及时做出调整和约束，是十分有必要的。自查自省是修德建业的需要，是少犯和不犯错误的关键所在。一个人能够做到这一点，将为自己的做人做事打造好优良的“软装备”，凡事皆可善始善终。

恪操守道，真心待人

【原典】

子曰：“弟子①入②则孝，出则弟，谨而信，泛爱众，而亲仁，行有余力，则以学文。”

子夏③曰：“贤贤易色；事父母能竭其力；事君，能致其身；与朋友交，言而有信。虽曰未学，吾必谓之学矣。”

子曰：“君子，不重则不威；学则不固。主忠信，无友不如己者；过则勿惮改。”

【注释】

①弟子：指学生。②入：古代时父子分别住在不同的居处，学习则在外舍。③子夏：姓卜，名商，字子夏，孔子的学生。

【译释】

孔子说："弟子们在家要孝顺父母；在外要尊敬兄长，要谨慎诚实，对大众要有仁爱之心，亲近有仁德的人。这样躬行实践之后，还有余力的话，就再去学习《诗》、《书》、《礼》、《乐》、《易》、《春秋》这六艺的知识。"

子夏说："用重贤德来代替重女色；侍奉父母竭尽全力；服侍君主，能够献出自己的生命；同朋友交往，说话诚实恪守信用。这样的人，尽管他自己说没有受过教育，我也一定说他有学问了。"

孔子说："君子，不庄重就没有威严；学习可以使人不闭塞；行事要以忠厚诚实为主，不要结交不如自己的朋友；有了过错，就不要怕改正。"

解读

做一个有道德的人

孔子认为，一个人有没有学问，主要不是看他掌握多少文化知识，而是要看他能不能实行"孝"、"忠"、"信"等传统伦理道德，并且能不能付诸行动，以实际行动去对待他人。只要做到了，他就能摆脱一些低级趣味和自私倾向。只有这样，才能成为德才兼备的有用之人。这样的人，即使他说自己没有学习过，但他已经是有道德的人了。在今天，道德修养和文化知识同等重要。

的确，一个人尽管学富五车、才高八斗，但如果他的言谈举止、行为方式愚笨乖谬，不能解决一些实际问题，又有什么用呢？相反，一个人即使没有什么文凭，没有进过大学校门，但他行为方式正确，能够有所成就，有所创造，难道你能够说他没有学习过什么吗？

世间什么最难？做人最难。拼上三年两载工夫做成一两件事不难，做人却是一辈子的事，弄不好一辈子也不会做人。不会做人怎么做事？

有一个名叫公明宣的人在曾子门下学习，三年不读书。曾子说："你在我家里，三年不学习，为什么？"

公明宣说："我哪敢不学习？我看见老师在家里，只要有长辈在，连牛马也没有训斥过，我很想学习您对长辈的态度，可惜还没有学好。我看见老师接待宾客，始终谨慎谦虚，从来没有松懈过，我很想学习您对朋友的态度，可惜还没有学好。我看见老师在朝廷办公事，对下属的要求很严格，但从来不伤害他们的自尊心，我很想学习您对下属的态度，可惜还没有学好。"

曾子离开座位，向公明宣道歉说："我不如你，我只会读书罢了！"

公明宣在话语之中对曾子作了婉转的批评，说曾子只注重教学生知识，而不注重教他们做人的道理，曾子意识到了这一点，因此才向公明宣道歉的。

以往我们的教育偏重于告诉人们什么是好人、必须做好人，而偏废了教育学生怎样去做人，以致学生对于为人处事的原则、方法、技巧并不明了。因而不善应对、不善交际、不能协调好人际关系、不能较好地把内在的美德变成外在的德行。

这样做是不恰当的。

做人决然是门大学问，绝对一言难尽，绝非一蹴而就。但是，我们并不是主张不要学知识，而是要把做人放在第一位，学知识放在第二位。因为，一个连人都做不好的人，学得再多的知识又有何用呢？

"世事洞明皆学问，人情练达即文章。"如果你要学习文化知识，精通学问之道，也只有从做人的体会、人生的经验入手，才能够学有所成，学以致用，而不会成为读死书的书呆子。这也就是说做人首先要注重品德修养，其次才谈得上学识。因此，德育第一，智育第二，这两者的关系是非常明确的。

意大利诗人但丁曾说过："一个知识不全的人可以用道德去弥补，而一个道德不全的人却难于用知识去弥补。"由此可见，做一个有道德的人，是做人的基本准则，懂得了做人的基本道德准则，一个人才能够站在道德的立场上，真心对待他人。

温良谦恭，能得厚报

【原典】

曾子曰："慎终①追远，民德归厚矣。"

子禽②问于子贡③曰：夫子至于是邦也，必闻其政，求之与，抑与之与？"子贡曰："夫子温、良、恭、俭、让以得之。夫子之求之也，其诸异乎人之求之与？"

【注释】

①慎终：人死为终。这里指父母的丧礼。②子禽：姓陈名亢，字子禽。孔子的学生。③子贡：姓端木名赐，字子贡，卫国人，孔子的学生。

【译释】

曾子说："谨慎地对待父母的丧礼，追念久远的祖先，民风民德自然归于淳厚。"

子禽问子贡说："老师到了一个国家，总是预知这个国家的政事。是他自己求得的呢，还是人家国君主动告诉他的呢？"子贡说："老师是靠温和、良善、恭敬、节制、礼让这五种品德，所以才得到这样的资格（这种资格也可以说是求得的），他的方法，或许与别人的求法不同吧？"

解读

礼让体现人的胸襟

孔子认为政治是国家大事，关乎黎民百姓的生计，因此每到一地都会打听当地的政治怎样。但是孔子并不为自己谋取什么功名权利，而是主动让给别人，只有让不出去了，非得自己做不可，其他人做不了，这才出来任职。而中国的历史观，也很讲究这个"让"字。

尧、舜、禹最为孔子所称道的事迹，是"禅让"。禅让的意思，就是自动把帝位让给贤人。天下已经在自己的手上，但是不把这看作自己的私产，不以此为子孙谋福利，而是为天下着想，把帝位传给德才兼备的人。尧没有把帝位传给他的儿子丹朱，而是传给了舜。

尧说这有四个原因：一是舜至孝，舜的继母对他非常坏，屡次想害死他，但是舜丝毫不怨，最后把继母感动了；二是舜有才德，舜在尧手下做了 20 年的事，什么职位都干过了；三是舜有神佑，这当然是古人迷信的思想；四是"尧知子丹朱之不肖，不足授天下"，尧知道自己的儿子不成器，不是当首领的材料，于是把政权交给了舜。

"尧崩，三年之丧毕，舜让辟丹朱于南河之南。诸侯朝觐者不之丹朱而之舜，狱讼者不之丹朱而之舜，讴歌者不讴歌丹朱而讴歌舜。"舜觉得自己得了这个位置是不应该的，主动把位置让给了丹朱。但是诸侯却不理这一套，仍听命于他，有了纷争还来找舜处断，编歌曲歌颂的也是舜的功德而不是丹朱的。这样时间长了，舜虽然没有天子之名，却行天子之实，只好重新取代丹朱的位置。

帝位的传承在舜的手里也发生了变化，他没有传给自己的儿子商均，而传给了禹。原因一是官为司空的禹治水成功，二是"禹为人敏给克勤；其德不违，其仁可亲，其言可信；声为律，身为度，称以出”，“亹（wěi，勤勉不倦）亹穆穆，为纲为纪”。舜死后三年丧毕，“禹亦乃让舜子，如舜让尧子”，“禹辞辟舜之子商均于阳城”。因为，“天下诸侯皆去商均而朝禹。禹于是遂即天子位，南面朝天下，国号曰夏后”。和舜一样，禹也因为诸侯听他的话，而取舜子商均而代之。

这些古代的帝王，在帝位的传承问题上，首先从社稷着想，礼让贤人，实属不易。让是胸襟与怀抱的体现，其实，不仅是帝王，每个人都应当具有让的品质。试想，假如我们每个人都懂得让的道理，并且去身体力行，那么这个世界必将少了纷争与吵闹，多了安宁与和平。

秉之以礼，符合于义

【原典】

子曰：“父在，观其志；父没，观其行；三年无改于父之道，可谓孝矣。”

有子曰：“礼之用，和为贵。先王之道，斯为美。小大由之，有所不行。知和而和，不以礼节之，亦不可行也。”

有子曰：“信近①于义②，言可复③也；恭近于礼，远④耻辱也；因⑤不失其亲，亦可宗⑥也。”

【注释】

①近：接近、符合。②义：道义。③复：践行、做到。朱熹《集注》云：复，践言也。④远：避免，使之远离，形容词作动词，使动用法。⑤因：凭借。一说因应写作姻，但从上下文看似有不妥之处。⑥宗：依靠。

【译释】

孔子说：“当他父亲在世的时候，要观察他的志向；在他父亲死后，要考察他的行为；多年不改变其父的规矩，可以说是尽孝了。”

有子说：“礼的应用，以和谐为贵。古代君主的治国方法，可贵的地方就在这里。但不论大事小事，只顾按和谐的办法去做，有的时候就行不通。为和谐而和谐，不以礼来节制，也是不可行的。”

有子说：“讲信用要符合义，这样说的话才能实行；恭敬要符合礼，这样才能远离耻辱；所依靠的都是可靠的人，做事也就可靠了。”

解读

以和气来化解怨气

疾风怒雨，禽鸟戚戚；霁日光风，草木欣欣。在狂风暴雨中，飞禽会感到哀伤忧虑惶惶不安；晴空万里的日子，草木茂盛欣欣向荣。由此可见，天地之间不可以没有祥和之气，比之于人，一日无和气，就会一日无好心情。

天底下有能耐的好人本来就不多，应该想着同心协力为社会多做贡献。不能因为各自的思想方法不同，性格上的差异，甚至微不足道的小过节而互相诋毁，互相仇视，互相看不起。古人说：“二虎相争，必有一伤。”这样做，对谁都无益。抬头不见低头见，得饶人处且饶人吧！

宋朝的王安石和司马光十分有缘，两人在公元1019年与1021年相继出生，年轻时，都曾在同一机构担任完全一样的职务。两人互相倾慕，司马光仰慕王安石绝世的文才，王安石尊重司马光谦虚的人品，在同僚中间，他们俩的友谊简直成了某种典范。

但是随着两人的官越做越大，他们的心胸却慢慢地变得狭窄起来。昔日相互唱和、互相赞美的两位老朋友竟反目成仇。倒不是因为解不开的深仇大恨，人们简直不相信，他们是因为互不相让而结怨。两位智者名人，成了两只好斗的公鸡，雄赳赳地傲视对方。

有一回，洛阳国色天香的牡丹花开，包拯邀集全体僚属饮酒赏花。席中包拯敬酒，官员们个个善饮，自然毫不推让，只有王安石和司马光酒量极差，待酒杯举到司马光面前时，司马光眉头一皱，仰着脖子把酒喝了。轮到王安石，王执意不喝，全场哗然，酒兴顿扫。司马光大有上当受骗，被人小看的感觉，于是喋喋不休地骂起王安石来。王安石以牙还牙，不甘示弱地痛骂司马光。

两人自此结怨，王安石得了一个“拗相公”的称号，而司马光也没给人留下好印象，他忠厚宽容的形象大打折扣，以至于苏轼都给他取了个绰号叫“司马牛”。

到了晚年，王安石和司马光对他们早年的行动都有悔意。大概是人到老年，与世无争，心境平和，世事洞明，可以消除一切拗性与牛脾气了。王安石曾对侄子说，其实司马光这个人是个忠厚长者。司马光也称赞王安石，夸他文章好，品德高，功劳大于过错，仿佛又有一种约定似的，两人间隔不久相继归天。天国是美丽的，“拗相公”和“司马牛”尽可以在那里和和气气地做朋友，吟诗唱和了，什么政治斗争、利益冲突、性格相违，已经变得毫无意义了。

朋友之间相处，需要用“和气”来化解彼此之间的矛盾。人与人是不同的，对于性格、见解、习惯等方面的相异，要以和为重，若“急风暴雨、迅雷闪电”便会影响朋友之间的关系，甚至导致友谊破裂，反目成仇；如若以“和”面对彼此的不同，进而欣赏对方的优点，则对方也会对你加以赞美。当双方和睦相处的时候，就是合于“礼”了。

贫富自安，修身为业

【原典】

子曰：“君子食无求饱，居无求安，敏于事而慎于言，就①有道②而正焉，可谓好学也已。”

子贡曰：“贫而无谄③，富而无骄，何如④？”子曰：“可也。未若贫而乐⑤，富而好礼者也。”子贡曰：“《诗》云，‘如切如磋！如琢如磨⑥’，其斯之谓与？”子曰：“赐⑦也！始可与言《诗》已矣，告诸往而知来者。”

【注释】

①就：靠近、看齐。②有道：指有道德的人。③谄：音 chǎn，意为巴结、奉承。④何如：怎么样。⑤贫而乐：有的版本作“贫而乐道”。⑥如切如磋，如琢如磨：此二句见《诗经·卫风·淇澳》。⑦赐：子贡，姓端木，名赐，字子贡。

【译释】

孔子说：“君子，饮食不求饱足，居住不要求舒适，对工作勤劳敏捷，说话却小心谨慎，到有道德的人那里去匡正自己，这样可以说是好学了。”

子贡说：“贫穷而能不谄媚，富有而能不骄傲自大，怎么样？”孔子说：“这也算可以了。但是还不如虽贫穷却乐于道，虽富裕而又好礼之人。”子贡说：“《诗》上说，‘要像对待骨、角、象牙、玉石一样，切磋它，琢磨它’，就是讲的这个意思吧？”孔子说：“子贡呀，你能从我已经讲过的话中领会到我还没有说到的意思，我可以同你谈论《诗》了。”

解读

荣华富贵如过眼烟云

其实，人活在世上是否幸福，关键在于心态，贫或富只是一种外在因素，真正有道的人是不会受其左右的。况且，贫或富也像浮云一样变幻不定，为之忧苦或因之骄纵，都是不明智的，不为智者所取。

严光，字子陵，年轻时曾是汉光武帝刘秀的同窗，有很高的名望。他生来厌恶官场，看到刘秀打得天下，知道定会封他做官，可他不愿意享受朝廷俸禄，于是便隐姓埋名，在齐县境内富春山中过起了隐士的生活。一天到晚，垂钓于溪水之中，怡然自得。

刘秀称帝后，告示天下，令人寻找严子陵。但是光有名字不好找，于是光武帝召集宫廷的一流画家，描绘出严子陵的容貌，直到画得形神毕肖后，便复制了许多份，颁发天下，让各地官吏负责寻找严子陵。但过了许久仍杳无音信，汉光武帝十分焦虑。

这天，一个农夫上山砍柴，又累又渴，便到河边喝水，看见一人独自坐在河边钓鱼。他越看越觉得这个钓鱼人面熟，回到镇上，看到集市上张贴的画像，农夫才明白，山中的钓鱼人就是刘秀出重金寻找的严子陵。农夫顾不得一天劳累，扔下柴火，飞一样跑到衙门，把此事报告了县令，农夫也因此得到了一份奖赏。

齐县县令上书光武帝：“有一个人，身披着羊皮大衣，在富春山溪水边钓鱼，很像严子陵。”刘秀立即命官吏备好车马，装上优厚俸禄，想把严子陵请出富春山。然而，官车去了又回，均无多大收获。这天，官吏又一次来到富春山，严子陵说：“你们认错人了，我只是普通打鱼人。”使者不管他怎么解释，硬是把他推进了官车，快马加鞭，送他到了京城。严子陵住进了刘秀特意为他安排的房子，每日饭菜相当可口，数十名仆人为他效劳，然而对于这些他不屑一顾。

有一天，刘秀去看望严子陵。皇帝亲自登门，这可是件大事儿，得远迎才对。可严子陵根本不理，躺在床上养神。刘秀进来后，看到这副情景，并不恼火，走过去用手轻轻地拍了拍严子陵的肚子，亲切地说："老同学，你难道不念旧情，帮我一把吗?"严子陵说："人各有志，你为什么一定要逼我做官呢?"刘秀听后长长地叹了口气，失望地走了。

后来，刘秀看严子陵的确不愿做官，便让他仍旧回到富春山中过他的隐士生活，种种地，钓钓鱼。富春山边有条富春江，江上有个台子，据说就是当年严子陵钓鱼的地方，称为"严子陵钓台"。

严子陵只希望寄情于山水之间，他以这种在俗人看起来"贫穷得可怜"的生活为乐；而刘秀，也能以王者身份，以礼相待于这种人。他们对于彼此的态度和行为以及那种超脱的关系，也可以算是一段佳话了。

"贫而无谄"，是穷人保持自己尊严的最后底线；"富而无骄"也只能算是一种消极的不作为。这两种行为的心理背景，仍然存在严重的贫富界线。因此，这还算不上一种超脱的人生境界。

而"贫而乐，富而好礼"，则完全把"贫"、"富"抛开，而以发自内心的生命喜悦和谦仁礼让作为生活最实质性的内容与准则。能够达到这一境界的人，才是真正的贤者，才是真正懂生活、会生活的人。

求被人知，不如知人

【原典】

子曰："不患①人之不己知，患不知人也。"

【注释】

①患：忧虑、怕。

【译释】

孔子说："不怕别人不了解自己，只怕自己不了解别人。"

解读

有才干就有施展的机会

有句俗话叫“酒香不怕巷子深”。孔子也说，不怕别人不知道自己，就怕自己不知道别人。只要你德才真的出众，就不怕没有识你的伯乐。一时的不得志，只是因为时候未到罢了。姜太公钓鱼钓到 80 岁，还不是被周文王请出来了？

姜太公又称姜尚，字子牙。他是周倾商克殷的首席谋主、最高军事统帅和西周的开国元勋，是齐国的缔造者、齐文化的创始人，亦是中国古代一位影响久远的杰出的韬略家、军事家和政治家，被称为“周师齐祖”、“百家宗师”，在中国历史上占有重要地位。

姜尚出身低微，前半生可以说是漂泊不定、困顿不堪，但是他满腹经纶、壮志凌云，深信自己能干一番事业。听说西伯姬昌尊贤纳士、广施仁政，年逾七旬的他便千里迢迢投奔西岐。但是来到西岐后，他不是迫不及待地前去毛遂自荐，而是来到渭水北岸的磻溪住了下来。此后，他每日垂钓于渭水之上，等待圣明君主的到来。

姜尚的钓法奇特，短竿长线，线系直钩，不用饵食，钓竿也不垂到水里，离水面有三尺高，并且一边钓鱼一边自言自语：“姜尚钓鱼，愿者上钩。”一个叫武吉的樵夫，看到姜子牙不挂鱼饵的直鱼钩，嘲讽道：“像你这样钓鱼，别说三年，就是一百年，也钓不到一条鱼。”姜尚说：“你只知其一，不知其二。曲中取鱼不是大丈夫所为，我宁愿在直中取，而不向曲中求。我的鱼钩不是为了钓鱼，而是要钓王与侯。”因为当时商纣王暴虐无道，天下很不太平，百姓处于水深火热之中，他深信，如果姬昌真想救民于水火，一定会来找他的。

后来，他果然钓到了周文王姬昌。姬昌兴周伐纣迫切需要人才，得知年已古稀的姜尚很有才干，于是他斋食三日，沐浴整衣，抬着聘礼，亲自前往磻溪礼聘，并封姜尚为相。姜尚辅佐文王，兴邦立国，帮助姬昌之子周武王姬发，灭掉了商朝。自己也被武王封于齐地，实现了建功立业的愿望。姜子牙钓出的可谓是一条“王侯大鱼”。

生活中有很多人，总是担心自己的才华不为人知，悄无声息地被埋没了，埋怨没有慧眼识己的伯乐。其实，这些担心有些多余，留得青山在，不怕没柴烧。真正要紧的问题，并不在于人知，而在于知人。知人往往会在关键时刻对一个人的生活和事业产生重大而深远的影响。

为政第二

美好的品德是人生的基础，也是为政的基础。正如盖房子一样，如果没有坚实的地基，就不可能修建坚固而耐用的房屋。一个人没有好的品德，再好的学识也难以有益于人，甚至还会害人，而且知道得越多害人越深，权势越大破坏越广。一个品行端正的人，总会以德为原则，为国为民奉献自己的所有。

为政以德，思也无邪

【原典】

子曰："为政以德，譬如北辰①，居其所而众星共之。"

子曰："诗三百，一言以蔽之，曰：'思无邪。'"

子曰："道②之以政，齐③之以刑，民免④而无耻⑤，道之以德，齐之以礼，有耻且格⑥。"

子曰："吾十有五而志于学，三十而立⑦，四十而不惑⑧，五十而知天命，六十而耳顺，七十而从心所欲不逾矩。

【注释】

①北辰：北极星。②道：引导，治理。前者较为妥帖。③齐：整齐、约束。④免：避免。⑤耻：羞耻之心。⑥格：自律。另一种解释为向善之心。⑦立：站得住的意思。⑧不惑：不被外界事物所迷惑。

【译释】

孔子说："治理国家要靠道德感化，就会像北极星那样，自己居于一定的方位，而群星都会环绕在它的周围。"

孔子说："《诗经》三百篇，可以用一句话来概括它，就是'思想纯正'。"

孔子说："用法制禁令去引导百姓，使用刑法来约束他们，老百姓会为免于刑罚而服从，却失去了廉耻之心；用道德教化引导百姓，用礼来约束，百姓不仅会有羞耻之心，而且也就守规矩了。"

孔子说："我十五岁立志于学习；三十岁在道德学问上有所建树，四十岁通晓事理而不迷惑；五十岁懂得了天命；六十岁能正确对待各种言论，明辨是非；七十岁能随心所欲而不越出规矩。"

解读

汉文帝德礼治天下

宽法度、重礼仪、教臣民、安民心等符合儒家思想的为政措施，只要能够真正落实到施政方针中去，而不拿它来做幌子，可以说，基本上都能取得卓有成效的结果。历史上许多有作为的统治者的事例，都说明了这一点。

汉文帝是我国历史上一位少有的明君，他即位的当年年底，君臣之间就围绕着是严刑峻法还是宽法度、重礼教展开了一场讨论。汉文帝说："法律是治理国家的准则，用它来禁绝残暴，引导人们向善。现在犯法定罪后，无罪的父母、妻子、兄弟要连坐，收没妻子儿女为官府奴婢，这种做法是否合适？"许多大臣都说："百姓不能治理自己，所以制定法律来约束他们。互相连坐，收没妻子儿女为官府奴婢，以此来使百姓畏惧，让他们不敢轻易触犯法律，这种做法由来已久，是适宜的。"汉文帝说道："我听说法律公正则百姓忠厚，论罪量刑则百姓顺从。况且管理百姓而引导他们向善，是官吏的职责，官吏若不能加以引导，又采用不公正的法律去论罪，这反而有害于百姓，使他们为非作乱，法律怎么能禁止得了呢？我看不出这种法律有什么适宜的地方。"大臣们见文帝不赞成严刑峻法，就说："皇帝的恩惠浩荡，德泽深厚，不是我们臣子所能赶得上的。让我们谨奉诏书，废除一人有罪而妻室收没为官府奴婢和一些互相连坐的法令。"从此废除了连坐法。

为了广开言路，倡导规谏，汉文帝又废除了以"诽谤罪"惩治敢于直言犯上者的刑罚，他说道："古代治理国家，朝廷设有进献善言的旌旗和供书写诽谤言论的木柱，以此来保持治国之道的畅通，使直言敢谏的人前来发表意见。现在法律上有诽谤妖言之罪，这就使大臣们不敢畅所欲言，皇帝无从听到自己的过失，这怎么能使远方的贤良人士来到朝廷呢？应该废除这一法令：百姓当中有的人诅咒皇帝，约定互相隐瞒，而后来又相互揭发，官吏就认为是大逆不道，如果还有其他言论，官吏又以为是诽谤。其实这些都是小民的愚昧无知，据此治以死罪，我非常不赞成。从今以后，有犯这种罪行的，不要审理和治罪。"

在执政 13 年后，汉文帝又下令废除了"肉刑"。

汉文帝一方面减少刑罚，另一方面又注重"勤德而无私"。在他执政的后期，有一年，全国发生了旱灾，蝗虫成灾。文帝加恩天下，命令诸侯不要向朝

廷进贡，废除对山林湖泽的禁令，减少皇帝的服饰、用具和游玩的狗马，裁减郎官的员数，打开粮仓赈济贫苦百姓。

汉文帝在位 20 年，宫室、苑囿、狗马、服饰、用具没有增加过什么；凡有对百姓不方便的地方，就进行改进，以利百姓。如他曾经打算修建露台，叫工匠计算费用，需要黄金 100 斤，便说道："100 斤黄金相当于中等百姓 10 家的产业，我奉守先帝的宫室，常常担心给他带来羞辱，修建这露台干什么呢?"立即打消了修露台的念头。平时汉文帝常穿着粗布衣服；他所宠爱的慎夫人，也不准许衣服拖至地面，帏帐不得织文绣锦，以此来表示敦厚质朴，为天下人做出一个表率。他修建霸陵全部用瓦器，不许用金、银、铜、锡作装饰，不修高大的坟墓，想尽量节省一些，不去烦扰百姓。由于他致力于用道德教化百姓，使得国内殷实富足，兴起了讲究礼仪的风气。

汉文帝在位期间，由于坚持克己爱民，勤俭持政，使得国家经济日益发展，社会秩序井然，开创了"文景之治"的盛世局面。汉文帝坚持以德化民的举措及其所取得的良好效果，从实践上印证了"道之以德，齐之以礼"确实是安邦定国之道。

回到文中，在奴隶制尚存在的情况下，孔子能说出这样的见解，不但显示了他对于德、礼重要性的充分认识，而且表现出了他对"治国之道"的精通。事实上，人心的"规律"确实如此，强制只会引起表面的恭顺，暗中却积聚逆反情绪；而用积极的教化疏导手段，则会激起其自身内在的"自律"因素，从而使民心净化，天下安稳。

尽孝由心，遵礼而行

【原典】

孟懿子[①]问孝，子曰："无违[②]。"樊迟[③]御[④]，子告之曰："孟孙[⑤]问孝于我，我对曰无违。"樊迟曰："何谓也？"子曰："生，事之以礼；死，葬之以礼，祭之以礼。"

孟武伯[⑥]问孝，子曰："父母唯其疾之忧。"

子游[⑦]问孝，子曰："今之孝者，是谓能养。至于犬马，皆能有养，不敬，何以别乎？"

子夏问孝，子曰："色难。有事，弟子服其劳；有酒食，先生[⑧]馔[⑨]，曾是以为孝乎？"

【注释】

①孟懿子：鲁国的大夫，三家之一，姓仲孙，名何忌，"懿"是谥号。②无违：不要违背。③樊迟：姓樊名须，字子迟。孔子的弟子。④御：驾驭马车。⑤孟孙：指孟懿子。⑥孟武伯：孟懿子的儿子，名彘。武是他的谥号。⑦子游：姓言名偃，字子游，吴人，孔子的弟子。⑧先生：先生指长者或父母；前面说的弟子，指晚辈、儿女等。⑨馔：音 zhuàn，意为饮食、吃喝。

【译释】

孟懿子问什么是孝，孔子说："孝就是不要违背礼。"樊迟为孔子驾车，孔子告诉他："孟孙问我什么是孝，我回答他说不要违背礼。"樊迟说："不要违背礼是什么意思呢？"孔子说："父母活着的时候，要依礼侍奉他们；父母去世后，要依礼埋葬他们、祭祀他们。"

孟武伯向孔子请教孝道，孔子说："对父母，要特别为他们的疾病担忧。"

子游问什么是孝，孔子说："如今所谓的孝，只是说能够赡养父母便足够了。但是犬马都能够得到饲养，如果不存心孝敬父母，那么赡养父母与饲养犬马又有什么区别呢？"

子夏问什么是孝，孔子说："最不容易的就是对父母和颜悦色。仅仅是有了事情，儿女需要替父母去做，有了酒饭，让父母吃，难道能认为这样就可以算是孝了吗？"

解读

多替父母着想

微软总裁比尔·盖茨曾经说过这样一句话："世界上什么都可以等待，唯有孝顺不能等待。"是啊，时间是不等人的，等到你真正拥有了孝顺能力的时候，可能为时已晚，父母可能吃不动也穿不了了，甚至已经远离尘世。而且，对父母的爱是人类一切爱的源泉，从爱父母开始，爱同学、爱朋友、爱集体、爱祖国……我们才渐渐懂得如何去爱。反之，不孝顺则是人类最大的罪过，是一个人修养中最大的缺憾。

亲情是一个人善心、爱心和良心的综合表现；孝敬父母，尊敬长辈，是做人的本分，是天经地义的美德，也是各种品德形成的前提，因而历来受到人们的称赞。试想，一个人如果连孝敬父母、报答养育之恩都做不到，谁还相信他是个"人"呢？又有谁愿意和他打交道呢？

《新三字经》里有一句："能温席，小黄香，爱父母，意深长。"其中提到的小黄香是汉代湖北省一位孝敬长辈而名留千古的好孩子。

他九岁时，不幸丧母，小小年纪便懂得孝敬父亲。每当夏天炎热时，他就把父亲睡的枕席扇凉，赶走蚊子，放好蚊帐，让父亲能睡得舒服；在寒冷的冬天，床席冰冷如铁，他就先睡在父亲的床席上，用自己的体温把被子暖热，再请父亲睡到温暖的床上。小黄香不仅以孝心闻名，而且刻苦勤奋，博学多才，当时就有"天下无双，江夏黄童"的赞誉。

孝敬父母，不但要很好地承担对父母应尽的赡养义务，而且要尽心尽力满足父母在精神生活、情感方面的需求。特别对年迈的父母，更要悉心照顾，耐心安慰。现在城市里的大多数老人，虽然儿孙满堂，在生活上不愁吃穿，不缺钱花，但是孩子因为工作的缘故几乎都不在身边，平时很少见面，所以，在感情上他们最渴望的是能与所有的亲人团聚。不是有首歌中唱到："常回家看看，回家看看，哪怕给爸爸捶捶后背，揉揉肩，老人不图儿女为家做多大贡献，一辈子不容易就图个团团圆圆！"

鸦有反哺之恩，羊有跪乳之德。父母教养孩子一辈子，晚辈对长辈的孝，无非体现在物质与精神两个方面。物质方面，不过赡养而已。老人辛苦一生，老来耳聋眼花、腿麻脚软，儿女自当向乌鸦学学，不要把自己当作从石缝中蹦出来的。精神方面，不过安慰而已。儿女长大之后各奔前程，留老人在家浊眼相望，独对夕阳，昔日养育儿女之苦之乐，仿佛梦中，此时当儿女的能做的不过是看看老人，聊聊天，说说话，让老人感受一份天伦之乐而已。

百善孝为先，将来不管我们走到哪里，都要记着爸爸、妈妈；而且要趁他们还健在的时候，多孝敬他们。有句话是这么说的，“树欲静而风不止，子欲养而亲不在”，人生几十年匆匆而过，在父母在世的时候，我们做儿女的，应该多尽一份孝心，多替父母着想，让父母生活得开开心心。

察人知人，温故知新

【原典】

子曰：“吾与回①言，终日不违，如愚。退而省其私，亦足以发，回也不愚。”

子曰：“视其所以，观其所由，察其所安，人焉廋②哉？人焉廋哉？”

子曰：“温故而知新，可以为师矣。”

【注释】

①回：姓颜名回，字子渊，鲁国人，孔子的得意门生。②廋：音 sōu，隐藏、藏匿。

【译释】

孔子说：“我和颜回谈话，他从来不发表不同意见，似乎有点愚钝。等他退下之后，我考察他私下的言论，发现他对我所讲授的内容有所发挥，可见颜回其实并不蠢。”

孔子说：“观察一个人，应看他做事的动机和居心，观察他所走的道路，考察他安心干什么，这样，这个人怎样能隐藏得了？这个人怎样能隐藏得了呢？”

孔子说：“温习故知而能悟得新知，能做到这一点，就可以为人之师了。”

解读

了解一个人并不容易

认清一个人，在很多时候都是一件极其困难的事，尤其是当对方心怀不轨而竭力伪装时。但最根本的原因，恐怕还在于自身的“失察”。

西汉的王莽，为历代诟骂，他篡汉自代，愚弄天下，早已是奸恶臣子的代名词了。

从改朝换代、江山易姓的手法上来看，王莽又是一个非同寻常的人物，他完全靠一个人的力量和智谋，没有动用一兵一卒，就完成了夺取帝位、建立新朝的大业，可谓一个奇迹。

王莽的发迹，起初完全得力于他当皇后的姑姑王政君。王莽出身孤寒，父亲早死，他和母亲相依为命，艰苦度日。王政君见其母子可怜，多方照顾，对王莽爱之逾子，怜爱备至。她不顾众大臣的非议和反对，极力提拔王莽，以致王莽三十八岁时，已是朝廷重臣，身兼大司马之职。

见王政君如此行事，有人便向她进言道：“王莽虽是皇后的至亲，加恩于他未尝不可，只是王莽外表看似敦厚，其实未必心存感激。一旦尾大不掉，皇后的苦心白费不说，大汉的江山也会岌岌可危。”

应该说王莽的伪装功夫天下一流。虽有臣子进言，王政君却怎么也看不出王莽有不臣之心。她曾私下把王莽召来，对他说：“你有今日，非是姑姑之功，乃皇恩浩荡之故。我们王家深受汉室大恩，任何时候，我们都要恪尽职守，报效天子。”

王莽装得涕泣横流，忠心不二，王政君为其愚弄，更是不遗余力地提携他。有了王政君这个靠山，再加上皇帝年幼无知，王莽欺上瞒下，培植自己的势力，最后被封为“安汉公”，位在三公之上，一手把持了朝政。

位极人臣，王莽并没有心满意足。他要当皇帝，自然遭到身为汉家之后的王政君的反对。因为刘汉王朝若是不存，她也就失去立足的根基了。她把王莽召来，未待训斥，只见王莽再不像从前那样恭敬，却是傲慢无理地抢先说：“我意已决，姑姑就不要多费唇舌了。汉室气数已尽，天命在我，姑姑若是知趣，还是把御玺交给我吧。”

王政君深知王莽羽翼已丰，再也无法驾驭他了。她又悔又恨，无奈之下，便愤愤地将御玺摔在地上，以致御玺有损，缺了一角。

至此，王莽完全撕掉了伪装，他登基做了皇帝，建立了“新朝”。

王政君之所以对王莽失察，原因就在于她只看到并相信了王莽所显现的表面现象，但这种表象是虚假伪装的。按照孔老夫子所提出的察人标准，显然相差太远。因此，她也只好无可奈何地承担其严重后果。

诚然，现实总是有其远超任何理论的复杂性，但如果对孔子关于察人知人的教诲细加体悟，我们终会有所收获，并在实际操作中减少一些不必要的失误。

人是社会关系的集合体，具有多方面的特征，有时这些特征之间甚至是相互矛盾冲突的。因此，想看透、了解一个人，并不是一件很容易的事，只有通过像孔子说的这种方法，才能由外而内，正确全面地去认识一个人。当然，这种认识，并不只是总看别人的缺点，也应该据此发现一个人的闪光之处，否则，就难免走向偏颇，那样，也就谈不上知人了。

君子不器，完善自我

【原典】

子曰：“君子不器。”

子贡问君子。子曰：“先行其言而后从之。”

子曰：“君子周①而不比②，小人比而不周。”

【注释】

①周：周全。也有译为“合群”的。②比：音 bì，勾结。

【译释】

孔子说：“君子不像器具那样，只有某一方面的用途和才干。”

子贡问怎样做一个君子。孔子说：“做了以后再去说，就符合君子的要求了。”

孔子说：“君子能普遍团结人而不搞帮派，小人互相勾结，但是不团结。”

解读

做一个多才多艺的人

君子是孔子心目中具有理想人格的人，非凡夫俗子，他应该担负起治国安邦之重任。君子对内可以妥善处理各种政务；对外能够应对四方，不辱君命。所以，孔子说，君子应当博学多识，具有多方面才干，不只局限于某个方面，因此，他可以通观全局、领导全局，成为合格的领导者。这种思想在今天仍有可取之处。

长久以来，人们提起诸葛亮，往往都把他看成“神人”。其实，他也是肉身凡胎，但为何他能神机妙算、料事如神呢？大概原因就在于他不仅精通书本上的知识，更通晓世间一切事情的规律，活学活用，绝对不做一个没有第二条路可走的“器皿”，这才成为卧龙诸葛。

诸葛亮的本领，正如《三国演义》第100回里致曹真的信中所说：“窃谓夫为将者，能去能就，能柔能刚；能进能退，能弱能强。不动如山岳，难测如阴阳；无穷如天地，充实如太仓；浩渺如四海，炫耀如三光。预知天文之旱涝，先识地理之平康；察阵势之期会，揣敌人之短长。”他的知识，正如《三国演义》第46回中对鲁肃所说的：“为将而不通天文，不识地利，不知奇门，不晓阴阳，不看阵图，不明兵势，是庸才也。”这些虽有文学家的艺术渲染成分，但也是以史实作为依据的。从现有的《诸葛亮集》里可以看到，诸葛亮对经史子集、天文地理、兵书器械、农工计算、医卜星相等，都相当精通，多有著述。

诸葛亮何以如此多才多能？在《诫子书》里他写道：“夫学须静也，才须学也，非学无以广才，非志无以成学。”可见这是他长期专心致志、刻苦读书并多方学习的结果。而且，他学习的指导思想是学以致用，即为了“治性”、“接世”。他不仅要做辩士，而且要做豪杰；不仅要成为博学家，而且要成为实干家。他学习的方法是“独观其大略”，反对“务于精纯”（《三国志·诸葛亮传》），即不主张采取拘泥一家的纵向式方法，因而做到了涉猎广，领会深，有独到见解，能融会贯通，举一反三，为我所用，有所创新。他在《论诸子》一文中，曾以寥寥数语，精辟地褒贬了百家之学：“老子长于养性，不可以临危难。商鞅长于理法，不可以从教化。苏（秦）、张（仪）长于驰辞，不可以结盟誓。白起长于攻取，不可以广众。子胥长于图敌，不可以谋身。尾生长于守信，不可以应变。王嘉长于遇明君，不可以事暗主。许子将长于明臧否，不可以养人物。此任长之术者也。”（《诸葛亮集》）

在这里，他所评论的既有先秦时代的老子、商鞅、苏秦、张仪、白起等人，又有稍前于他的、哀帝时以敢谏闻名的丞相王嘉，还有与他同时代的、那个曾说曹操是“治世之能臣，乱世之奸雄”的许劭（字子将）。因为他对别人的长处和短处均有深入的认识，所以他能取人之长，避人所短，成为智慧、道德的楷模。

在当今竞争激烈、瞬息万变的社会，一个人不可能在同一位置静止不动。而当某种“动荡”把人从一个熟悉的环境中抛到另一个完全陌生的地方时，许多人就会不知所措了。其原因就在于在复杂的现实中，单凭一只脚走路是不牢靠的，人必须学会多种生存本领，做一个能文能武的通才，不仅对本专业要精通，对其他的领域也要能懂能做。只有具备这样的业务素质，这样的知识结构，才能在生活中处变不惊，游刃有余。这既是领导者为政的必要素质，也是任何一个现代人所不可缺少的本领。

学而常思，常有心得

【原典】

子曰："学而不思则罔①，思而不学则殆②。"

子曰："攻③乎异端④，斯害也已。"

子曰："由⑤，诲女，知之乎？知之为知之，不知为不知，是知也。"

子张⑥学干⑦禄，子曰："多闻阙⑧疑⑨，慎言其余，则寡尤⑩；多见阙殆，慎行其余，则寡悔。言寡尤，行寡悔，禄在其中矣。"

【注释】

①罔：迷惑，糊涂。②殆：疑惑、危险。③攻：攻击。④异端：走极端，不守正道。⑤由：姓仲名由，字子路。孔子的学生。⑥子张：姓颛孙名师，字子张，孔子的学生。⑦干：求。⑧阙：缺。此处意为放置在一旁。⑨疑：怀疑。⑩寡尤：寡，少。尤，过错。

【译释】

孔子说："只学习而不思考，就会茫然无知而没有收获；只空想而不学习，就会疑惑而无所得。"

孔子说："批评那些不正确的言论，祸害就可以消除了。"

孔子说："由，我教给你怎样做的话，你明白了吗？知道的就是知道，不知道就是不知道，这就是智慧啊！"

子张向孔子请教做官求俸禄的方法，孔子说："要多听，有疑问的地方要保留，其余的无疑问的说话也要小心谨慎，这样就可以少犯错误；要多看，有怀疑的地方先放在一旁，其余知道的部分也要小心谨慎行动，这样可以少后悔。说话过错少了，行动后悔少了，官位和俸禄就在这里面了。"

解读

没有人会知道所有事情

知之为知之，不知为不知，如果一个人对自己不明白的问题加以隐瞒，不去向别人请教，在别人面前仍然不懂装懂，那他就是太无知、太虚伪了。不懂并不可怕，可怕的是不懂装懂。在这个世界上没有一生下来就上通天文、下知地理、晓古通今的人，人们都是在不断的学习探索中充实自己的。只有虚心向别人学习，不耻下问，才能不断进步。否则像南郭先生那样“滥竽充数”，只能贻笑大方，最终被社会淘汰。其实，对自己不知道的事情，坦率地说不知道，反而更容易赢得别人的尊重。

有一位学问高深的老教授，会讲五种语言，读书很多，语汇丰富，记忆过人，而且还经常去各地旅行，可以称得上见多识广。然而，人们从来没听到他卖弄自己的学识或对自己不了解的事假称通晓，他从不回避说“我不知道”，也不用自己已有的知识去搪塞，而是建议去查阅有关资料，以作思考。老教授的这种诚实，赢得了所有人的尊重。

心理学家邦雅曼·埃维特曾指出，平时动不动就说“我知道”的人，不善于同他人交往，也不受人喜欢，而敢于说“我不知道”的人，则显示的是一种富有想象力和创造性的精神。埃维特还说，如果我们承认对某个问题需要思索或老实地承认自己的无知，那么我们自己的生活方式就会大大的改善。这就是他竭力倡导的态度，人们可以从中受到教益。

凡是聪明的人，都有勇气承认“没有人知道所有事情”的事实。他们面对不了解的事情能够坦然地说自己不知道，随后就去弥补他们所欠缺的知识。承认自己不知道无损于他们的自尊，对他们来说，“不知道”是一种动力，促使他们积极采取行动，进一步了解情况，求得更多的知识。

行事有道，使人信服

【原典】

哀公问曰："何为则民服？"孔子对曰："举直错诸枉①，则民服；举枉错诸直，则民不服。"

季康子②问："使民敬、忠以劝③，如之何？"子曰："临④之以庄，则敬；孝慈，则忠；举善而教不能，则劝。"

或谓孔子曰："子奚不为政？"子曰："《书》⑤云：'孝乎惟孝，友于兄弟。'施于有政⑥，是亦为政，奚其为为政？"

子曰："人而无信，不知其可也。大车无輗⑦，小车无軏⑧，其何以行之哉？"

子张问："十世可知也？"子曰："殷因于夏礼，所损益可知也；周因于殷礼，所损益可知也。其或继周者，虽百世，可知也。"

子曰："非其鬼⑨而祭之，谄也。见义不为，无勇也。"

【注释】

①举直错诸枉：举，选拔的意思。直，正直公平。错，同"措"，放置。枉，不正直。②季康子：姓季孙名肥，康是他的谥号。③劝：勉励。这里是自勉努力的意思。④临：对待。⑤《书》：指《尚书》。⑥施于有政：施：一作施行讲；一作延及讲。⑦輗：音 ní，木制，外裹铁皮，竖穿于辕与衡的两孔中，使之可以灵活转动，不滞固。⑧軏：音 yuè，古代小车唯于车前中央有一辕，辕头弯曲向上，与横木凿孔相对，贯其中。⑨鬼：有两种解释：一是指鬼神，二是指死去的祖先。这里泛指鬼神。

【译释】

鲁哀公问孔子说："什么样的行为能使百姓信服呢？"孔子回答说："把正直的人提拔上来，放置在邪恶不正的人上面，老百姓就会服从了；把邪恶不正的人提拔起来，放置在正直无私的人上面，老百姓就不会服从了。"

季康子问孔子："要使老百姓对当政的人尊敬、尽忠而努力劳动，该怎样去做呢？"孔子说："你用庄重的态度对待老百姓，他们就会尊敬你；你对父母孝顺、对子弟慈祥，百姓就会尽忠于你；你选用善良的人，又教育能力差的人，百姓就会互相勉励，加倍努力了。”

有人对孔子说：“你为什么不从政呢？”孔子回答说：“《尚书》上说，‘孝就是孝敬父母，兄弟友爱。’把这孝悌的道理施于政事，这也算是一种从政的形式啊，难道只有做官才算是为政吗？”

孔子说：“一个人不讲信用，真不知如何是好了。就好像大车没有輗、小车没有軏一样，它靠什么行走呢？”

子张问孔子：“今后十世的礼仪制度可以预先知道吗？”孔子回答说：“商朝继承了夏朝的礼仪制度，所减少和所增加的内容是可以知道的；周朝又继承商朝的礼仪制度，所废除的和所增加的内容也是可以知道的。将来有继承周朝的，就是一百世以后的情况，也是可以预先知道的。”

孔子说：“不是你应该祭的鬼神，你却去祭它，这就是谄媚。见到应该挺身而出的事情，却袖手旁观，就是怯懦。”

解读

诚信什么时候都很重要

无论是古代还是现代，守信用都是生活常识。统治者与百姓之间如果订立盟约，谨守信用，就不会朝令夕改；而国与国之间如果没有信用，发重誓订下的盟约，回头就会变成一张废纸。所以，信用问题就是生存问题。

不仅治理国家要讲信用，在商场上，诚信也是商家与顾客之间最牢固的纽带。正所谓“诚信是经商之本”。商人要想使自己的事业有成，就必须讲商业道德。

有位留美女士逛纽约的一家百货公司，在进口处有两只鞋子，旁边的牌子上写道：“超级特价，只付一折即可穿回。”她拿起鞋子一看，原价 70 美元的红色高跟鞋只要 7 美元，这简直让人难以置信。她试了试觉得皮软质轻，实在是完美无瑕，她乐不可支。

她把鞋捧在胸前，然后赶快招呼服务小姐，服务小姐笑眯眯地走过来说“您好！您喜欢这双鞋？正好配您的红外套！”她把鞋交给服务小姐，不禁担心地问：“鞋子有什么问题吗？价钱不对吗？”

那位服务小姐赶紧安慰说：“不！不！别担心，我要再确认一下是不是那两只鞋。嗯，确实是！”

“什么叫两只鞋，明明是一双啊！”她迷惑不解地问。

那位诚实的服务小姐说：“既然您这么中意，而且打算买了，我一定要把实情告诉您。”

服务小姐开始解释：“非常抱歉！我必须让您明白，它们真的不是一双鞋，而是皮质相同，尺寸一样，款式也相同的两只鞋，虽然颜色几乎一样，但还是有一点色差。我们也不知道是否以前卖错了，或是顾客弄错了，剩下的左、右两只正好凑成一双。我们不能欺骗顾客，免得您回去以后，发现真相而后悔，责怪我们欺骗您。如果您现在知道了而放弃，您可以再选别的鞋子！”这真挚的一番话，哪有不让人心软的！何况，穿鞋走路，又不是让人蹲下仔细对比两边的色泽。她心里越想越得意，不仅买了那“两只”外，又另外买了两双鞋。

时过几年，那两只鞋仍是她的最爱。当朋友夸赞那双鞋时，她总是不厌其烦地诉说那个动人的故事。唯一的后遗症是每次她到纽约时，总要抽空到那家百货公司捧回几双鞋。

诚信无价。虽然一时的坦诚可能会损失眼前的利益，但换来的却是比金钱更重要的信任，收获的是长远的利益。但有的人却不这样想，他们会为了眼前的利益而背信弃义，结果却失去了长远的发展机会。

背信弃义与讲信用就像是一对兄弟，他们穿越历史长河，直到今天，依然与我们同在。在商品经济社会，背信弃义与讲信用的矛盾越发突出，我们是不是应该时刻谛听圣人的呼吁呢？——人而无信，不知其可也！

八佾第三

中国有句格言："退一步海阔天空。"不少人将它抄下来贴在墙上，奉为处世的座右铭。这句话与当今商品经济下的竞争观念似乎不大合拍，事实上，"争"与"不争"并非总是不相容，反倒经常互补。在生意场上也好，在外交场合也好，在个人之间、团体之间，也无需一个劲儿"争"到底，退让、妥协、牺牲有时也很必要。而作为个人修养和处世之道，不争则不仅是一种美好的德行，而且也是一种宝贵的智慧，更是"礼"的具体体现。

仁而知礼，不慕虚荣

【原典】

孔子谓季氏[①]，“八佾[②]舞于庭，是可忍，孰不可忍也！”

三家[③]者以《雍》[④]彻。子曰：“‘相维辟公，天子穆穆’[⑤]，奚取于三家之堂[⑥]？”

子曰：“人而不仁，如礼何？人而不仁，如乐何？”

林放[⑦]问礼之本。子曰：“大哉问！礼，与其奢也，宁俭；丧，与其易[⑧]也，宁戚。”

【注释】

①季氏：鲁国正卿季孙氏，即季平子。②八佾：周朝天子可用的宫廷乐舞。③三家：鲁国当政的三家：孟孙氏、叔孙氏、季孙氏。④《雍》：《诗经·周颂》中的一篇。古代天子祭宗庙完毕撤去祭品时唱这首诗。⑤相维辟公，天子穆穆：《雍》诗中的两句。相，助。维，语助词，无意义。辟公，指诸侯。穆穆：庄严肃穆。⑥堂：接客祭祖的地方。⑦林放：鲁国人。⑧易：治理，办理。

【译释】

孔子谈到季氏，说：“他在自己的庭院中演八佾舞，这样的事他都忍心去做，还有什么事情不忍心做呢？”

孟孙氏、叔孙氏、季孙氏三家在祭祖完毕时，也命乐工唱《雍》这篇诗。孔子说：“《雍》诗上这两句‘诸侯助祭，天子严肃静穆’之类的句子，怎么能用在你三家祭祀的庙堂里呢？”

孔子说：“一个人没有仁德，他怎么能实行礼呢？一个人没有仁德，他怎么能运用乐呢？”

林放问什么是礼的根本。孔子回答说：“你问的问题意义重大，就礼节仪式的一般情况而言，与其奢侈，不如节俭；就丧事而言，与其仪式上治办完备，不如内心真正哀伤。”

解读

虚荣排场招致反效果

奢华的外在形式，不仅伤害到“礼”的内在本质，而且还会诱使当事人沉迷其中，进而偏离甚至背叛仪式的真正精神。历史上有许多这样的事例。比如隋炀帝杨广，他就把招待外宾的“礼”演化成了铺张炫耀，用以满足他那日渐增长、不可抑制的虚荣心。

610 年，西域各族使团和商旅，仰慕中原的富庶，纷纷来到东都洛阳。隋炀帝为了炫耀自己，于 2 月 13 日（大业六年正月十五日），下令举行盛大的欢迎会。在皇城端门外大街，圈围戏场五千步，搭起了百座戏楼，招来一万八千名乐师，日夜演戏，歌声乐声，声闻几十里。夜幕降临后，张灯结彩，继续演唱。这次耗资巨万的百场戏，整整演了半个月，方才收场。

在这期间，各族商旅要到丰都市（即东市）进行贸易。隋炀帝于是下令整顿市容，各店肆都要粉刷墙垣，彩绘门窗，陈列新货，店员要穿锦衣丽服，连卖蔬菜的小商贩也要用精美的龙须席铺地。西域各族商人路经酒食店，店主要热情招待，吃喝免费，醉饱出门，以显示隋朝的富庶。但客人们看出这是假象，有的人指着街市间树木上缠饰的彩绢质问说：“中国亦有贫者，衣不盖形，何不以此物与之，缠树何为?”

隋炀帝的虚荣浮夸，非但没有赢得各族的信任，反而招致了战争。

615 年秋，当他再次出巡塞外时，突然遭到几十万突厥骑兵的袭击，雁门（今山西代县）一带的四十一座城市，竟然丢了三十九座。隋炀帝逃之不及，被围困在雁门城里。突厥急攻雁门，弓箭射到隋炀帝脚下，这位不可一世的暴君被吓得六神无主，抱着小儿子杨杲号啕大哭，眼睛都哭肿了。幸亏将士们奋力固守，后来才转危为安。

隋炀帝的愚蠢在于，他以为那些豪华的铺排仪式，既能显示出自己统治的国家殷实富强，又能让“宾客们”感到莫大的满足。但在实际上，却收到了完全相反的效果。因为他所表现出的一切，既华而不实，又盛气凌人，难免会让客人从内心感到不快和厌恶。

在前些年，一些暴富的人在婚、丧事的操办上往往铺张讲排场，自以为这样风光无限。其实，真正能显示出一个人“底子”的，并不是这种浅薄的外在形式。这与孔子所论述的礼在内心的道理是一致的。如果礼的形式不是真诚的，反而成了一种奢侈虚伪的样式，那么就从本质上违背了礼的真正内涵。

君子不争，争则依礼

【原典】

子曰："夷狄[1]之有君，不如诸夏[2]之亡[3]也。"

季氏旅[4]于泰山，子谓冉有[5]曰："女弗能救[6]与?"对曰："不能。"子曰："呜呼！曾谓泰山不如林放乎?"

子曰："君子无所争，必也射[7]乎！揖让而升，下而饮，其争也君子。"

【注释】

①夷狄：古代中原地区的人对周边地区的贬称。②诸夏，古代中原地区的华夏民族。③亡，通"无"。④旅：祭名。祭祀山川为旅。当时，只有天子和诸侯才有祭祀名山大川的资格。⑤冉有：姓冉名求，字子有，孔子的弟子。⑥救：劝谏，劝阻。⑦射：原意为射箭。此处指古代的射礼。

【译释】

孔子说："夷狄有君主而不知礼，还不如中原诸国没有君主呢。"

季孙氏去祭祀泰山。孔子对冉有说："你难道不能劝阻他吗?"冉有说："不能。"孔子说："唉！难道说泰山神还不如林放知礼吗?"

孔子说："君子没有什么可与别人争的事情。如果有的话，那就是射箭比赛了。比赛时，先相互作揖谦让，然后上场。射完后，又相互作揖再退下来，然后登堂喝酒。这就是君子之争。"

解读

不可为利欲而争

中国有一句俗话叫"知足常乐"。佛教的理想是"少欲知足"。孟子有一句话："养心莫善于寡欲"，是说若希望心能够正，欲望越少越好。他还说："其为人也寡欲，虽不存焉者寡矣；其为人也多欲，虽有存焉者寡矣。"欲少则仁心存，欲多则仁心亡，说明了欲与仁之间的关系。

自古仕途多变动，所以古人以为身在官场的纷华中，要时刻淡化利欲之心。利欲之心人固有之，甚至生亦我所欲，所欲有甚于生者，这当然也是正常的。问题在于要能进行自控，不把一切看得太重，到了接近极限的时候，要能把握得准，跳得出这个圈子，不为利欲之争而舍弃一切。

怎么才能使自己的欲望趋淡呢？常以世事世物自喻自悦则可贯通得失。比如，看到天际的彩云绚丽万状，可是一旦阳光淡去，满天的绯红嫣紫，瞬时消失，古人就会得出结论："常疑好事皆虚事"；看到深山中参天的古木不遭斧凿，蓊郁蓬勃，究其原因是它们不为世人所知所赏，自是悠闲岁月，福泽年长，"方信闲人是福人"。中国的古代，自汉魏以降，高官名宦，无不以通禅味解禅心为风雅，可以在失势时自我平衡，自我解脱。

常常看到有些人为了谋到一官半职，请客送礼，煞费苦心地找关系、托门路，机关用尽，而结果还往往与愿相违；还有些人因未能得到重用，就牢骚满腹，借酒浇愁，甚至做些对自己不负责任的事情。凡此种种，真是太不值得了！他们这样做都是因为太看重名利，甚至把自己的身家性命都压在了上面。其实生命的乐趣很多，何必那么关注功名利禄这些身外之物呢？少点欲望，多点情趣，人生会更有意义。何况该是你的跑不掉，不该是你的争也白费力。

因此，保持淡泊人生、乐趣知足的心态，才能使自己体会出人生无尽的乐趣，达到人生的理想境界。

古人云：求名之心过盛必作伪，利欲之心过剩则偏执。面对名利之风渐盛的社会，面对物质压迫精神的现状，如果能做到视名利如粪土，视物质为赘物，不为利欲而争，就能在简单、朴素中体验心灵的丰盈和充实，并将自己始终置于一种平和、自由的境界。

遵礼由心，执礼宜诚

【原典】

子夏问曰："'巧笑倩兮，美目盼兮，素以为绚兮'。[①]何谓也？"子曰："绘事后素[②]。"曰："礼后乎？"子曰："起予者商[③]也，始可与言诗已矣。"

子曰："夏礼吾能言之，杞[④]不足徵也；殷礼吾能言之，宋[⑤]不足徵也。文献[⑥]不足故也。足，则吾能徵之矣。"

子曰："禘[⑦]自既灌[⑧]而往者，吾不欲观之矣。"

或问禘之说[⑨]，子曰："不知也。知其说者之于天下也，其如示诸斯乎！"指其掌。

祭如在，祭神如神在。子曰："吾不与祭，如不祭。"

王孙贾[⑩]问曰："与其媚[⑪]于奥[⑫]，宁媚于灶[⑬]，何谓也？"子曰："不然。获罪于天[⑭]，无所祷也。"

【注释】

①巧笑倩兮，美目盼兮，素以为绚兮：前两句见《诗经·卫风·硕人》篇。笑得好看。盼：眼睛黑白分明。绚，色彩灿烂，有文彩。②绘事后素：绘：画。素：白底。③商：子夏的名字。④杞：春秋时国名，是夏禹的后裔。在今河南杞县一带。⑤宋：春秋时国名，是商汤的后裔，在今河南商丘一带。⑥文献：文：指历史典籍；献：贤人。⑦禘：音dì，古代的一个非常隆重的典礼。⑧灌：禘礼中第一次献酒。⑨禘之说：意为关于禘祭的规定。说：理论、道理、规定。⑩王孙贾：卫灵公的大臣，时任大夫。⑪媚：谄媚、巴结、奉承。⑫奥：这里指屋内位居西南角的神。⑬灶：指灶神。⑭天：以天喻君，一说天即理。

【译释】

子夏问孔子："'笑得真好看啊，美丽的眼睛真明亮啊，用素粉来打扮啊。'这几句话是什么意思呢？"孔子说："这是说先有白底然后画画。"子夏又问："礼是后有的吧？"孔子说："商，你真是能启发我的人，现在可以同你讨论《诗经》了。"

孔子说："夏朝的礼仪，我能说出来，只可惜它的后代杞国文化传统保存得不够好，不能证明；殷朝的礼，我能说出来，只可惜它的后代宋国文化传统保存得不够好，不能证明。这都是由于文献不足的缘故。如果足够的话，我的话就可以得到证明了。"

孔子说："禘礼开始后，当主祭者第一次献酒以后，我就不愿意看了。"

有人问孔子关于举行禘祭的规定。孔子说："我不知道。能够懂得这种规定再来治理天下，就会像把这东西摆在这里一样容易吧！"一面说一面指着他的手掌。

祭祀祖先就像祖先真在面前，祭神就像神真在面前。孔子说："如果不亲自参加祭祀，那就和没有举行祭祀一样。"

王孙贾问道："与其奉承奥神，不如奉承灶神。这话是什么意思？"孔子说："不是这样的。如果得罪了天地良心，任何祈求都是没有用的。"

解读

礼不诚反害己

待人处世之"礼"，关键就在一个"诚"字。诚会让人感觉受到了尊重，从而感到身心愉快，乐意为你尽心尽力，正所谓以心换心；而不诚之"礼"，则会让人感到被戏弄，受了污辱，因此非但不会帮忙，反而怀恨于心，伺机报复。

陶朱公范蠡还住在陶时，生了第三个小儿子。等到他长大成人后，陶朱公的二子因杀人，被楚国拘囚起来。陶朱公说："杀人偿命是应该的，但我听说有千金之家财，其子可以不被处死于市中。"于是备齐千金，准备让小儿子前去探视。但大儿子也坚持要去，并说："父亲不让我去，而让小弟去，一定是父亲认为我是不肖之子。"说着竟要自杀。夫人见此，再三强劝陶朱公，陶朱公不得已，只得让大儿子去，并附信一封，叫他交给自己过去的好友庄生。并对大儿子说："到了以后，把礼金送上，然后一切客随主便，不要与他争辩。"

大儿子到后，便按照父亲的嘱咐去做了。见过庄生之后，庄生就对他说："你快走，不要再继续留在这里了。即使你弟弟被放出来，也不要问是什么原因。"大儿子走后，并没有按庄生的吩咐回去，而是偷偷地住在楚贵人那里。庄生虽穷，却以廉洁耿直为标榜，楚王以下的大臣们都把他视为老师，非常尊重他。陶朱公的儿子所送千金之礼，庄生并无意收下。原本想把事情办成后，再退还给陶朱公，以为信守之据，然而，陶朱公的长子并不理解他的这番良苦用心。

一天，庄生找了个理由觐见楚王，说天上有星相显示，有事不利于楚国，只能用做好事的方法才能消除。楚王一贯信任庄生，于是就命人封住三钱之府，准备大赦天下。楚贵人欣喜地将此喜讯告诉了朱公长子。不料朱公长子想，大赦时弟弟一定会出来，千金岂不白送庄生了。于是就又去见庄生，庄生吃惊地问："你怎么还没离开这里？"朱公长子说："弟弟今将大赦，故而特来告辞。"庄生明白他的意思，就把钱还给了他。

庄生受了陶朱公长子的要弄，感到是一种奇耻大辱，于是就又觐见楚王说："楚王大赦是为了修德去凶，可楚国的百姓都说，陶地的富翁陶朱公的儿子杀了人被囚在楚，他们家里就用金钱来贿赂楚王左右的人，所以说楚王大赦并非为楚国百姓，只是为陶朱公的儿子一人着想罢了。"楚王听后大怒，下令将陶朱公的儿子立即处斩，然后才下大赦令。

陶朱公的长子救弟失败的原因就在于他礼不诚。这种行为的本身就构成了对庄生的伤害，使他认为自己的人格、尊严以及做事能力都受到了污辱。因此，他又不辞劳苦地再帮"倒忙"的行为，也就不难理解了。可见，待人处世中的虚伪之礼，对人对己都没有好处，是要不得的。

所谓"祭神如神在"，并不是要承认在人的世界之外又有一个所谓神的世界，而是指人的内心体验到的一种存在。它既是一种人的内在精神的提升与净化手段，更是一种待人处世的真诚态度。而这也必将换来同样真诚的回报。任何虚假的东西，都将如竹篮打水一样，不会带来任何收获。因为"不与祭，如不祭"，弄不好，还有可能惹得人神共愤。

崇尚礼义，待人以礼

【原典】

子曰："周监①于二代②，郁郁③乎文哉，吾从周。"

子入太庙④，每事问。或曰："孰谓鄹⑤人之子知礼乎？入太庙，每事问。"子闻之，曰："是礼也。"

子曰："射不主皮⑥，为力不同科⑦，古之道也。"

子贡欲去告朔⑧之饩羊⑨。子曰："赐⑩也！尔爱其羊，我爱其礼。"

子曰："事君尽礼，人以为谄也。"

定公⑪问："君使臣，臣事君，如之何？"孔子对曰："君使臣以礼，臣事君以忠。"

【注释】

①监：音 jiàn，同"鉴"，借鉴的意思。②二代：夏代和周代。③郁郁：繁

盛丰茂，光辉伟大。④太庙：君主的祖庙。鲁国太庙，即周公旦的庙。⑤鄹：音zōu，春秋时鲁国地名，在今山东曲阜附近。“鄹人之子”指孔子。⑥皮：用善皮做成的箭靶子。⑦科：等级。⑧告朔：朔，农历每月初一为朔日。告朔，古代礼制，天子每年秋冬之际，把第二年的历书颁发给诸侯，告知每个月的初一日。⑨饩羊：饩，音xì。饩羊，祭祀用的活羊。⑩赐：指子贡。姓端木，名赐，字子贡。⑪定公：鲁国国君，姓姬名宋，定是谥号。

【译释】

孔子说：“周朝的礼仪制度借鉴于夏、商二代，是多么繁盛丰茂啊。我认同周朝的礼仪制度。”

孔子到了太庙，每件事都要问。有人说：“谁说此人懂得礼呀，他到了太庙里，什么事都要问别人。”孔子听到此话后说：“这就是礼呀！”

孔子说：“比赛射箭，不在于穿透靶子，因为各人的力气大小不同。自古以来就是这样。”

子贡提出去掉每月初一日告祭祖庙用的活羊。孔子说：“子贡，你爱惜那只羊，我却爱惜那种礼。”

孔子说：“完完全全按照周礼的规定去侍奉君主，别人却以为这是谄媚。”

鲁定公问孔子：“君主怎样使唤臣下，臣子怎样侍奉君主呢？”孔子回答说：“君主若能按照礼的要求去使唤臣子，臣子自会以忠来侍奉君主。”

解读

君臣之礼的例证

“君使臣以礼，臣事君以忠”，这是孔子君臣之礼的主要内容。只要做到这一点，君臣之间就能和谐相处。三国时期刘备与诸葛亮这一对搭档，可以说是“君使臣以礼，臣事君以忠”最为典型的例证。

“三顾茅庐”是刘备求才的佳话，其所以千古流传是由于它展现了刘备的求才之心切，爱才之德盛，而且礼数感人。也正因为刘备有茅庐三顾，才有后来诸葛亮的“鞠躬尽瘁，死而后已”。

刘备“三顾茅庐”那种诚心访求人才、尊重人才、尽礼待人的态度确实是感人的。刘备三顾茅庐时，一连两次都扑了空，第三次，刘备终于见到了仰慕已久的诸葛亮。刘备立即谦逊地请教：“现在汉朝崩溃，天下大乱，权臣控制朝政。我不度德量力，想伸义于天下，完成统一大业，恢复汉朝的统治，但由于才疏德薄，屡遭挫折，至今一无所成。不过，我并未因此而心灰意冷，还想干一番事业，希望先生为我谋划。”

诸葛亮为刘备诚心尽礼的态度和正义的雄图所感动，便决心倾其所能以报知己。于是他毫无保留地对当时天下形势从政治、经济、军事、地理、人事等方面进行了精辟分析，并为刘备具体谋划了战略目标、战略步骤，这就是著名的“隆中对策”。刘备听后赞叹不已，相见恨晚，于是热诚地邀请诸葛亮出山辅佐自己成就大业。诸葛亮慨然应允。

赤壁大战后，诸葛亮积极谋划，并不辞劳苦，亲自征战，使刘备出兵占领了荆州以南的地区，继而又占领了益州。建安二十二年，诸葛亮又在定军山大破曹军，使刘备一举占领了汉中。为了稳定社会、革新政治，诸葛亮严格执法，惩处豪强，任人唯贤。刘备得荆州，进益州，据汉中，建蜀汉，都与诸葛亮竭忠尽职分不开。

诸葛亮追随、报答刘备，充分体现了“臣事君以忠”，当然，这是以刘备“使臣以礼”为前提的。可见，这种双向互动在人际关系中是多么的重要，任何一方的冷漠都有可能引起对方的寒心和无动于衷，那样，就不会出现任何令人感动的情谊，也不可能共同创造出令双方都满意的业绩来。

怎样处理君臣关系，这在封建社会政治层面上是一个重要问题，而孔子的解答方案，是要求双方都要有自律精神，这种“礼”和“忠”的双向伦理关系，对于我们今天的生活依然有重要的启发。我们常听到一些人抱怨别人“不够意思”，其实他首先应当考虑一下自己是否做到了能够换取对方“够意思”的礼节，同样地，反过来也应当如此。俗话说以心换心，即使是上下级关系，也要“使人以礼”，因为只有这样，才能换来对方的忠诚。

行之有度，既往不咎

【原典】

子曰："《关雎》①，乐而不淫，哀而不伤。"

哀公问社②于宰我，宰我③对曰："夏后氏以松，殷人以柏，周人以栗，曰：使民战栗。"子闻之，曰："成事不说，遂事不谏，既往不咎。"

子曰："管仲④之器小哉！"或曰："管仲俭乎？"曰："管氏有三归⑤，官事不摄⑥，焉得俭？""然则管仲知礼乎？"曰："邦君树塞门⑦，管氏亦树塞门；邦君为两君之好有反坫⑧，管氏亦有反坫。管氏而知礼，孰不知礼？"

【注释】

①《关雎》：雎，音 jū。这是《诗经》的第一篇。②社：土地神，祭祀土神的庙也称社。③宰我：名予，字子我，孔子的学生。④管仲：姓管名夷吾，齐国人，春秋时期的法家先驱。⑤三归：相传是三处藏钱币的府库。⑥摄：兼任。⑦树塞门：树，树立。塞门，屏风、照壁。⑧反坫：坫，音 diàn。古代君主招待别国国君时，放置献过酒的空杯子的土台。

【译释】

孔子说："《关雎》这篇诗，快乐而不放荡，忧愁而不哀伤。"

鲁哀公问宰我，土地神的神主应该用什么树木，宰我回答："夏朝用松树，商朝用柏树，周朝用栗子树。用栗子树的意思是说：使老百姓战栗。"孔子听到后说："已经做过的事不用提了，已经完成的事不用再去劝阻了，已经过去的事也不必再追究了。"

孔子说："管仲这个人的器量真是狭小呀！"有人问："管仲节俭吗？"孔子说："他有三处豪华的藏金府库，他家里的管事也是一人一职而不兼任，怎么谈得上节俭呢？"那人又问："那么管仲知礼吗？"孔子回答："国君大门口设立照壁，管仲在大门口也设立照壁。国君同别国国君举行会见时在堂上有放空酒杯的土台，管仲也有这样的土台。如果说管仲知礼，那么还有谁不知礼呢？"

解读

过去的事不必耿耿于怀

孔子说："已经过去的事就不要再追究了。"他是要告诉我们：做事情不要被已经发生的相关的事情所困扰，没有必要因为做错了什么事情而过于悔恨，眼光要向前看。

东汉大臣孟敏，年轻的时候曾卖过甑。有一天，他的担子掉在地上，甑被摔碎了，他头也不回地径自离去。有人问他："甑摔坏了多可惜啊，你为什么都不回头看一看呢?"孟敏十分坦然地回答："甑既然已经破了，再疼惜它也没有什么好处了。"是的，甑再珍贵，再值钱，再与自己的生计息息相关，可它被摔破，已是无法改变的事实，你为之感到可惜，心急如焚，顾之再三，又有什么益处呢?

这就是明代大学问家曹臣《说典》中的一则小故事：《甑已摔破，顾之何益》。这个故事告诉我们：不要为无法改变的事痛惜、后悔、哀叹、忧伤。这可以说是古今中外聪明人共同的生存智慧。

辛弃疾在一首词中写道："叹人生，不如意事，十之八九。"而有时人生的不如意又何止八九，在生活中，不可能事事顺心，万事如意。下岗，被精简，被老板炒鱿鱼，不如意；落选，被降职，被顶头上司冷落，不如意；评职称少了一票，送学术刊物的论文泥牛入海，不如意；经商亏本，办厂赔钱，路上被窃，也不如意……林林总总，不一而足。一旦遇到这样的事该怎么办，想想《甑已摔破，顾之何益》，想想人家的生存智慧，对自己肯定会大有裨益的。

莎士比亚说："聪明人永远不会坐在那里为他们的损失而哀叹，而是去寻找办法来弥补他们的损失。"既然事情已经过去，就不要再耿耿于怀。调整好心态，勇敢地面对现在和未来。要知道，悔恨过去，只会损害眼前的生活。不要让"打翻的牛奶"潮湿了我们的心情，我们还有很多事要做，我们没有理由因为这一件事而拒绝这一天的生活，相反我们应该将这天的生活过得平静而恳挚，这样才会有丰盈的过去，也才能开创未来。

过去的已经过去，历史就如"黄河之水天上来，奔流到海不复回"，不能从头开始，不能从头改写。为过去哀伤，为过去遗憾，除了劳心费神，分散精力，没有一点益处。要想发挥自己的潜能，取得事业的成功，必须勇于忘却过去的不幸，重新开始新的生活。

处世从容，不失善道

【原典】

子语鲁大师[①]乐，曰："乐其可知也：始作，翕[②]如也；从[③]之，纯如也，皦[④]如也，绎[⑤]如也，以成。"

仪封人[⑥]请见，曰："君子之至于斯也，吾未尝不得见也。"从者见之。出曰："二三子何患于丧[⑦]乎？天下之无道也久矣，天将以夫子为木铎[⑧]。"

子谓《韶》[⑨]："尽美矣，又尽善[⑩]也。"谓《武》[⑪]："尽美矣，未尽善也。"

子曰："居上不宽，为礼不敬，临丧不哀，吾何以观之哉？"

【注释】

①大师：大，音 tài。大师是乐官名。②翕：意为合、聚、协调。③从：音 zòng，意为放纵、展开。纯：美好、和谐。④皦：音 jiǎo，音节分明。⑤绎：连续不断。⑥仪封人：仪为古地名，在今河南兰考县境内。封人，系镇守边疆的官。⑦丧：丧乱。⑧木铎：木舌的铜铃。古代天子发布政令时摇它以召集听众。⑨《韶》：相传是舜制的一种乐舞。⑩善：指乐舞的思想内容完美。⑪《武》：相传周武王所制的一种乐舞。

【译释】

孔子对鲁国乐官谈论演奏音乐时说："音乐是可以把握的：开始演奏，各种乐器合奏，声音繁美；继续展开下去，悠扬悦耳，音节分明，连续不断，最后完成。"

仪这个地方镇守边疆的官吏请求拜见孔子，他说："凡是君子到这里来，我从没有见不到的。"孔子的随从学生引他去见了孔子。他出来后说："你们几位何必担心丧乱呢？天下无道已经很久了，所以上天降下先生，他会像木铎一样召唤天下人。"

孔子讲到《韶》乐时说："极其完美，又极其完善。"谈到《武》乐时说："艺术形式很美，但不太完善。"

孔子说："居于上位，不能宽厚待人，行礼的时候不严肃，参加丧礼时也不悲哀，这种情况我怎么能看得下去呢？"

解读

凡事学会包容

立身处世不能太清高，对于污浊、屈辱、丑恶的东西要能够承受；与人相处不能太过计较，对于善良的、邪恶的、智慧的、愚蠢的人都要能够理解包容。“居上不宽，这种情况我怎么看得过去呢？”孔子意在劝告人们应学会包容。

南宋时，金兀术采用火攻，烧毁了韩世忠的海舰。韩世忠退至镇江，收集残兵，只剩三千多名，还丧了两员副将，一是孙世询，二是严允。韩世忠懊丧万分。

梁夫人劝道：“胜败乃兵家之常事，事已如此，追悔也莫及了！”

韩世忠答道：“昨日还接奉上谕褒奖，现在竟弄得丧兵折将，我将如何向皇上交代呢？”于是，韩世忠上章自劾。高宗接到了韩世忠自劾的奏章，正想下诏处分时，忽然接到太后手谕。

太后在手谕中告诉高宗，三军易得，一将难求。像韩世忠这样的人，忠勇无比，世上无人可与他匹敌，现在因寡不敌众，以致先胜后败，应当宽其既往，以鞭策将来，不必加罪责备，让勇士寒心。

高宗阅后恍然大悟，便照太后所说的办。

韩世忠原来以为打了败仗，皇上定要加以处分。忽然有一日，卫兵进来报告说：“钦使到了，请将军接旨。”

韩世忠连忙更换朝服出迎，跪听宣读诏书，不禁喜出望外。原来诏书中一味褒奖，并无半句责备语。诏书中说：“世忠部下仅有八千人，能摧金兵十万之众，相持四十八日，屡次获得胜利，擒斩贼虏无数。今日虽然失败，功多过少，不足为罪，特拜检校少保兼武成感德节度使，以示劝勉。”

韩世忠心中非常感动，拜受诏命。送钦使回朝后，就捧着诏书，回到内衙给梁夫人看。梁夫人说：“皇上这样待咱们，咱们更应多杀敌，报效朝廷。”

在以后的抗金战斗中，韩世忠的军队更加英勇杀敌，多次取得胜利。

胜败乃兵家常事，高宗听从太后之计，没有处分韩世忠，反而加官晋爵，使韩世忠感恩戴德，更加为朝廷效力。

心胸狭窄之人，无论在安邦治国，还是在个人的发展上，都不可能成大器。俗话说，宰相肚里能撑船，其主旨就是要有广阔的胸襟、宽容的雅量，能容纳一切荣辱冷暖，方能治国经世。用人之道如此，为人之道亦如此。

里仁第四

仁是一种生活态度，也是为人的根本。它能让你的人生充满阳光，能使你成为真正有德的君子。要想达到仁的境界，就要克服人性的弱点，发挥自己的优点，成就自身的道德。当你成为一个仁德之人时，是最具亲和力的。

居于仁境，怀仁知仁

【原典】

子曰："里仁为美，择不处仁，焉得知①？"

子曰："不仁者不可以久处约②，不可以长处乐。仁者安仁，知者利仁③。"

子曰："唯仁者能好人，能恶人。"

子曰："苟志于仁矣，无恶也。"

子曰："富与贵，是人之所欲也，不以其道得之，不处④也；贫与贱，是人之所恶也，不以其道得之，不去也。君子去仁，恶乎成名？君子无终食之间违仁，造次⑤必于是，颠沛必于是。"

子曰："我未见好仁者，恶不仁者。好仁者，无以尚⑥之；恶不仁者，其为⑦仁矣，不使不仁者加乎其身。有能一日用其力于仁矣乎？我未见力不足者。盖有之矣，我未之见也。"

子曰："人之过也，各于其党。观过，斯知仁矣。"

【注释】

①知：音 zhì，同"智"。②约：穷困、困窘。③安仁，安于仁道；利仁，以仁为利。④处：接受。⑤造次：急遽，仓促。⑥尚：超过，增加。⑦为：推行。

【译释】

孔子说："跟有仁德的人住在一起，才是好的。如果你选择的住处不是跟有仁德的人在一起，怎么能说你是明智的呢？"

孔子说："没有仁德的人不能长久地处在贫困中，也不能长久地处在安乐中。仁人是安于仁道的，有智慧的人才能使仁起到大作用。"

孔子说："只有那些有仁德的人，才知道喜爱好人，憎恶坏人。"

孔子说："如果立志于仁，就不会做坏事了。"

孔子说："富与贵是人人都想要得到的，如果不用正当的方法得到，就不能去接受；贫与贱是人人都厌恶的，但如果不用正当的方法摆脱，君子也避不开。君子如果离开了仁德，又怎么能叫君子呢？君子就连一顿饭的时间也不背离仁德，就是在最紧迫的时刻也必须按照仁德办事，就是在颠沛流离的时候，也一定会按仁德去办事的。”

孔子说：“我没有见过爱好仁德的人，也没有见过厌恶不仁的人。爱好仁德的人，是不能再好的了；厌恶不仁的人，在实行仁德的时候，不让不仁德的人影响自己。有能一整天把自己的力量用在实行仁德上的人吗？我还没有看见力量不够的。这种人可能还是有的，但我没见过。”

孔子说：“人犯错误，跟他属于哪一类人有关。观察他所犯的过错，就知道这个人有没有仁德了。”

解读

拥有一颗仁爱的心

一个人活在这个世界上，最重要的是要拥有爱人的心。富有爱心的人不但能够让身边的人感受到温暖，他自己的一生也必定是快乐而又充实的。没有付出过爱心的人是可悲的，满怀爱心的人是幸福的。

一个越战归来的美国士兵从旧金山打电话给父母，告诉他们：“爸妈，我回来了，而且要带一个朋友同我一起回家。”

“当然好啊！”他们回答，“我们会很高兴见到他的。”

不过儿子又说：“可是有件事我想先告诉你们，他只有一条胳膊和一条腿。他无家可归，我想请他回来和我们一起生活。”

“儿子，很遗憾，或许我们可以帮他找个安身之处。”

“不要，爸妈，我要他和我们住在一起！”

父亲又接着说：“儿子，他会给我们的生活造成很大的负担。我建议你先回家然后忘了他，他会找到自己的一片天空的。”

就在此时儿子挂上了电话。

一个月后，这对父母接到了来自旧金山警局的电话，警方告诉他们亲爱的儿子已经坠楼身亡了。警方相信这是单纯的自杀案件。于是他们伤心欲绝地飞往旧金山，并在警方带领之下去辨认儿子的遗体。那的确是他们的儿子没错，但令人惊讶的是儿子居然只有一只胳膊和一条腿。他们望着儿子的尸体，伤心欲绝，悔恨不已。

用爱去包容一切，用爱心去对待每一个人。付出爱你将收获快乐，待人冷酷只会换来无尽的悲伤。

学会爱他人吧！只有学会爱他人，我们才能携着爱侣迈过鹊桥，才能摘到友情的丰硕果实，才能尝到亲情的佳酿，才能在旁人的簇拥下登上理想的巅峰！

人活在世界上不是孤立的，还有我们的亲人、朋友、同学、同事，他们与我们息息相关，我们要把爱赋予他们，与他们共同分享快乐，承担烦恼。只有爱他们，我们的心里才会充满阳光。在我们付出爱心的同时，也就收获了人世间最美好的真情。对那些与你擦肩而过的陌生人，我们也要心存善意，在他们需要我们帮助的时候，我们也要报以真诚的微笑，伸出援助之手。爱别人吧，付出永远都要比索取快乐！

矢志求道，不畏艰辛

【原典】

子曰："朝闻道，夕死可矣。"

子曰："士志于道，而耻恶衣恶食者①，未足与议也。"

【注释】

①耻恶衣恶食：以恶衣恶食为耻。恶，不好。

【译释】

孔子说："早晨能知道世上的真理，就是当天晚上死去也心甘。"

孔子说："士有志于（学习和实行圣人的）道理，但又以自己吃穿得不好为耻辱，对这种人，是不值得与他谈论道的。"

解读

追求真理不畏艰难

如果一个人真正立志于修道，当然这个"修道"不是出家当和尚、当神仙的道，而是儒家那个"道"，也就是说以出世离尘的精神做入世救人的事业。如果一个人有志于这个道，却讨厌艰苦的物质环境，怕自己穿坏衣服，怕自己吃得不好，换句话说，立志于修道的人却贪图享受，那就没有什么可谈的了，因为他的心志已经被物质欲望侵占了。“士志于道，而耻恶衣恶食者，未足与议也。”孔子这句话是说，一个人的意志，如果会被物质环境引诱、转移的话，那就无法和他谈学问、谈道。

立志要追求真理的人，当然是要具备出世离尘的精神，而这出世离尘是远离口腹享乐和名闻利养的，衣食住行不是说要追求简朴和苦行，但却应随遇而安，否则那个“志于道”就要打上问号了。

孟子曰：“天将降大任于斯人也，必先苦其心志，劳其筋骨。”这句话曾经鼓舞了很多人为了真理而去奋斗。

痛苦是成熟的催化剂，它能使坚强的人更加坚强，懦弱的人更加懦弱。放眼天下的那些英雄人物，没有一个不是历经坎坷、尝尽人世间的沧桑的。如果我们仔细观察自己身边的人，也会发现没有一个人的一生都是一帆风顺的，任何人都会遇到大大小小、多多少少的挫折和逆境。当逆境降临到你的身上时，用怎样的一种心态去对待它，则成了人生的重要契机。

一个人在追求的过程中，遇到困难是在所难免的，关键是能否面对困境勇敢地站起来。那些平凡的人，总是祈盼一生都能平平顺顺。一旦遇到逆境，他们便表现出脆弱的天性，或者听从逆境的摆布，任年华与时光如水东流；或者不敢面对逆境，逃避困境，为寻求暂时的平安而作无谓的牺牲，听任逆境的宰割与剥夺。这种人是生活的弱者，逆境的牺牲品。

逆境作为优胜劣汰的试金石，把这些人从繁芜复杂的生活中淘汰出局，从而使优秀者绽放出灿烂的光华。逆境原是为不畏困苦的人准备的，它所阻挡住的只是跌倒在地不经一击的庸人。我们每个人都是以自己的心态去看待生活。面对逆境便以为无法越过的人，只能永久地停留在阻碍面前；胸藏江河者看到的逆境是暂时的回流，回流之后就是可以放舟千里的浩荡之水。因此，一个人只有具备了博大的胸襟，才能够平静地对待世界与人生。

在人生中，逆境总是暂时的，逆境之后便是平坦的大道。一个人倘若练就了在逆境中的心平气和，在顺境中就是一日千里的气概。人的生活似洪水奔流，不遇上岛屿和暗礁，难以激起美丽的浪花。逆境是人生经历中最可贵的部分，正是它将卓越与平凡鲜明地区分开来，使那些不凡的生命从混沌的世俗中脱颖而出。

君子之行，合于道义

【原典】

子曰："君子之于天下也，无适①也，无莫②也，义③之与比④。"

子曰："君子怀⑤德，小人怀土；君子怀刑⑥，小人怀惠。"

子曰："放⑦于利而行，多怨。"

【注释】

①适：亲近、厚待。②莫：疏远、冷淡。③义：适宜、妥当。④比：亲近、相近、靠近。⑤怀：思念。⑥刑：法制惩罚。⑦放：音 fǎng，通仿，效法，引申为追求。

【译释】

孔子说："君子对于天下的人和事，没有固定的厚薄亲疏，只是按照义去做。"

孔子说："君子关心道德，小人想的是田地；君子想的是法制，小人想的是恩惠。"

孔子说："为追求个人私利而行动，就会招致很多的怨恨。"

解读

治军也要遵从道义而行

真正有远大志向和做事有眼光的人，总会在坚持某种原则的基础之上，运用灵活机动的方法去行事。这既保证了自己的权威和公信力，又不会把事态弄僵。这种古今皆宜的方法，已被越来越多的人奉为立身处世的准则。在下面这个古时的事例中，我们可以得到一些有益的启示。

春秋时期，晋国、燕国联合出兵攻打齐国，齐国节节败退。齐景公召集文武大臣商量如何挽救危局。

坐在齐景公身边的是相国晏婴，他认为最要紧的是选拔一个得力的统帅。他向齐景公说："臣举荐一人，名叫田穰（ráng）苴（jū），他文能服众，武能慑敌，希望大王试一试。"

齐景公立即召来田穰苴，和他谈用兵之法、退敌之计，齐景公听后非常高兴，认为他确实是难得的帅才，便当场宣布田穰苴为齐军最高统帅，由他率领大军抵抗晋燕之师，保卫齐国。

田穰苴受命之后，向齐景公请求说："我素来卑贱，大王虽然提拔我为大将，位居大夫之上，但恐怕人心不服，人微言轻，请大王派一位您最信任的显贵为监军，才好发兵！"

齐景公马上同意，任命他最宠爱的贵戚大臣庄贾为监军。田穰苴和庄贾约定，次日正午在军营的大门口相会。

第二天，田穰苴在军营门口等候庄贾。庄贾平时就十分傲慢，仗着是齐景公的宠臣，根本无视田穰苴和军中的纪律。过了正午他还没有到，田穰苴只好独自发布命令，部署军队。直到黄昏时分，庄贾才慢腾腾地来了。

田穰苴责问庄贾："你身为监军，为何不按时到来？"庄贾满不在乎地说："哎呀！听说我当了监军，亲戚朋友都来送行，留下喝酒啊，结果晚来一步！"田穰苴很严肃地说："一个带兵的人，从接到委任的那一刻起，就应当忘掉自己的家；治理军队就应当忘掉自己的亲人；临阵对敌，就应当忘掉自己。如今强敌压境，举国上下人心浮动，士卒在边境死战，国君寝食不安，百姓生命难保，社稷危在旦夕，你还有什么心情饮酒作乐！"随即调过头去问站在一旁的军正官："按照军法，约定时间而不能准时到达应当怎么办？"军正官说："杀头！"庄贾听到这两个字，顿时吓出一身冷汗。他的手下忙去报知齐景公。

齐景公听到田穰苴要斩庄贾，立即派使臣持符节去营救。使臣在军中驾车奔跑，也犯了军令，本应斩首，因为持有君命，田穰苴命令斩其仆从及左骖，毁其车左边的立木，以晓示三军，并派使者向齐景公汇报，然后发兵。

从此，无人敢违军令，军威大震，田穰苴带领齐军抗击燕、晋联军，收复失地，取得胜利。

齐景公闻捷大喜，称赞田穰苴是个治国安邦的栋梁之材。

田穰苴的这种治军之法，从理论上讲完全符合孔子所提倡的"君子之于天下"的指导原则。他有治军的决心和能力，但同时又请求显贵做监军；他严格执法，但又能变通赦免庄贾和使臣。这种既有坚定的原则，又不墨守成规，能够根据时、地、条件，决定自己该怎样做才能取得最佳效果的做事方法，是永远不会过时的。

几千年前的古人已经能运用自如，作为现代人，更应该传承发扬，把它运用到自己的实际生活中去，让我们能够省心省力地做人做事。

礼让为上，正视自己

【原典】

子曰："能以礼让为国乎，何有①？不能以礼让为国，如礼何②？"

子曰："不患无位，患所以立；不患莫己知，求为可知也。"

子曰："参乎，吾道一以贯之。"曾子曰："唯。"子出，门人问曰："何谓也？"曾子曰："夫子之道，忠③恕而已矣。"

【注释】

①何有：全意为"何难之有"，即不难的意思。②如礼何：把礼怎么办？③忠：发自内心，这里指从内心了解自己；恕：体谅，宽容。

【译释】

孔子说："能够用礼让原则来治理国家，那还有什么困难呢？不能用礼让原则来治理国家，怎么能实行礼呢？"

孔子说："不怕没有职位，就怕自己没有学到赖以立足的东西。不怕没有人知道自己，只怕没有值得别人了解的地方。"

孔子说："曾参啊，我讲的道是由一个基本的思想贯彻始终的。"曾子说："是啊。"孔子出去了，同学便问曾子："这是什么意思？"曾子说："老师的道，就是忠恕罢了。"

解读

正确认识自己

在古希腊帕尔索山上的一块石碑上，刻着这样一句箴言："你要认识你自己。"卢梭称这一碑铭"比伦理学家们的一切巨著都更为重要，更为深奥"。显然，正视自己是至关重要的。这就是"不患莫己知，求为可知也"。

但是，我们同时也要知道，在正确认识自己能力的同时，也要正确对待自己的能力，对于自己的不足，要勇于承认，勇于面对。

汉文帝是个很有作为的皇帝，他敬重老臣陈平、周勃，得到了他们的有力辅佐。而陈平和周勃也互相尊重，互让相位，成为以“谦让”为做人之本的典范。

一天，文帝到陈平家去探视。面对文帝的深切关怀，陈平非常感动，但也非常惭愧。他对文帝说：“皇上您太仁慈了，但我却犯了欺君之罪。我对不起您对我的一片爱心啊！”原来，陈平并没有生病，而是装病。他不想当丞相，而是想把相位让给周勃。文帝问：“为什么？”

陈平诚恳地说：“高祖在时，周勃的功劳不如我；诛灭诸吕时，我的功劳不如周勃。所以我愿意把相位让给他，请皇上恩准。”

皇上听陈平如此说，理解并听从了陈平的建议，决定任命周勃为右丞相，位居第一，任陈平为左丞相，位居第二。

文帝对国家大事非常重视。有一天汉文帝把右丞相周勃找来，问他：“全国一年之中要审理、判决的大大小小案件一共有多少件？”周勃一听愣了一下，低着头，回答汉文帝说不知道。文帝又问：“那么全国上下每年收入和支出的金钱又是多少？”周勃急出一身冷汗，汗水多得把脊背的衣服都弄湿了，因为他还是回答不出来。

汉文帝像

汉文帝看周勃答不上来，就又问左丞相陈平，陈平说：“这些事情都分别有掌管的人，问审理案子的事，有廷尉；问财务的事，有内史。只要把他们都找来，一问就知道了。”

文帝听后就生气了，说道：“既然什么事情都有专人负责，那么丞相应该管什么呢？”

陈平毫不犹豫地回答：“每个人的能力都是有限的，不能事无巨细，事必躬亲。丞相的职责是：上能负责皇上，下能调理万事，对外能镇抚诸侯，对内能安定百姓。同时，丞相还要管理大臣，使他们都能尽到自己的责任。”

汉文帝听了点点头，对陈平的回答十分满意。

事后周勃感到非常羞愧，觉得自己反应、机智都不如陈平，于是借着生病想回家乡养老的理由，辞去了右丞相的官职。

汉文帝非常理解周勃的心情，批准了他的辞呈，任命陈平为右丞相。从此以后，不再设立左丞相。陈平辅佐汉文帝，励精图治，促成了汉朝的中兴。

智者总能正确认识自己，但对一般人而言，真正认识自己并不是件容易的事。有人活了一辈子都不能正确认识自己，对别人认识得很清楚、把握得很准确，而对自己却不认识、也不能准确把握。“你要认识你自己”，是说要有自知之明，包括认识自己的情感、气质、能力、水平、优缺点、品德修养和处世方式等，能对自己做出较为准确、恰如其分的估量和评价，不掩饰，不溢美。

重义轻利，见贤思齐

【原典】

子曰：“君子喻于义，小人喻①于利。”

子曰：“见贤思齐②焉，见不贤而内自省也。”

【注释】

①喻：明白，懂得。②齐：向……看齐。

【译释】

孔子说：“君子明白大义，小人只知道小利。”

孔子说：“见到贤人，就应该向他学习、看齐；见到不贤的人，就应该自我反省自己有没有与他相类似的错误。”

解读

正确看待金钱

在孔子的眼里，道德高尚的人重义而轻利，见利忘义的人重利而忘义。前者受人尊敬，后者惹人生厌。

孔子这么说，并不是否定利益，只是反对以不正当的手段得到金钱和财富，即不能唯利是图。社会的进步，物质的丰富，离不开人们对物质的追求。所以，在今天，我们追求个人利益是合乎道德的。当然，前提是不损害他人对利益的追求。

唐朝名臣张说曾写一奇文，名《钱本草》，以金钱喻药，语句精练，内容新奇，表现了个人对于“利”的态度。他说：

“钱，味甘，大热，有毒，偏能驻颜采泽流润，善序饥寒，解困厄之患立验。能利邦国，污贤达，畏清廉。贪者服之，以均平为良，如不均平，则冷热相激，令人霍乱。其药，采无时，采之非理则伤神。此既流行，能召神灵，通鬼气。如积而不散，则有水火盗贼之灾生，如散而不积，则有饥寒困厄之患至。一积一散谓之道，不以为珍谓之德，取与合宜谓之义，无求非分谓之礼，博施济从谓之仁，出不失期谓之信，入不妨己谓之智。以此七术精炼方可久而服之，令人长寿。若服之非理，则弱志伤神切须忌之。”

全文褒贬兼具，把金钱的性质、利弊、积散之道描写得淋漓尽致，令人深思。

钱的作用是毋庸置疑的，但如何看待金钱，如何获取金钱，如何使用金钱，涉及每个人的金钱观。正确的金钱观，指导我们理性地对待金钱，通过合乎道德与法律的正当途径挣钱，把钱用到利于国家社会、利于他人的地方，用到有利于自己发展、实现人生价值的地方。树立正确的金钱观，将会使我们的灵魂更纯洁，道德更高尚，境界和智慧都能上一个层次。

“君子爱财，取之有道”，这是不可改变的真理。唯其如此，你的所得才不会是不义之财，才能长久，才不会带来长远的伤害。

劳而不怨，珍视孝道

【原典】

子曰：“事父母几①谏，见志不从，又敬不违，劳②而不怨。”

子曰：“父母在，不远游③，游必有方④。”

子曰：“三年无改于父之道，可谓孝矣。”

子曰：“父母之年，不可不知也。一则以喜，一则以惧。”

【注释】

①几：音 jī，轻微、婉转的意思。②劳：忧愁、烦劳的意思。③游：指游学、游官、经商等外出活动。④方：一定的地方。

【译释】

孔子说：“侍奉父母，如果父母有不对的地方，要委婉地劝说他们。自己的意见表达了，见父母心里不愿听从，还是要对他们恭恭敬敬，并不违抗，替他们操劳也不要怨恨。”

孔子说：“父母在世，不远离家乡；如果不得已要出远门，也必须有固定的地方。”

孔子说：“对他父亲的合理部分长期不加改变，这样的人可以说是尽到孝了。

孔子说：“父母的年纪，不可不知道并且要常常记在心里。一方面为他们的长寿而高兴，一方面又为他们的衰老而担忧。”

解读

李密为尽孝辞官

古代读书人都志在四方，做官之后也需置身于天南海北，随时听从朝廷调遣。但倘若长辈亲人真的需要自己服侍在旁，那么，真正有孝心的人往往会放弃官位而恪尽孝道。西晋时的李密为祖母尽孝而辞官不就，便是令人感动的一例。

李密，又名李虔，蜀国武阳（今四川彭山县）人。幼年家中屡遭灾难，他只有六个月大的时候，父亲死去，家中既无伯父叔叔，又没有兄姐照应，只有祖母和母亲两代孤妇带他度日，生活异常艰辛。李密四岁的时候，舅父何氏见李家贫困不堪，不忍心让妹妹受此煎熬，逼迫他母亲改嫁他人。这样，家中只有祖母刘氏带着李密艰难地生活。

李密的祖母身患疾病，经常卧病在床。但为了把可怜的孙子抚养成人，她每日拖着久病的身躯，上山砍柴，下田耕耘，只盼孙子快点长大成人。

李密自母亲改嫁后，整日啼哭不止，虽有祖母呵护，却也是体弱多病，到九岁还不会走路。但是，他非常聪明，成人后读书过目不忘，对祖母非常孝顺，每天是白日劳动，晚上读书。祖母年高多病，他无微不至地服侍祖母，晚上穿衣睡在祖母身边。给祖母吃药、喂饭、饮水，他都自己先尝凉热，然后才喂祖母。他的孝心，远近闻名。

西晋泰始元年（265 年）晋武帝司马炎闻听李密才学优等，又以孝名著称于世，征召他为太子洗马，并命地方官催他到任。这年，李密已经 44 岁了，他的祖母也高寿 96 岁了。李密因为祖母年高多病，无人奉养，上《陈情表》于晋武帝，陈述自己的困难，辞官不就。

他在文中说：“臣无祖母，无以至今日；祖母无臣，无以终余年。祖孙二人更相为命，是以区区不敢废远……臣尽节于陛下之日长，而报刘（其祖母）之日短也。乌鸟私情，愿乞终养。”

晋武帝被他的孝心所感动，答应了他的请求。

其实，孝是一种很纯粹的自觉情感，既是一种感恩之心，也是一种悯爱之情。李密能够辞掉皇帝的征召，放弃自己的官运仕途，一心侍奉年迈的祖母，确实是一般人难以做到的。现实中，人们常常以各种堂皇的借口来为自己未能养亲慎终作辩解，但仍会让人怀疑其情不厚。

今天，世界变成了“地球村”，交通、通信设备日新月异，几千里外，也是朝发夕至。但是不管走多远，也应该“游必有方”，以免老人挂念。当然，这一切的前提是长辈亲人们健康没有大碍，生活亦能自理。否则，在情理上就有些说不过去了。

言行以德，为人不孤

【原典】

子曰：“古者言之不出，耻躬之不逮也①。”

子曰：“以约②失之者鲜③矣。”

子曰：“君子欲讷④于言而敏⑤于行。”

子曰：“德不孤，必有邻。”

子游曰：“事君数⑥，斯辱矣；朋友数，斯疏矣。”

【注释】

①躬：亲自。逮：达到，做到。②约：约束。这里指“约之以礼”。③鲜：少的意思。④讷：迟钝。这里指说话要谨慎。⑤敏：敏捷、快速的意思。⑥数：音 shuò，屡次、多次，引申为烦琐的意思。

【译释】

孔子说：“古人不轻易把话说出口，因为他们以自己做不到为可耻啊。”

孔子说：“善于约束自己的人很少犯错误。”

孔子说：“君子说话要谨慎，而行动要敏捷。”

孔子说：“有道德的人是不会孤立的，一定会有思想一致的人与他同行。”

子游说：“侍奉君主太过烦琐，就会受到侮辱；对待朋友太烦琐，就会被疏远了。”

解读

有品德就会有人愿意和你交往

孔子的“德不孤，必有邻”这句话含有寓仁义于交往中的意思。孔子在此提出两个关键的概念：一是“德”，一是“邻”。“德”就是美德，是从自己一方讲的；“邻”就是邻居、朋友，就是天底下所有愿意走在一起的人。

战国时期，魏国的公子信陵君最爱招揽天下贤能之士。当时有一个年过七十却只做了个看守大梁东城门的小吏的隐士，叫做侯嬴，他家境贫寒，但颇有才华。信陵君很希望将他纳入自己的门下，于是亲自去拜访侯嬴，并馈赠于他极为贵重的礼物。但令信陵君万万没有想到的是，侯嬴竟然婉言谢绝了。

一天，公子府大摆筵席。当酒席摆好后，信陵君带着随从亲往东城门迎接侯嬴。侯嬴也不谦让，直接坐到信陵君的身边，企图用自己的傲慢无礼激怒信陵君。而信陵君却还亲自驾驶马车，态度丝毫也没有不恭敬。刚走出不远，侯嬴就对信陵君说：“我有个朋友在屠宰场，您能送我去看他吗?”信陵君毫不犹豫地就将车赶到了屠宰场。

侯嬴见到自己的朋友朱亥后，故意把信陵君晾在一边，而自己却和朋友谈话。侯嬴一边谈话，一边注意观察信陵君的反应，他发现信陵君的表情更加温和了。因为信陵君的亲朋好友都在等着他回去开筵，他的随从都暗骂侯嬴不识抬举，市人也都好奇地观看着眼前所发生的一切，可信陵君自始至终都和颜悦色。

来到公子府，侯嬴被信陵君请到了上座。信陵君还向他介绍了在座的宗室、将相，并亲自为他斟酒。直到这时，侯嬴才真正佩服信陵君。信陵君能够招揽到侯嬴，当然也获益匪浅。

人际交往中，一个人道德品质和修养的高低，是决定与他人相处得好与坏的重要因素。道德品质高尚，个人修养好，就容易赢得他人的信任与友谊；如果不注重个人道德品质修养，就难以处理好与他人的关系，交不到真心朋友。我们身边就不乏这样的人：有的人看自己一枝花，看别人豆腐渣，处处自我感觉良好，盛气凌人；还有的人一事当前往往从一己私利出发，见到好处就争抢，遇到问题就相互推诿，甚至给别人拆台。这些人之所以难有朋友，归根到底，就是在自身道德品质和个人修养方面出了问题。

公冶长第五

修养之高低，完全可以通过言行判断出来。孔子就是据此对自己、弟子以及其他一些人的品行做出了恰当的评价。古人以璧玉比喻一个人的人格，璧玉上如果有了一块小小的斑点，这块璧玉就不好了；如果不注意言行，就会使自己的人格像玉一样受到玷污。因此，我们要严格要求自己，注意检点自己的言行是否符合道德规范，防微杜渐，扬长避短。

知人知己，难能可贵

【原典】

子谓公冶长[①]：“可妻也。虽在缧绁[②]之中，非其罪也。”以其子[③]妻之。

子谓南容[④]：“邦有道，不废[⑤]；邦无道，免于刑戮。”以其兄之子妻之。

子谓子贱[⑥]：“君子哉若人，鲁无君子者，斯焉取斯？”

子贡问曰：“赐也何如？”子曰：“女，器也。”曰：“何器也？”曰：“瑚琏[⑦]也。”

或曰：“雍[⑧]也仁而不佞。”子曰：“焉用佞？御人以口给[⑨]，屡憎于人，不知其仁。焉用佞？”

子使漆雕开[⑩]仕。对曰：“吾斯之未能信。”子说。

子曰：“道不行，乘桴[⑪]浮于海，从我者，其由与！”子路闻之喜。子曰：“由也好勇过我，无所取材。”

【注释】

①公冶长：姓公冶名长，齐国人，孔子的弟子。②缧绁：音léixiè，捆绑犯人用的绳索，这里借指牢狱。③子：儿子或女儿，这里指女儿。④南容：姓南宫名适（kuò），字子容。孔子的学生，通称他为南容。⑤废：废置，不任用。⑥子贱：姓宓（fú）名不齐，字子贱。⑦瑚琏：古代祭祀时盛粮食用的器具。⑧雍：姓冉名雍，字仲弓，生于公元前522年，孔子的学生。⑨口给：嘴快话多。⑩漆雕开：姓漆雕名开，字子开，孔子的门徒。⑪桴：音fú，用来过河的木筏子。

【译释】

孔子评论公冶长说：“可以把女儿嫁给他，他虽然被关在牢狱里，但这并不是他的罪过呀。”于是，孔子就把自己的女儿嫁给了他。

孔子评论南容说：“国家有道时，他有官做；国家无道时，他也可以免去刑戮。”于是把哥哥的女儿嫁给了他。

孔子评论子贱说："这个人真是个君子呀。如果鲁国没有君子的话，他是从哪里学到这种品德的呢？"

子贡问孔子："我这个人怎么样？"孔子说："你呀，好比一个器具。"子贡又问："是什么器具呢？"孔子说："是瑚琏。"

有人说："冉雍这个人有仁德但不善辩。"孔子说："何必要能言善辩呢？靠伶牙俐齿和人辩论，常常招致别人的讨厌，这样的人我不知道他是不是做到仁，但何必要能言善辩呢？"

孔子让漆雕开去做官。漆雕开回答说："我对做官这件事还没有信心。"孔子听了很高兴。

孔子说："如果我的主张行不通，我就乘上木筏子到海外去。能跟从我的大概只有仲由吧！"子路听到这话很高兴。孔子说："仲由啊，你的勇敢精神超过了我，不过其他也就没有什么可取的了。"

解读

贵有自知之明

漆雕开说他对做官还没有信心，孔子听了非常高兴。漆雕开能够自我认识，认为自己对于做官还不太有把握，于是便实事求是地说了出来，而不是一听老师说让自己去做官，便不管三七二十一，一口答应下来，走马上任去混它一混了事。这说明他很有自知之明。

自知之明就是发现。能发现自己的卓越与缺陷，认识自我的优势和劣势，从而以自己的条件决定去干什么，不去干什么，用理智的方略选择目的或理想，其成功的概率就高得多了。

汉高祖刘邦，开创一代伟业，打下汉家四百年江山。他曾说过，论筹集粮草，安抚百姓，他不如萧何；运筹帷幄，决胜千里，他不如张良；指挥千军万马，克敌制胜，他不如韩信。然而他的长处在于使人才各尽其能，不愧为一位智者。刘邦不因自己才能不济而嫉贤妒能，而是正确认识到自己的才能在于招揽人心，知人善任，终使汉家人才济济，一统中国。

宋朝词人柳永，早年热心仕途，然而连遭打击，他终于认识到自己的天地不在庙堂，而在民间；自己的最佳身份不是封侯拜相，而是文人。于是他豁然开朗，自称"奉旨填词柳三变"，潜心研究制词、音律，吟风弄月，流连于舞榭歌台，将宋词的温柔旖旎推向极致，成为人们所喜爱的词人。

人贵有自知之明，就是指要看清自我，摆正位置，不要做那些所谓“心比天高，命比纸薄”的傻事、蠢事、错事。无论别人怎么对待你，你都要用理智这杆秤将自己秤准，找准保持心中天平平衡的砝码。即便是在物欲横流、人心叵测的环境中，也要保持平和的心态、乐观的精神，学会换位思考，活出个性，活出自我。

察人知人，听言观行

【原典】

孟武伯问子路仁乎？子曰：“不知也。”又问。子曰：“由也，千乘之国，可使治其赋也，不知其仁也。”“求也何如？”子曰：“求也，千室之邑①，百乘之家②，可使为之宰也，不知其仁也。”“赤③也何如？”子曰：“赤也，束带立于朝，可使与宾客言也，不知其仁也。”

子谓子贡曰：“女与回也孰愈？”对曰：“赐也何敢望回？回也闻一以知十④，赐也闻一以知二⑤。”子曰：“弗如也。吾与⑥女弗如也。”

宰予昼寝，子曰：“朽木不可雕也，粪土之墙不可杇⑦也，于予与何诛⑧！”子曰：“始吾于人也，听其言而信其行；今吾于人也，听其言而观其行。于予与⑨改是。”

子曰：“吾未见刚者。”或对曰：“申枨⑩。”子曰：“枨也欲，焉得刚？”

子贡曰：“我不欲人之加诸我也，吾亦欲无加诸人。”子曰：“赐也，非尔所及也。”

【注释】

①邑：古代居民的聚居点，大致相当于后来城镇。②百乘之家：指卿大夫的采地，当时大夫有车百乘，是采地中的较大者。③赤：姓公西名赤，字子华，孔子的学生。④十：指数的全体，旧注云：“一，数之始；十，数之终。”⑤二：旧注云：“二者，一之对也。”⑥与：赞同、同意。⑦杇：音 wū，抹墙用的抹子。这里指用抹子粉刷墙壁。⑧诛：意为责备、批评。⑨与：语气词。⑩申枨：枨，音 chéng。姓申名枨，字周，孔子的学生。

【译释】

孟武伯问孔子："子路做到了仁吧？"孔子说："我不知道。"孟武伯又问。孔子说："仲由嘛，在拥有一千辆兵车的国家里，可以让他管理军事，但我不知道他是不是做到了仁。"孟武伯又问："冉求这个人怎么样？"孔子说："冉求这个人，可以让他在一个有千户人家的公邑或有一百辆兵车的采邑里当总管，但我也不知道他是不是做到了仁。"孟武伯又问："公西赤又怎么样呢？"孔子说："公西赤嘛，可以让他穿着礼服，站在朝廷上，接待贵宾，我也不知道他是不是做到了仁。"

孔子对子贡说："你和颜回两个相比，谁更好一些呢？"子贡回答说："我怎么敢和颜回相比呢？颜回他听到一件事就可以推知十件事；我呢，知道一件事，只能推知两件事。"孔子说："是不如他呀，我同意你说的。连我也不如他。"

宰予白天睡觉。孔子说："腐朽的木头无法雕刻，粪土垒的墙壁无法粉刷。对于宰予这个人，责备还有什么用呢？"孔子说："起初我对于人，是听了他说的话便相信了他的行为；现在我对于人，听了他讲的话还要观察他的行为。在宰予这里我改变了观察人的方法。"

孔子说："我没有见过刚强的人。"有人回答说："申枨就是刚强的。"孔子说："申枨这个人欲望太多，怎么能刚强呢？"

子贡说："我不愿别人强加于我的事，我也不愿强加在别人身上。"孔子说："子贡呀，这就不是你所能做到的了。"

解读

一个人狂妄与否，从言行可知

恃才自傲者通常表现为妄自尊大、自命不凡、肆无忌惮、目中无人。只要有机会标榜自己，就会抓住不放地大吹大擂、口出狂言，常会给人一种趾高气扬、傲慢无礼的感觉，仿佛周围的人都是一些鼠目寸光、酒囊饭袋之辈，这也是人们常说的"狂妄"。

这种性格是有百害而无一利的。一个人狂妄与否，完全可以通过他的言行看出来。

东汉时的祢衡年少才高，目空一世。有一天，曹操大宴宾客，命祢衡穿戴鼓吏衣帽当众击鼓为乐，而祢衡竟然在大庭广众之下脱光衣服，赤身露体，使宾主讨了个没趣。曹操再三容忍，始终没有发作。

为了让祢衡的才华能为自己所用，曹操备下盛宴，要召见祢衡，并准备好好款待他。可狂傲的祢衡并不领情，还手执木杖，站在营门外大骂。看到这样的情况，曹操的从官都要求曹操杀了他，但是曹操却仍旧没有杀他。此时，曹操已恨祢衡入骨，但又不想因为杀了他而坏了自己的名声，他认为，像祢衡这样的狂妄之人，惹来杀身之祸不过是迟早的事情，于是，他把祢衡送给了荆州牧刘表。

祢衡替刘表掌管文书，起初颇为卖力，但不久便因倨傲无礼而得罪众人，刘表也非常气愤，但是刘表虽明白曹操将此人送给自己的用意，却也不愿落得个杀才的名声，于是又把这个祢衡送给了江夏太守黄祖。

祢衡去为黄祖掌书记，起初干得也是不错，但是狂妄的他却仍旧不懂得收敛。一次黄祖在战船上宴请宾客，祢衡出言不逊，黄祖呵斥了他，祢衡竟然顶嘴说："你整天绷着一张老脸，就像一具行尸走肉，你为什么不让我说话呢？你这个死老头，少啰嗦！"

黄祖可不像曹操和刘表那样有心计，他脾气暴躁，也不图爱才的虚名，让祢衡这样抢白一番，不由得怒火中烧，一气之下，将他斩了。可怜才华横溢的祢衡，便这样因狂妄而惨遭横祸，年仅 26 岁。

在我们的现实生活中，也不乏"狂妄"之人，他们极端盲目地自高自大，不能正视自己，又不能容纳他人。这种"狂妄"无论对工作还是学习，都没有任何好处。它不但会给自身造成巨大危害，同时也给周围的人群和团体乃至社会造成巨大危害。所以说在我们的灵魂深处，是不应该有狂妄之位的。

敏而好学，可知天道

【原典】

子贡曰："夫子之文章①，可得而闻也；夫子之言性②与天道③，不可得而闻也。"

子路有闻，未之能行，唯恐有闻。

子贡问曰："孔文子④何以谓之文也？"子曰："敏而好学，不耻下问，是以谓之文也。"

【注释】

①文章：这里指孔子传授的诗书礼乐等。②性：人性。《阳货篇》第十七中

谈到性。③天道：形而上的道理、极其高深的道理。④孔文子：卫国大夫孔圉（yǔ），“文”是谥号，“子”是尊称。

【译释】

子贡说：“老师讲授的礼、乐、诗、书的知识，依靠耳闻是能够学到的；老师讲授的人性和天道的理论，依靠耳闻是不能够学到的。”

子路在听到一条道理但没有能亲自实行的时候，唯恐又听到新的道理。

子贡问道：“为什么给孔文子一个‘文’的谥号呢？”孔子说：“他聪敏勤勉而好学，不以向比他地位卑下的人请教为耻，所以给他谥号叫‘文’。”

解读

好学能不断提高自己

从求学问道的角度来看，做学问的方法是多种多样的，也是无穷无尽的，但集中起来说却又离不开“好学”二字。好学而又持之以恒，就能不断提高自己。

康熙（公元1654～1722）是一个十分好学的皇帝，他的御书房里，摆满了各种古今书籍，其中有不少还是他亲自主持编纂的，如《数理精蕴》、《康熙字典》、《律旨正义》等。正如他在《庭训格言》中所言：“朕自幼好看书，今虽年高，犹手不释卷。诚天下事繁，日有万机，为君一身处九重之内，所知岂能尽乎！时常看书，知古人事，靡可以寡过。”他读书的目的不是为了附庸风雅，炫耀知识，而是“于典谟训诰之中，体会古帝王孜孜求治之意，即欲使古昔治化，实现于今”。他身为一国之君，为求治国之道，使自己少犯过错，常以古今义理自悦，数十年如一日，不知疲倦。

1864年（康熙二十三年），他到南方巡视，船泊南京燕子矶，已是夜深人静，万籁俱寂。三更过后，康熙座船上依然灯火通明，他此时还在与高士奇兴致勃勃地谈经论文呢！高士奇怕皇上劳累过度，要起身告辞。康熙却笑了笑说：“这个问题今天不弄明白，我也睡不着呀。我从五岁开始读书，每天睡晚一点已成习惯。读书可以陶冶人的性情，增长知识。其乐无穷；就是稍有倦意，也被赶跑了。”巡视期间，不论是官员还是老百姓，只要有学问，他都愿意与他们一起研讨，并因此发现了不少人才。

康熙的读书兴趣非常广泛，除经、史、子、集外，天文、地理、历法、数学、军事、美术无不涉及。如他主持编纂的《数理精蕴》就是在天文和数学方面，保持我国传统成果、吸收西洋精华的一本高水平学术著作。

康熙是我国历史上一位功业卓著的政治家，文韬武略，运筹帷幄。在统一祖国、发展生产、加强民族团结和抗击沙俄侵略中做出过重大贡献。他开创了中国历史上又一个昌盛的时代——“康熙之治”。他的勤奋好学，持之以恒，不仅给了他文治武功的能力，而且陶冶了他的情操。

用知识来充实自己不是一朝一夕就能功德圆满、学有所成的。平时不抓紧时间学习知识，不注意时刻为自己充电，指望临时受用是不可能有长久效果的。这就说明“闲中不放过，静中不落空”的功用，“临阵磨枪”，“临渴掘井”，是不能从容应付的。所以一个有作为的人应当养成好学的习惯，知识丰富了，工作才能有一定之规，做事才能有一定见识。

恭敬爱人，仁之所在

【原典】

子谓子产①有君子之道四焉：“其行己也恭，其事上也敬，其养民也惠，其使民也义。”

子曰：“晏平仲②善与人交，久而敬之。”

子曰：“臧文仲③居蔡④，山节藻棁⑤，何如其知也！”

子张问曰：“令尹子文⑥三仕为令尹，无喜色；三已⑦之，无愠色。旧令尹之政，必以告新令尹。何如？”子曰：“忠矣。”曰：“仁矣乎？”曰：“未知。焉得仁？”“崔子⑧弑⑨齐君⑩，陈子文⑪有马十乘，弃而违之，至于他邦，则曰：‘犹吾大夫崔子也。’违之。之一邦，则又曰：‘犹吾大夫崔子也。’违之，何如？”子曰：“清矣。”曰：“仁矣乎？”曰：“未知，焉得仁？”

【注释】

①子产：姓公孙名侨，字子产，郑国大夫。②晏平仲：齐国的贤大夫，名婴。③臧文仲：姓臧孙名辰，“文”是他的谥号。④蔡：国君用以占卜的大龟。蔡这个地方产龟，所以把大龟叫做蔡。⑤山节藻棁：节，柱上的斗拱。棁，音

zhuō，房梁上的短柱。把斗拱雕成山形，在棁上绘以水草花纹。这是古时装饰天子宗庙的做法。⑥令尹子文：令尹，楚国的官名，相当于宰相。子文是楚国的著名宰相。⑦三已：三，指多次。已，罢免。⑧崔子：齐国大夫崔杼（zhù），他曾杀死齐庄公，在当时引起极大反应。⑨弑：地位在下的人杀了地位在上的人。⑩齐君：即指被崔杼所杀的齐庄公。⑪陈文子：陈国的大夫，名须无。

【译释】

孔子评论子产，说他有君子的四种道德："他自己行为庄重，他侍奉君主恭敬，他养护百姓有恩惠，他役使百姓有法度。"

孔子说："晏平仲善于与人交朋友，即便相识久了，他仍然尊敬对方。"

孔子说："臧文仲藏了一只大龟，藏龟的屋子斗拱雕成山的形状，短柱上画以水草花纹，他这个人怎么能算是有智慧呢？"

子张问孔子说："令尹子文几次做楚国宰相，没有显出高兴的样子，几次被免职，也没有显出怨恨的样子。并把做令尹时的政令，全部都告诉了继任者。你看这个人怎么样？"孔子说："可算得是忠了。"子张问："算得上仁了吗？"孔子说："不知道。这怎么能算得上仁呢？"子张又问："崔杼杀了他的君主齐庄公，陈文子家有四十匹马，都舍弃不要了，离开了齐国，到了另一个国家，他说，这里的执政者也和我们齐国的大夫崔杼差不多，就离开了。到了另一个国家，又说，这里的执政者也和我们的大夫崔杼差不多，又离开了。这个人你看怎么样？"孔子说："可算得上清高了。"子张说："可说是仁了吗？"孔子说："不知道。这怎么能算得上仁呢？"

解读

以恭敬的态度对待上司

老子曾经说过："良贾深藏若虚，君子盛德，容貌若愚。"即善于做生意的人，总是隐藏其宝货，不叫人轻易看见；君子之人，品德高尚，容貌却显得愚笨拙劣。因此告诫世人，做人不可锋芒毕露。在工作中更是如此，即使平时再得宠，一言不慎便会惹怒领导。

乾隆年间，纪晓岚以过人的才智名扬全国，深得皇上赏识。有一天，乾隆宴请大臣。大臣们吃得很开心，饮得也很畅快。乾隆又诗兴大发了，他出了上联："玉帝行兵，风刀雨箭云旗雷鼓天为阵。"

乾隆皇帝要求百官对下联，竟然没人能对得上。乾隆皇帝这下更来兴致了，他想显示自己的才华，便点名要纪晓岚答，想出一下这位大才子的丑。不料，纪晓岚却把下联对上来了："龙王设宴，日灯月烛山肴海酒地当盘。"话音刚落，群臣赞叹。

乾隆皇帝听后，却不高兴了。他面有怒色，半日沉吟不语。大家颇为纳闷。纪晓岚当然明白是自己得罪了皇上，便接着说："圣上为天子，所以风、雨、云、雷都归您调遣，威震天下；小臣酒囊饭袋，所以希望连日、月、山、海都能在酒席之中。可见，圣上是好大神威，而小臣我只不过是好大肚皮而已。"乾隆一听，立即笑逐颜开，连忙表扬纪晓岚，说："饭量虽好，但若无胸藏万卷之书，又哪有这么大的肚皮。"

乾隆出的上联显示了一代帝王的豪迈气概，不料纪晓岚下联一出，十分工整，显不出乾隆上联的才气，有不恭之嫌，乾隆一听，自然不快。幸好，纪晓岚及时发现并为自己开脱，有意抬高乾隆，贬低自己，又使乾隆感受自己对他的尊重。自然，君臣一唱一和，大家都高兴。

当然，在封建制度下，"君为臣纲"，臣子要唯君主之命是从，否则龙颜大怒，是要掉脑袋的。现代社会已摒弃了陈旧不合理的伦理规范，代之以相互尊重的管理理念。在这一前提下，作为员工，自然要以恭敬的态度对待上司，建立一种和谐的工作氛围。

遇事常思，而后再行

【原典】

季文子①三思而后行。子闻之，曰："再，斯可矣。"

子曰："宁武子②，邦有道则知，邦无道则愚，其知可及也，其愚不可及也。"

子在陈③曰："归与！归与！吾党之小子④狂简⑤，斐然⑥成章，不知所以裁⑦之。"

【注释】

①季文子：即季孙行父，鲁成公、鲁襄公时任正卿，"文"是他的谥号。②宁

武子：姓宁名俞，卫国大夫，“武”是他的谥号。③陈：古国名，大约在今河南东部和安徽北部一带。④小子：小子，指孔子在鲁国的学生。⑤狂简：志向远大但行为粗率简单。⑥斐然：斐，音 fěi，有文采的样子。⑦裁：裁剪，节制。

【译释】

季文子每做一件事都要考虑多次。孔子听到了，说：“考虑两次也就行了。”

孔子说：“宁武子这个人，当国家有道时，他就显得聪明，当国家无道时，他就显得愚笨。他那种聪明别人可以做得到，他那种愚笨别人就做不到了。”

孔子在陈国说：“回去吧！回去吧！家乡的学生有远大志向，但行为粗率简单，有文采但不知道怎样来节制自己。”

解读

凡事应多加考虑

曾听过一句发人深省的格言：“事临头，三思为妙，一忍最高。”当然，我们所欣赏的并不是“一忍最高”中的“忍”，而是“事临头”之后的“三思”。

古往今来的大人物，都不是冒失鬼，他们即使绝顶聪明，做事也是谨慎周到的，不敢稍有大意。

明嘉靖年间，奸臣严嵩当道，对违逆他的大臣横加迫害。徐阶在朝中很有名望，严嵩就多次设计陷害他。徐阶装聋作哑，从不与严嵩发生争执。

严嵩为了整治徐阶，曾指使儿子严世蕃对徐阶无礼。一次，严世蕃当着文武百官的面羞辱徐阶，徐阶竟是没有一点怒色，还不断给严世蕃赔礼道歉。

有人为徐阶打抱不平，要弹劾严嵩，徐阶连忙阻止，他说：“都是我的错，我自愧还来不及呢，与他人何干呢？严世蕃能指出我的过失，这是为我好，你是误会他了。”徐阶忍气吞声，就是为了将来能一举除掉严嵩。他认为现在时机不到，所以才这样小心翼翼。

徐阶在表面上对严嵩十分恭顺，他甚至把自己的孙女嫁给严嵩的孙子。后来，严嵩被嘉靖皇帝勒令退休，严世蕃被逮捕，徐阶还亲自到严嵩家安慰。

徐阶的儿子徐潘不理解父亲的行为，对徐阶说：“严嵩父子已经获罪下台，父亲应该站出来指证他们了。父亲受了这么多年委屈，难道都忘了吗？”

徐阶说：“严嵩受宠多年，皇上做事又喜好反复，万一事情有变，我这样做也能有个退路。我不敢疏忽大意，因为此事关系着许多人的生死，还是再看看情况定夺的好。”

等到严世蕃谋反的事成为铁案，徐阶这才解除顾虑，上书告发严嵩父子想当皇帝的事实。嘉靖皇帝下了决心，严嵩父子被铲除了。

所以做事应多加考虑，才能顺应形势，以变应变，不可固执单纯。看不到事业的艰巨性，就会急躁冒进，碰得头破血流。在复杂的环境下，看清问题的症结是很重要的。徐阶等待时机，不逞匹夫之勇，终于扳倒了严嵩父子。他的谨慎对敌，小心周旋，是他胜利的保证。

因此，凡事多想一想，行动前考虑得周全一些，失败的可能性就会降低很多。事情是复杂的，对手也未必是简单人物，把各种情况都估计到了，才不会有意外发生。

待人宽宏，为人忠信

【原典】

子曰：“伯夷叔齐①不念旧恶，怨是用希②。”

子曰：“孰谓微生高③直？或乞醯④焉，乞诸其邻而与之。”

子曰：“巧言令色足恭，左丘明⑤耻之，丘亦耻之。匿怨而友其人，左丘明耻之，丘亦耻之。”

颜渊、季路侍。子曰：“盍⑥各言尔志。”子路曰：“原车马，衣轻裘，与朋友共，敝之而无憾。”颜渊曰：“愿无伐⑦善，无施劳⑧。”子路曰：“原闻子之志。”子曰：“老者安之，朋友信之，少者怀之。”

子曰：“已矣乎！吾未见能见其过而内自讼者也。”

子曰：“十室之邑，必有忠信如丘者焉，不如丘之好学也。”

【注释】

①伯夷、叔齐：殷朝末年孤竹君的两个儿子。②希：同“稀”。③微生高：姓微生名高，鲁国人。当时人认为他直率。④醯：音 xī，即醋。⑤左丘明：姓左丘名明，鲁国人，相传是《左传》一书的作者。⑥盍：何不。⑦伐：夸耀。⑧施劳：施，表白。劳，功劳。

【译释】

孔子说："伯夷、叔齐两个人都不记仇，所以别人很少怨恨他们。"

孔子说："谁说微生高这个人直率？有人向他讨点醋，他却到他邻居家里讨了点给人家。"

孔子说："花言巧语，装出好看的脸色，摆出逢迎的姿势，表现十分地恭敬，左丘明认为这种人可耻，我也认为可耻。把怨恨装在心里，表面上却装出友好的样子，左丘明认为这种人可耻，我也认为可耻。"

颜渊、子路两人侍立在孔子身边。孔子说："你们何不各自说说自己的志向？"子路说："愿意拿出自己的车马、衣服、皮袍，同我的朋友共同使用，用坏了也不抱怨。"颜渊说："我愿意不夸耀自己的长处，不表白自己的功劳。"子路向孔子说："愿意听听您的志向。"孔子说："（我的志向是）让年老的安心，让朋友们信任我，让年轻的子弟们得到关怀。"

孔子说："完了，我还没有看见过能够看到自己的错误而又能从内心责备自己的人。"

孔子说："即使只有十户人家的小村子，也一定有像我这样讲忠信的人，只是不如我那样好学罢了。"

解读

不念旧恶是美德

孔子在这里提到伯夷、叔齐有不念旧恶的美德，过去有人对不起他们的，过了就算了，不怀恨在心。这有什么好处呢？有！"怨是用希"，能够不怀恨别人，宽恕了别人，所以和别人之间的仇怨就没有了。

在中国的历史上，不念旧恶的人很多，齐桓公就是其中的一个。

齐桓公原来是齐国的公子，公子纠是他的哥哥。齐桓公的父亲驾崩后，各公子就互相争夺权位，争到最后，只剩下了齐桓公和公子纠。

公子纠的师傅管仲在两位公子的争权之中，为了保护自己的主人，曾经用箭射伤了齐桓公，但是后来，公子纠还是败了，齐桓公回到齐国继承了王位。

在这场争夺战中，鲁国作为公子纠的支持者战败，为了不致灭亡，只好向齐桓公求和，齐桓公说，求和可以，但是鲁国必须处死公子纠，并交出管仲。

当大家得知这个消息的时候，都很为管仲担心，因为他们知道管仲对于齐桓公还有一箭之仇，如果被遣送过去，只能是死路一条。于是就有人对管仲说："管仲啊，与其被送到敌方去受辱，还不如自杀的好，左右都是死，不能死得太耻辱了。"但是管仲却说："如果齐桓公想要杀我，就会把我和主君一起杀了，现在他要我去齐国，一定不会杀我，肯定会用其他的方法对付我的。"

就这样，管仲被鲁国交与了齐桓公。令所有的人，包括管仲自己在内都万万没有想到的是，齐桓公不但没有杀管仲，反而立即拜他为相，要管仲辅佐自己治理国家。

正因为齐桓公摒弃了个人的恩怨，不计旧恶，不拘小节，大胆地启用了一个与自己有仇，但却能辅佐自己的良才——管仲，才使得齐国迅速地强大起来。最终齐桓公成为春秋五霸之一，率先成就了他的霸业。这正是齐桓公不念旧恶的所得啊！

过去了的就让它过去吧！过去有人对不起自己，但毕竟已经是过去的事了。潇洒一点，不怀恨别人，和别人之间的仇怨也就因此而没有了。不然的话，冤冤相报何时了？大家都处处设防，就永远没有安宁的一天。就连圣人不也认为伯夷、叔齐不记旧恶是一种美德吗？所以，不要老是一副苦大仇深的样子。让心中的善多一点，你身边的恶就会越来越少。

雍也第六

“中庸之道”是孔子为我们提供的安身立命的忠告。处世为人要讲究一个“度”，恰如其分，保持“中庸”是处世为人的最高境界。过刚易折，过柔则卑。坚守平常心，就能进退自如，在纷繁复杂的社会中周旋有术，游刃有余。

内心平和，能有作为

【原典】

子曰："雍也可使南面。"

仲弓问子桑伯子[①]。子曰："可也，简[②]。"仲弓曰："居敬[③]而行简，以临其民，不亦可乎？居简而行简，无乃大[④]简乎？"子曰："雍之言然。"

哀公问："弟子孰为好学？"孔子对曰："有颜回者好学，不迁怒，不贰过，不幸短命死矣[⑤]。今也则亡[⑥]，未闻好学者也。"

【注释】

①子桑伯子：人名，此人生平不可考。②简：简要，不烦琐。③居敬：为人严肃认真，依礼严格要求自己。④大：同"太"。⑤短命死矣：颜回死时年仅31岁。⑥亡：同"无"。

【译释】

孔子说："冉雍这个人，可以让他去做官。"

仲弓问孔子：子桑伯子这个人怎么样。孔子说："此人还可以，办事简要而不烦琐。"仲弓说："以严肃认真的态度，简明扼要、干净利落的行事方式，来为百姓处理政务，不是可以的吗？如果以只求简单、少找麻烦的态度来简单随便地处理政务，不是太简单太不负责任了吗？"孔子说："冉雍，这话你说得对。"

鲁哀公问孔子："你的学生中谁是最好学的呢？"孔子回答说："有一个叫颜回的学生好学，他从不迁怒于别人，也从不重犯同样的过错。不幸短命死了。现在没有那样的人了，没有听说谁是好学的了。"

解读

克制你的愤怒

清人傅山说过：愤怒正到沸腾时，就能铲除并停止住，这一点不是一般人所能做到的。如果你想和对方一样发怒，你就应想想这种爆发会产生什么后果。如果发怒必定会损害你的身心健康和利益，那么你就应该约束自己、克制自己，无论这种自制是如何费力。

西汉名臣张良年轻时曾遇到一件事。一天，他到下邳桥散步，有个老人穿着粗布衣服，走到张良跟前，故意将鞋子掉到桥下，冲着张良说："小子，下去给我把鞋捡上来!"张良听了一愣，真想揍他一顿，因为看他是个老年人，就强忍着到桥下把鞋子捡了上来。老人说："给我把鞋穿上。"张良想，既然已经捡了鞋，好事就做到底吧，于是跪下来给老人穿鞋。老人穿上后笑着离去了，一会儿又返回来，对张良说："你这个小伙子可以教导。"于是约张良再见面。这个老人后来向张良传授了《太公兵法》，使张良最终成为一代良臣。

老人考察张良，就是看他有没有遇辱能忍、不迁怒于人的自我克制的修养。有了这种修养，"孺子可教也"，今后才能担当大任，处理各种复杂的人际关系和艰巨的事情；才能遇事冷静，知道祸福所在，不意气用事。我们在平时要注意培养这种修养，克制地处理好所遇到的人和事。

人皆有七情六欲，遇到外界的不良刺激时，难免情绪激动、发火、愤怒。这是人的一种自我保护的本能。但这种激动的情绪不可放纵，因为它可能使我们丧失冷静和理智，使我们不计后果地行事。因此，我们在遇到事情时，在面对人际矛盾时，要学会克制，学会忍耐，而不要像炮捻子，一点就着。

从孔子赞许颜回的态度上，我们可以看出，心态平和不迁怒于别人，同时也在一定程度上保证人们能够不重复犯错。这就是说，良好的心态是增强人们学习和工作效率的有益调合剂。倘若一个人能够制怒，既不对别人、也不对自己发脾气，那么，他必然能够不惹祸端、不受干扰地在人生路上前行。

不忘贫穷，不违仁道

【原典】

子华使于齐，冉子为其母请粟。子曰："与之釜[①]。"请益。曰："与之庾[②]。"冉子与之粟五秉。子曰："赤之适齐也，乘肥马，衣轻裘。吾闻之也：君子周急不济富。"

原思[③]为之宰，与之粟九百[④]，辞。子曰："毋，以与尔邻里乡党[⑤]乎！"

子谓仲弓，曰："犁牛[⑥]为之骍且角[⑦]。虽欲勿用，山川[⑧]其舍诸[⑨]？"

子曰："回也其心三月不违仁，其余则日月至焉而已矣。"

【注释】

①釜：音fǔ，古代量名，一釜约等于六斗四升。②庾：音yǔ，古代量名，一庾等于二斗四升。③原思：姓原名宪，字子思，鲁国人，孔子的学生。④九百：没有说明单位是什么。⑤邻里乡党：相传古代以5家为邻，25家为里，12500家为乡，500家为党。此处指原思的同乡，或家乡周围的百姓。⑥犁牛：即耕牛。古代祭祀用的牛不能以耕牛代替，系红毛长角，单独饲养的。⑦骍且角：骍：音xīn，红色。祭祀用的牛，毛色为红，角长得端正。⑧山川：山川之神。⑨其舍诸：其，有"怎么会"的意思。舍，舍弃。诸，"之于"二字的合音。

【译释】

子华出使齐国，冉求替他的母亲向孔子要一些谷米。孔子说："给其六斗四升。"冉求请求再增加一些。孔子说："再给其二斗四升。"冉求却给他八十斛。孔子说："公西赤到齐国去，乘坐着肥马驾的车子，穿着又暖和又轻便的皮袍。我听说过，君子只是周济急需的人而不是富有的人。"

原思给孔子家当总管，孔子给他俸米九百，原思推辞不要。孔子说："不要推辞。如果有多余的，给你的乡亲们吧。"

孔子在评论仲弓的时候说："耕牛产下的牛犊长着红色的毛，角也长得整齐端正，人们虽想不用它做祭品，但山川之神难道会舍弃它吗？"

孔子说："颜回能够保持仁的心境达三个月，其他人不过一天或几天，至多一个月罢了。"

解读

穷困者最需济助

俗话说，天有不测风云，人有旦夕祸福，人生在世免不了会遇到这样那样的困难，需要他人相助以克服困难，这是为人立世的本分。但这种助人为乐的举动在对象、时机以及接济的具体内容上也很有讲究。孔子在这里告诉他的学生、也是告诉世人一个原则：在济人利物时，应该务实而不应追求虚名，否则，就会有损于自己的道德修养。

怎样做到"周急不继富"？区分对象、选准时机、形式恰当等，都是十分重要的。在周济对象上，通过花费千金来巴结权贵和纳容贤士，比不上倾尽自己仅有的半瓢去接济那些饥饿者；通过构建豪华的房舍来招待宾客，又哪能比得上用茅草来覆盖那些破漏的茅屋，以庇护天下家世寒微的读书士子呢？在时机选择上，坚持"雪中送炭"，少搞"锦上添花"，因为"渴时一滴如甘露，醉后添杯不如无"！

庄周是我国古代著名的哲学家，据说一次因生活贫困去向监河侯借粮。监河侯很吝啬，但又要做面子，便对庄周说："现在不行，得过些时候收了租，可以多借些给你。"庄周对监河侯的虚情假意很不满意，就用一则寓言故事来讽刺他。庄子说：

"我昨天来你这儿的时候，半路上听见一个喊我的声音。我仔细一看，发现干涸的车辙中有一条小鱼。我问它：'小鱼呀，你要什么呀？'小鱼回答说：'我是东海中的一条小鱼，你能不能给我点儿水让我活下去？'我说：'可以，等我到南方去劝说吴国、越国的国君，让他们同意引西江不尽的水来接济你，好吗？'小鱼十分气愤地说：'我离开了常住的东海，没有着落，如今只要得到少量的水便可活下去。照你这样说，还不如早点到卖干鱼的市场上去找我算了。'"

庄周所讲的，便是后来流传千年的"涸辙之鲋"的寓言故事。寓言不仅辛辣地讽刺了监河侯的吝啬和虚情假意，而且同样说明了一个深刻的道理：周济要看准时机，即济人要济急。

济人济急，才能解人“倒悬”之危。作为济人者，即使自己只有一瓢米、十文钱，但在别人急需时，分他半瓢，送他五文，以解他燃眉之急，供他一时之需，这才是真正周济人，诚心帮助人。相对地，作为受济人，在危难之时，受人虽只有“滴水”之恩，但这是一份真情，一颗真心，日后，定要“涌泉”相报。

修身养德，品行自高

【原典】

季康子[①]问：“仲由可使从政也与?”子曰：“由也果，于从政乎何有?”曰：“赐也可使从政也与?”曰：“赐也达，于从政乎何有?”曰：“求也可使从政也与?”曰：“求也艺，于从政乎何有?”

季氏使闵子骞[②]为费[③]宰，闵子骞曰：“善为我辞焉！如有复我[④]者，则吾必在汶上[⑤]矣。”

伯牛[⑥]有疾，子问之，自牖执其手，曰：“亡之，命矣夫[⑦]，斯人也而有斯疾也！斯人也而有斯疾也！”

子曰：“贤哉回也，一箪食，一瓢饮，在陋巷，人不堪其忧，回也不改其乐。贤哉回也。”

冉求曰：“非不说子之道，力不足也。”子曰：“力不足者，中道而废。今女画[⑧]。”

【注释】

①季康子：他在公元前492年继其父为鲁国正卿。②闵子骞：姓闵名损，字子骞，鲁国人，孔子的学生。③费：音mì，季氏的封邑，在今山东费县西北一带。④复我：再来召我。⑤汶上：汶，音wèn，水名，即今山东大汶河。⑥伯牛：姓冉名耕，字伯牛，鲁国人，孔子的学生。⑦夫：音fú，语气词，相当于“吧”。⑧画：划定界限，停止前进。

【译释】

季康子问：“仲由这个人，可以让他管理国家政事吗?”孔子说：“仲由做事果断，从政有什么难呢？”季康子又问：“端木赐这个人，可以让他管理国家政事吗？”孔子说：“端木赐通达，让他从政有什么难呢？”又问：“冉求这个人，可以让他管理国家政事吗？”孔子说：“冉求多才多艺，让他从政有什么难呢？”

季氏派人请闵子骞去做费邑的长官，闵子骞说：“请你好好替我推辞吧！如果再来召我，那我一定跑到汶水那边去了。”

伯牛病了，孔子前去探望他，从窗户外面握着他的手说：“丧失了这个人，这是命里注定的吧！这样的人竟会得这样的病啊，这样的人竟会得这样的病啊！”

孔子说：“颜回的品质是多么高尚啊！一小竹篮饭，一瓢水，住在简陋的小屋里，别人都忍受不了这种穷困清苦，颜回却没有改变他好学的乐趣。颜回的品质是多么高尚啊！”

冉求说：“我不是不喜欢老师您所讲的道，而是我的能力不够呀。”孔子说：“能力不够的人，到半路就走不动了，现在你是自己划了界限不想前进。”

解读

随遇而安天地宽

孔子的弟子颜回，虽然吃的是粗陋的食物，住在偏僻的地方，一般人都难以忍受，颜回却安贫乐道，以道德修养所带来的内心愉悦为最高快乐。孔子正是从颜回的行为中看出了他的品格。

人应当能够承受物质生活对人的身心所产生的影响。现实中的“俗人”往往因穷困而潦倒，但聪明的智者，却能随遇而安或穷益志坚，不受任何影响地充分享受人生，并且能做出一番不平凡的事业来。

苏东坡对人生的旷达态度在历史上是出了名的。宋神宗熙宁七年秋天，苏东坡由杭州通判调任密州知州。我国自古就有“上有天堂，下有苏杭”的说法，北宋时期杭州早已是繁华富足、交通便利的好地方。密州属古鲁地，交通、环境都没法儿和杭州相比。

苏东坡刚到密州的时候，连年收成不好，到处都是盗贼，吃的东西十分欠缺，苏东坡及其家人还时常以枸杞、菊花等野菜作口粮。人们都认为苏东坡先生过得肯定不快活。

谁知苏东坡在这里过了一年后，长胖了，甚至过去的白头发有的也变黑了。

这奥妙在哪里呢？苏东坡说："我很喜欢这里淳厚的风俗，而这里的官员百姓也都乐于接受我的管理。于是我有闲情自己整理花园，清扫庭院，修整破漏的房屋。在我家园子的北面，有一个旧亭台，稍加修补后，我时常登高望远，放任自己的思绪，做无穷遐想。往南面眺望，是马耳山和常山，隐隐约约，若近若远，大概是有隐君子吧！向东看是卢山，这里是秦时的隐士卢敖得道成仙的地方；往西望是穆陵关，隐隐约约像城郭一样，师尚父、齐桓公这些古人好像都还存在；向北可俯瞰潍水河，想起淮阴侯韩信过去在这里的辉煌业绩，

又想到他的悲惨命运，不免慨然叹息。这个亭台既高又安静，夏天凉爽，冬天暖和，一年四季，早早晚晚，我时常登临这个地方。自己摘园子里的蔬菜瓜果，捕池塘里的鱼儿，酿高粱酒，煮糙米饭吃，真是乐在其中。"

其实，一个人的思想，一旦升华到追求崇高理想上去，就能够放宽心境，不为物累，心底无私、无欲，随时随地去享受人生，也就苦亦乐、穷亦乐、困亦乐、危亦乐了！这是没有身历过其境的人难以理解的。真正有修养、高品位的人，他们活得快乐，乐在一种不受物役的"知天""乐天"的精神境界。

文质彬彬，堪为君子

【原典】

子谓子夏曰："女为君子儒，无为小人儒。"

子游为武城①宰。子曰："女得人焉尔乎?"曰："有澹台灭明②者，行不由径，非公事，未尝至于偃③之室也。"

子曰："孟之反④不伐⑤，奔⑥而殿⑦，将入门，策其马，曰：非敢后也，马不进也。"

子曰："不有祝鮀⑧之佞，而⑨有宋朝⑩之美，难乎免于今之世矣。"

子曰："谁能出不由户，何莫由斯道也?"

子曰："质⑪胜文⑫则野⑬，文胜质则史⑭。文质彬彬⑮，然后君子。"

子曰："人之生也直，罔之生也幸而免。"

【注释】

①武城：鲁国的小城邑，在今山东费县境内。②澹台灭明：姓澹台名灭明，字子羽，武城人，孔子弟子。③偃：言偃，即子游，这是他自称其名。④孟之反：名侧，鲁国大夫。⑤伐：夸耀。⑥奔：败走。⑦殿：殿后，在全军最后作掩护。⑧祝鮀：鮀，音 tuó。字子鱼，卫国大夫。⑨而：这里是"与"的意思。⑩宋朝：宋国的公子朝，《左传》中曾记载因其美貌而惹起祸乱的事情。⑪质：朴实、自然，无修饰的。⑫文：文采，经过修饰的。⑬野：此处指粗鲁、鄙野，缺乏文采。⑭史：言词华丽，这里有虚伪、浮夸的意思。⑮彬彬：指文与质的配合很恰当。

【译释】

孔子对子夏说："你要做君子型儒士，不要做小人型儒士。"

子游做了武城的长官。孔子说："你在那里看到了人才没有?"子游回答说："有一个叫澹台灭明的人，从来不走旁门左道，没有公事从不到我屋子里来。"

孔子说："孟之反不喜欢夸耀自己。败退的时候，他留在最后掩护全军。快进城门的时候，他鞭打着自己的马说，‘不是我敢于殿后，是马跑得不快。’”

孔子说：“如果没有祝鮀那样的口才，而只有公子朝那样的美貌，那在今天的社会上处世立足就比较艰难了。”

孔子说：“谁能不经过屋门而走出去呢？为什么没有人走我这条道路呢？”

孔子说：“质朴多于文采，就像个乡下人，流于粗俗；文采多于质朴，就流于虚伪、浮夸。只有质朴和文采配合恰当，才是个君子。”

孔子说：“一个人的生存是由于正直，但虚伪的人也能生存，那是因为他侥幸地避免了灾祸。”

解读

做一个文质彬彬的君子

“文质彬彬”这个成语我们经常用，但什么是文什么是质，却不是个容易弄明白的问题。大而言之，“质”是指人类朴素的本质，“文”则指文化的累积。那么，“质胜文则野”就是指人没有文化，就会很粗俗。“文胜质则史”就是指一个人过于讲究繁文缛节，就会失去朴素的本质，所以要“文质彬彬”才好。文化的发展要与人类的本质相适应，相协调。

要说文质彬彬，南宋的辛弃疾是个最好的例子。辛弃疾幼年从学于大学士刘瞻，是刘瞻最得意的门生之一。绍兴三十一年金主完颜亮大举南侵，在其后方的汉族人民由于不堪金人严苛的压榨，奋起反抗。二十二岁的辛弃疾也聚集了两千人，参加由耿京领导的一支声势浩大的起义军。当金人内部矛盾爆发，完颜亮在前线为部下所杀，金军向北撤退时，辛弃疾奉命南下与南宋朝廷联络。在他完成使命归来的途中，听到耿京被叛徒张安国所杀、义军溃散的消息，便率领五十多人袭击敌营，将叛徒擒拿押回建康，交给南宋朝廷处决。辛弃疾惊人的勇敢和果断，使他名重一时，“壮声英概，懦士为之兴起，圣天子一见三叹息”。

辛弃疾不但领军打仗手段了得，在文章上也是冠绝古今。他的词不受成法的拘束，自成一格，别人模仿不了。拿辛弃疾的词和苏东坡的做一比较，二者都是豪放派的代表人物：苏东坡的词非常大气，但这种大气是文人的大气，书卷气很浓；辛弃疾的词就不一样了，他的词能刚能柔，奔放处不见狂傲，细腻处不见矫揉，处处洋溢着男子汉大丈夫的真性情、真胸怀。“青山遮不住，毕竟东流去。江晚正愁余，山深闻鹧鸪”，这首《菩萨蛮·郁孤台下》是辛弃疾在被贬官上任途中，路过江西造口，看赣江水无尽东流，抚今追昔，心起无限悲愤而填。这四句表明其时的忧愤之心，江水尚且能冲破青山的隔阻，自由奔流，而他却被山峰遮住了北望中原的视线。此词曲折地借景生情，表达了自己抗敌理想不能实现，思念故土不能回归，壮志难酬的苦闷。但这苦闷不是发牢骚，不是为了个人私利而苦闷。“明月别枝惊鹊，清风半夜鸣蝉。稻花香里说丰年，听取蛙声一片。七八个星天外，两三点雨山前。旧时茅店社林边，路转溪桥忽见。”这首《西江月》，喜悦之情跃然字里行间，而这份喜悦同样不是因为自己得了什么好处。由此看来，辛弃疾真正做到了文质彬彬，心怀天下，体现在诗词上，便正是孔子所说的“哀而不伤，乐而不淫”的境界。

可见，要想成为文质彬彬的君子，就得文质兼修，既要有文化修养，又不能迷失本性。

仁者智者，心境自高

【原典】

子曰：“知之者不如好之者，好之者不如乐之者。”

子曰：“中人以上，可以语上也；中人以下，不可以语上也。”

樊迟问知①。子曰：“务②民之义③，敬鬼神而远之，可谓知矣。”问仁，曰：“仁者先难而后获，可谓仁矣。”

子曰：“知者乐水，仁者乐山；知者动，仁者静；知者乐，仁者寿。”

【注释】

①知：音 zhì，同“智”。②务：从事、致力于。③义：专用力于人道之所宜。

【译释】

孔子说：“对于一件事情，懂得它的人，不如爱好它的人；爱好它的人，又不如以它为乐的人。”

孔子说："具有中等以上资质的人，可以给他讲授高深的学问，在中等水平以下的人，不可以给他讲高深的学问。"

樊迟问孔子怎样才算是智。孔子说："提倡道义用来教化百姓，尊敬鬼神但要远离它，就可以说是智了。"樊迟又问怎样才是仁，孔子说："仁人对难做的事，做在人前面，并后于别人收获，这可以说是仁了。"

孔子说："智者喜爱水，仁者喜爱山；智者活泼，仁者宁静。智者快乐，仁者长寿。"

解读

追求"乐"的境界

要做好一件事情，首先要有对此事的认知，否则就无从下手。但单纯的认识并不能激发人们的主动精神。因此，孔子提出应在"知"的基础上加入"好"，也就是充分调动自身的积极性。这样不仅完成的效果会大不一样，而且也可以在过程中有所收益。当然，这种收益不一定是物质利益，所以，孔子更进一步指出，做事的最高境界是把它本身当成一种乐趣。也就是说，在"乐"的这个境界里，任何有选择的活动都不是为了得到什么利益——这种活动就是人生命的一部分。

有人问希腊智者伊壁鸠鲁："快乐的秘密何在？"

伊壁鸠鲁说："生命中有三种欲望：一种是自然而必要的；另一种是自然却不必要的；还有一种是不自然也不必要的。对不必要的欲望不要屈服，对自然的欲望要追求，这就是快乐的秘密。"伊壁鸠鲁说的这三种欲望分别属于孔子说的这三种人：知之者、好之者与乐之者。

我们把孔子和伊壁鸠鲁的理念对应起来，就是：知之者的欲望是不自然而不必要的；好之者的欲望是自然而不必要的；乐之者的欲望是自然而必要的。

所谓知之者，就是迷信知识的人。这些人，表面上看去好像很相信知识，其实他们并没有什么知识。人类最大的知识就是不迷信知识。所谓好之者，就是对某类事物感兴趣的人，如读书人对知识、商人对金钱等，这种兴趣是出自天性或后天环境的影响。但它注定不会得到完全的满足，因为对象太大了。虽然可以轻易击中，但他永远也不可能得到全部。只有乐之者的欲望才能得到满足，因为它是自然而必要的。快乐使人与世界合二为一，这种欲望符合自然之道，使人与事物达成和谐，所以能顺心如意。

一个人之所以有时做不好事情，就是因为他还没有真正地成为“乐之者”。如果你真正地乐于做某件事，你就会做成你要做的事，事情本身也会成就你。只有真心喜欢一件事情，我们才会成功。

孔子说“知之者不如好之者，好之者不如乐之者”，显然是把“乐之者”作为了做人的最高境界。只有乐于做人的人才会成功。

要问世界上究竟有多少种快乐？恐怕没有人能说得清楚。一个人之所以活着，就是为了让自己身心愉悦。为了得到快乐，让我们用心聆听先哲的启迪吧。

君子怀仁，不失中庸

【原典】

子曰："齐一变，至于鲁；鲁一变，至于道。"

子曰："觚[①]不觚，觚哉！觚哉！"

宰我问曰："仁者虽告之曰井有仁焉，其从之也？"子曰："何为其然也？君子可逝也，不可陷也；可欺也，不可罔也。"

子曰："君子博学于文，约[②]之以礼，亦可以弗畔矣夫[③]。"

子见南子[④]，子路不说。夫子矢[⑤]之曰："予所否[⑥]者，天厌之！天厌之！"

子曰："中庸之为德也，其至矣乎！民鲜久矣。"

子贡曰："如有博施于民而能济众[⑦]，何如？可谓仁乎？"子曰："何事于仁？必也圣乎！尧舜其犹病诸[⑧]。夫仁者，己欲立而立人，己欲达而达人。能近取譬[⑨]，可谓仁之方也已。"

【注释】

①觚：音gū，古代盛酒的器具，上圆下方，有棱，容量约有二升。②约：约束，或简要。③矣夫：语气词，表示较强烈的感叹。④南子：卫国灵公的夫人。⑤矢：同"誓"，此处讲发誓。⑥否：不对，不是，指做了不正当的事。⑦众：指众人。⑧病诸：病，担忧。诸，"之于"的合音。⑨能近取譬：能够就自身打比方。即推己及人的意思。

【译释】

孔子说："齐国一改变，可以达到鲁国这个样子，鲁国一改变，就可以达到先王之道了。"

孔子说："觚不像个觚了，这也算是觚吗？这也算是觚吗？"

宰我问道："对于有仁德的人，别人告诉他说：'井里有仁德'，他会下去吗？"孔子说："为什么要这样做呢？君子可以不顾一切地去追求真理，但他不会落入别人设置的陷阱；君子可能被欺骗，但不可能被迷惑。”

孔子说：“君子广泛地学习各种知识，又以礼来约束自己，也就可以不离经叛道了。”

孔子去见南子，子路不高兴。孔子发誓说：“如果我做了什么不正当的事，让上天谴责我吧！让上天谴责我吧！”

孔子说：“中庸作为一种道德，该是最高的了吧！人们缺少这种道德已经为时很久了。”

子贡说：“假若有一个人，他能给老百姓很多好处又能周济大众，怎么样？可以算是仁人了吗？”孔子说：“岂止是仁人，简直是圣人了！就连尧、舜尚且难以做到呢。至于仁人，就是要想自己站得住，也要帮助人家一同站得住；要想自己过得好，也要帮助人家一同过得好。凡事能就近以自己作比，而推己及人，可以说就是实行仁的方法了。”

解读

不偏不倚的道理

“中庸”强调的是做事守其“中”，既不左冲右突，又戒参差不齐。其实这种人生哲理，从我们日常生活的许多细节中即可体察出来。商汤的开国大臣伊尹，不仅能把握做菜口味的“中庸”技巧，甚至还把它上升到“齐家治国”的高度上来了。

伊尹辅佐汤推翻了夏桀的残暴统治，建立了在我国历史上维系了约600年之久的商朝。伊尹原来不过是汤身边的厨师，汤妻陪嫁的奴隶，他之所以被汤看中而委以重任，是因为他确实有一番才干，善于从生活中发现人生智慧。他看到汤成天为与夏桀争夺天下而忙碌焦急，以致一日三餐都食不甘味，就想出一个办法来引起汤的注意。他把上一顿饭的菜做得特别咸，下一顿饭的菜又故意不放盐，让汤吃得不对味而来责备自己。接着，他又把每顿饭的菜做得咸淡适中，美味可口，让汤吃得十分满意。伊尹早已算计好了，汤准会表扬自己。果然，有一次饭后汤对伊尹说：“看来你做菜的本事确实不凡。”

伊尹已是成竹在胸，不等汤把话说完，就借题发挥说："大王，这并不值得夸奖，菜不宜太咸，也不能太淡，只要把佐料调配得当，吃起来自然适口有味。这和你治理国家是一个道理，既不能无所作为，也不能急于求成，只有掌握好分寸关节，才能把事情办好。"

孟子对伊尹的评价是："治亦进，乱亦进，伊尹也。"意思是说伊尹在天下太平时入仕做官，在天下动乱时也入仕做官。伊尹之所以能够做到这点，关键是善于把握分寸，有所为有所不为，深悟中庸的处世哲理。

做事，不偏不倚叫作中，保持平常叫作庸。行中，这是天下的正道；用中道，这是天下的公理。中庸的基本要义，就是不偏不倚，恰到好处，这样才能做到名实相符，不至于使觚不像觚。中庸的道理讲究不偏不倚，过与不及都是不好的，必须做到恰到好处。为人处世、持家治国等人生作为，无不体现了这个道理。一个人想做到中庸，必须加强品德修养，提高自我调控能力，使自己的言行、情感、欲望等，达到适度、恰当，避免"过"与"不及"。

述而第七

人生短短百年，如白驹过隙，转瞬即逝。如何保持乐观向上的生活态度呢？俗话说，心底无私天地宽。古今中外的所谓“君子”，之所以能够品行正、修养好、境界高，原因即在于他们以德为重，拥有坦荡的胸怀，因此，他们的人生之路也变得宽广坦荡。有了坚定的志向，纯洁的思想，坦荡的胸怀，自然就能淡看贫富，不忧不惧，不计毁誉，无欲而刚。

志在于道，行之以方

【原典】

子曰："述而不作①，信而好古，窃比于我老彭②。"

子曰："默而识之，学而不厌，诲人不倦，何有于我哉③？"

子曰："德之不修，学之不讲，闻义不能徙④，不善不能改，是吾忧也。"

子之燕居⑤，申申⑥如也；夭夭⑦如也。

子曰："甚矣吾衰也！久矣吾不复梦见周公⑧。"

子曰："志于道，据于德，依于仁，游于艺⑨。"

子曰："自行束脩⑩以上，吾未尝无诲焉。"

子曰："不愤⑪不启，不悱⑫不发。举一隅不以三隅反，则不复也。"

【注释】

①述而不作：述，传述。作，创造。②老彭：人名，但究竟指谁，学术界说法不一。有的说是老子和彭祖两个人，有的说是殷商时代的彭祖。③何有于我哉：对我有什么难呢？④徙：音 xǐ，迁移。此处指靠近、做到。⑤燕居：安居、家居、闲居。⑥申申：衣冠整洁。⑦夭夭：行动迟缓、斯文舒和的样子。⑧周公：姓姬名旦，周文王的儿子。⑨艺：指孔子教授学生的礼、乐、射、御、书、数六艺，都是日常所用。⑩束脩：脩，音 xiū，干肉，又叫脯。束脩就是十条干肉。⑪愤：苦思冥想而仍然领会不了的样子。⑫悱：音 fěi，想说又不能明确说出来的样子。

【译释】

孔子说："只阐述而不创作，相信而且喜好古代的东西，我私下把自己比作老彭。"

孔子说："默默地领会所学的知识，学习不觉得厌烦，教人不知道疲倦，这对我能有什么困难呢?”

孔子说:“对品德不去修养,学问不去传播,知道义不能去做,有了过错不能改正,这些都是我所忧虑的事情。”

孔子闲居在家里的时候,衣冠楚楚,仪态温和舒畅,悠闲自在。

孔子说:“我衰老得很厉害了,我好久没有梦见周公了。”

孔子说:“以道为志向,以德为根据,以仁为凭借,活动于礼、乐等六艺的范围之中。”

孔子说:“只要自愿拿着十条干肉为礼来见我的人,我从来没有不给他教诲的。”

孔子说:“教导学生,不到他想弄明白而不得的时候,不去开导他;不到他想出来却说不出来的时候,不去启发他。教给他一个方面的东西,他却不能由此而推知其他三个方面的东西,那就不再教他了。”

解读

默而识之成就学业

历史事实证明,大凡智慧、才干超群的人,在其求学之际,都可以看到他们“默而识之,学而不厌”的态度和方法。三国时期的诸葛亮,这个国人心目中智慧的化身,成才的过程就是一个典型的例子。

诸葛亮结庐隆中十年,潜心学习,刻苦攻读,读的书很多,天文、历史、地理、军事、诸子百家,无所不读。书是读了不少,可就是对书中的某些义理还吃不透,就像江河一竿子下去难探深浅。

某日,襄阳名士司马徽来访。面对名师,诸葛亮倾诉了胸中的苦闷。司马徽听后,不禁抚掌大笑,连声说:“以君之才,当访求名师指点。庞公常以璞玉浑金比喻你,现在正是时候,我给你物色到了一位开璞之匠、炼金之师。”

于是,司马徽把年轻的诸葛亮介绍给了住在海南灵山的一位隐士,名酆玖,叫他师事这位隐士。既然这位隐士是“开璞之匠、炼金之师”,就应该有“开璞”、“炼金”的举动,可是诸葛亮在这里居住了一整年,并不见这位“匠”、“师”有什么“开璞”、“炼金”的动作,而每天只是叫他干些扫地、挑水的粗活。但诸葛亮既不嫌弃也无怨言,每天除完成那位隐士布置的粗活外,一有空闲就埋头读书,自己琢磨。这种情形隐士看在眼里,知道诸葛亮是个可造之材,并且有一种学而不厌的精神，有些感动。

一年后的某日，隐士拿出《三才秘录》、《兵法阵图》、《孤虚相旺》三本书，对诸葛亮说："你不必再干活了，只把这三本书拿去认真揣摩，百日之后再来谈谈。"

诸葛亮喜出望外，抱着三本书跑回自己的房间，埋头读起来。渴了喝口凉开水，饿了啃几口冷饭团，夜以继日，在房间里诵之，默之，思之，反复琢磨这三本讲兵法阵图、治国安邦之道的书，渐渐地嚼出了点味道来。

百天之后，与酆公对答，酆公发现诸葛亮不仅吃透了书中的义理，而且有自己的见解，甚感满意。他对诸葛亮说："你已学业有成，可以回去了。"不久诸葛亮回到隆中，再与庞公等师友聚谈，师友无不刮目相看，称之为"卧龙"。

这么看来，与其说酆隐士是诸葛亮这块"璞玉浑金"的"开璞之匠、炼金之师"，还不如说诸葛亮这种"不辞辛劳、忍辱负重、甘于寂寞"的治学态度，对书本、对知识坚持默而识之、学而不厌的精神，才是真正开启诸葛亮智慧的"匠师"。这是求知过程的一个基本规律，不仅一般人求取知识、获取知识必须如此，就算是天资聪慧的名人、智者要获得真知，也未必能超越这个过程。不但不能超越，反而正是这个"默而识之"成就了他们。

"默而识之"就是"思"的具体化，"思"的具体途径和方法。要把所见所闻，以及从书本上看到的知识变成自己的东西，不经过自己独立思考是不行的。

德在心灵，行藏在我

【原典】

子食于有丧者之侧，未尝饱也。

子于是日哭，则不歌。

子谓颜渊曰："用之则行，舍之则藏，惟我与尔有是夫！"子路曰："子行三军①，则谁与②？"子曰："暴虎③冯河④，死而无悔者，吾不与也。必也临事而惧，好谋而成者也。"

子曰："富而可求也；虽执鞭之士⑤，吾亦为之。如不可求，从吾所好。"

子之所慎：齐⑥、战、疾。

【注释】

①三军：是当时大国所有的军队，每军约一万二千五百人。②与：在一起的意思。③暴虎：空拳赤手与老虎进行搏斗。④冯河：无船而徒步过河。⑤执鞭之士：古代为天子、诸侯和官员出入时手执皮鞭开路的人。意思指地位低下的职事。⑥齐：同"斋"，斋戒。

【译释】

孔子在有丧事的人旁边吃饭，不曾吃饱过。

孔子在这一天为吊丧而哭泣，就不再唱歌。

孔子对颜渊说："用我呢，我就去干；不用我，我就隐藏起来，只有我和你才能做到这样吧！"子路问孔子说："老师您如果统帅三军，那么您和谁在一起共事呢？"孔子说："赤手空拳和老虎搏斗，徒步涉水过河，死了都不会后悔的人，我是不会和他在一起共事的。我要找的，一定要是遇事小心谨慎，善于谋划而能完成任务的人。"

孔子说："如果富贵合乎于道就可以去追求，虽然是给人执鞭的下等差事，我也愿意去做。如果富贵不合于道就不必去追求，那就还是按我的爱好去干事。"

孔子所谨慎小心对待的是斋戒、战争和疾病这三件事。

解读

做自己的主人

有位哲人曾说："知道怎样静等时机，是人生成功的最大秘诀。"这就像行船一样，要趁着潮水涨高的一刹那动作，非但没有阻力，反而能帮助你迅速成功。因此，"用之则行，舍之则藏"，初看似有消极之嫌，但在天不遂人愿，现实条件受到种种限制时，着实不失为一剂良方，据此则"随处可以做主人"。

在七十多年的革命生涯中，邓小平为中国新民主主义革命的胜利和新中国的成立，为中国社会主义的创建、巩固和发展，做了杰出的贡献。但是他也有过壮志不得酬的体会，而且不止一次。邓小平在长达十年的动乱中两次受到错误的批判和斗争，并被撤销一切职务，经历了他革命生涯中最艰难、最曲折的时期。他被送到江西省新建县，每天到县拖拉机修造厂劳动半天，做钳工活。

身处这样的形势下，邓小平既没有怨天尤人，也没有自暴自弃，而是既来之则安之，为未来默默地做着准备。他一方面加强锻炼，除了劳动，还在院中散步，每天步行四十圈，约五千余步。他兴致勃勃地说："先做第一个五年计划，改造五年，不行再加五年。""估计我这条件坚持十年还是可以的。"另一方面，他阅读了大量的马列著作和古今中外的书籍，为他今后领导中国，实现社会主义现代化建设，并做出实行改革开放的战略决策，走具有中国特色的社会主义道路，打下了扎实稳定的思想基础！三起三落，他始终抱着一颗平常心来对待。十一届三中全会过后，邓小平重回属于自己的政治舞台，描绘出改革开放的宏伟蓝图，因此他也被称作"中国改革开放的总设计师"。

儒家倡导积极入世，但同时也主张"行藏有度"，把人生的理想目标和具体实践策略结合起来，作为行动的指导原则。目标是明确的，信念是坚定的，但在具体策略上必须有灵活性。因为人生的命运遭遇既取决于主观因素，也取决于客观条件，主观上虽有济世利民的决心，但世事沉浮，人道沧桑，未必总能遂人愿。只有正确认识必然性，善于把握偶然性，才能主宰自己的命运。

欣赏音乐，陶冶情操

【原典】

子在齐闻《韶》①，三月不知肉味，曰："不图为乐之至于斯也。"

【注释】

①《韶》：舜时古乐曲名，相传为舜所制。

【译释】

孔子在齐国听到了《韶》乐，有三个月尝不出肉的滋味，他说："想不到《韶》乐的美达到了这样迷人的地步。"

解读

进行适当的娱乐有益身心

孔子非常提倡音乐的教育，他认为《韶》乐尽善尽美，对于陶冶人的德行情操非常有好处，他自己听完之后，三个月都吃不出肉的味道，完全沉浸在音乐的魅力中了。

生活中不只有工作学习，还要进行适当的娱乐活动以为调剂。需要注意的是娱乐的方式，像中国传统的琴棋书画就是非常好的娱乐活动，既能放松身心，又能陶冶性情。

毛泽东戎马一生，久历战阵。但是在打仗工作之余，他寄情于书法和诗歌，并且在二者上都有不凡的造诣。毛泽东的书法有独到的个人风格：汪洋恣肆，跌宕起伏，具有强烈的视觉美感。他的字，既充满激情，又不乏理性。毛泽东八岁进私塾，从小就对书写毛笔字有极大的兴趣，与翰墨结下不解之缘。早期的书法既得益于钟王，又在汉魏、隋碑、章草、晋唐楷书等前人碑帖的基础上下了较深的功夫，为他一生书法风格的形成打下了坚实的基础。毛泽东在指挥中国革命各个战略阶段之余，一直不忘他的书法实践，时常披览碑帖，从江西根据地到延安，一直把晋唐小楷等他阅读临写过的法帖带在身边。他的书法成就在于狂草，来源于张旭、怀素，中年以后，形成了自身的风格。看他的草书，视线会不由自主地受到牵引，随着他草书的线条、用笔，时紧时密，时快时慢。沉浸在他草书制造的“气场”中，就像在现实生活中被他的伟人风范所吸引一样。

人的一生，要为生存和各种无穷无尽的事情奔波劳碌，难免让人感到疲倦、单调和枯燥。其实，这个世界本身是丰富多彩的，我们完全没有必要让自己仅仅在一条路上奔走。自然的山水，人间的艺术，都能够让人的灵魂得到休憩、情操得到陶冶。当然，这一切的关键还在于自己是否用心。否则，即使是天上仙曲，无心者也只会充耳不闻。

追求仁道，乐以忘忧

【原典】

冉有曰："夫子为[①]卫君[②]乎？"子贡曰："诺，吾将问之。"入，曰："伯夷、叔齐何人也？"曰："古之贤人也。"曰："怨乎？"曰："求仁而得仁，又何怨？"出，曰："夫子不为也。"

子曰："饭疏食[③]饮水，曲肱[④]而枕之，乐亦在其中矣。不义而富且贵，于我如浮云。"

子曰："加[⑤]我数年，五十以学易[⑥]，可以无大过矣。"

子所雅言[⑦]，《诗》、《书》、执礼，皆雅言也。

叶公[⑧]问孔子于子路，子路不对。子曰："女奚不曰：'其为人也，发愤忘食，乐以忘忧，不知老之将至云尔[⑨]。'"

【注释】

①为：帮助。②卫君：卫出公辄，是卫灵公的孙子。③饭疏食：饭，这里是"吃"的意思，作动词。疏食即粗粮。④曲肱：肱，音 gōng，胳膊，由肩至肘的部位。曲肱，即弯着胳膊。⑤加：这里通"假"字，给予的意思。⑥易：指《周易》，古代占卜用的一部书。⑦雅言：周王朝的京畿之地在今陕西地区，以陕西语音为标准音的周王朝的官话，在当时被称作"雅言"。⑧叶公：叶，音 shè。叶公姓沈名诸梁，楚国的大夫，封地在叶城（今河南叶县南），所以叫叶公。⑨云尔：云，代词，如此的意思。尔同"耳"，而已，罢了。

【译释】

冉有问子贡说："老师会帮助卫国的国君吗？"子贡说："嗯，我去问他。"于是就进去问孔子："伯夷、叔齐是什么样的人呢？"孔子说："古代的贤人。"子贡又问："他们有怨恨吗？"孔子说："他们求仁而得到了仁，为什么又怨恨呢？"子贡出来对冉有说："老师不会帮助卫君。"

孔子说："吃粗粮，喝白水，弯着胳膊当枕头，乐趣也就在这中间了。用不正当的手段得来的富贵，对于我来讲就像是天上的浮云一样。"

孔子说："再给我几年时间，学习《易经》到五十岁，我便可以没有大的过错了。”

孔子有时讲雅言，读《诗经》、念《尚书》、执守礼仪时，用的都是雅言。

叶公向子路问孔子是个什么样的人，子路不答。孔子说：“你怎么不说：‘他这个人，发愤用功，连吃饭都忘了；心感快乐把一切忧虑都忘了，连自己快要老了都不知道，如此而已。’”

解读

领悟生活的真谛

孔子说：“吃粗粮，喝白水，弯起胳膊当枕头，乐趣也就在这中间了。用不正当的手段得来的富贵，对我来讲就像是天上的浮云一样。”

孔子的这句名言，影响甚巨，不仅内化成了有道君子的人格精神，同时也在很大程度上影响了人们在现实生活中的具体方法和策略。这在西汉名臣疏广的治家方略中可见一斑。

疏广，字仲翁，西汉东海兰陵（今山东枣庄东南）人。他博览多通，尤精《春秋》，先在家乡开馆授课。由于学问渊深，四方学者不远千里而至。朝廷得知后，征调他去都城长安，任以博士太中大夫。地节三年（公元前 71 年），宣帝拜请他充当东宫皇太子的老师，为太子少傅，不久转迁为太子太傅。他的侄儿疏受，也以才华过人被征为太子家令，旋又升为太子少傅。从此，叔侄二人名显当朝，极受荣宠。

在荣归故里之后，疏广绝口不提购置良田美宅，而是将所得财物赈济乡党宗族，宴请过去的故旧亲朋。不仅如此，他还几次询问余剩钱财的数目，意思是要把这些财物都花得一文不剩。疏广的儿孙们很着急，可又不敢言语，只好私下请了几个平时与疏广要好的老人，希望他们能劝说疏广，及时建造房舍和购买田地，使子孙后代也有个依靠。几位老人觉得这些意见是对的，便在相聚时规劝疏广，要他多为儿孙们着想，置办家产。

疏广笑着说：“你们以为我是个老糊涂，不把子孙后代的事情惦挂在心吗？我的想法是：家里本来还有房舍和土地，只要子孙们勤劳节俭，努力经营，精打细算，维持普通人家的穿衣吃饭是不成问题的。”老人们还是疑惑不解，疏广接着说：“如果现在忙于为子孙后代买地盖房，子孙们饭来张口，衣来伸手，不愁吃，不愁穿，反而会使儿孙们懒惰懈怠，不求上进。一个人要是腰缠万贯，家中富足，则本来贤能的容易丧失志向，愚笨的则变得更加蠢陋。再说，钱多了还容易招人怨恨。我过去忙于国事，对子孙的教育不够，如今不为儿孙们置办产业，正是希望他们能够自力更生，克勤克俭，这也是爱护和教育儿孙的一个办法啊！”老人们终于被说服，再也不为他的子孙们去说情了。

疏广对待子孙后代，务在劳其筋骨，苦其心志，以免他们成为好逸恶劳的纨绔子弟，同时也使他们自觉地远离“不义”的富贵，表面看来似乎不近情理，但其用心是何其良苦，又何其明智！这也正是胸怀“仁”道的具体体现。

人活一生，难免沉沉浮浮，时起时落，关键是倘若能够领悟生活的真谛，享受生活所给予的一点一滴的快乐，就可以了解人生的意义所在。虽然人们一般都不喜欢或满足于吃粗粮、喝白水，但相对于用不义的卑劣手段去攫取所谓的“富贵”，君子则宁愿安贫乐道，以此来换取良心上的轻松和精神上的舒畅。

敏以求德，择善而从

【原典】

子曰："我非生而知之者，好古，敏以求之者也。"

子不语怪、力、乱、神。

子曰："三人行，必有我师焉。择其善者而从之，其不善者而改之。"

子曰："天生德于予，桓魋[①]其如予何?"

子曰："二三子[②]以我为隐乎？吾无隐乎尔。吾无行而不与二三子者，是丘也。"

子以四教：文、行、忠、信。

子曰："圣人吾不得而见之矣！得见君子者，斯可矣。"子曰："善人吾不得而见之矣！得见有恒者，斯可矣。亡而为有，虚而为盈，约[③]而为泰[④]，难乎有恒矣。"

【注释】

①桓魋：魋，音 tuí，任宋国主管军事行政的官——司马，是宋桓公的后代。②二三子：这里指孔子的学生们。③约：穷困。④泰：这里是奢侈的意思。

【译释】

孔子说："我不是生来就有知识的人，而是爱好古代的东西，勤奋地去求得知识的人。"

孔子不谈论怪异、暴力、变乱、鬼神。

孔子说："三个人一起走路，其中必定有人可以做我的老师。我选择他好的地方向他学习，看到他有不好的地方，就反省自己同样的缺点加以改变。"

孔子说："上天把德赋予了我，桓魋能把我怎么样?"

孔子说："你们以为我对你们有什么隐瞒的吗？我是丝毫没有隐瞒的。我没有什么事不是和你们一起干的。我孔丘就是这样的人。"

孔子在四个方面教育弟子：知识、德行、忠诚、信义。

孔子说："圣人我是不可能看到了，能看到君子，这就可以了。"孔子又说："善人我不可能看到了，能见到持之以恒地追求仁德的人，这也就可以了。没有却装作有，空虚却装作充实，穷困却装作富足，这样的人是难于有恒心向着仁道的。"

解读

学习他人的长处

"三人行，必有我师焉。择其善者而从之，其不善者而改之。"这句话，表现出孔子自觉修养、虚心好学的精神。它包含了两个方面：一方面，择其善者而从之，见人之善就学，是虚心好学的精神；另一方面，其不善者而改之，见人之不善就引以为戒，反省自己，是自觉修养的精神。这样，无论同行相处的人善与不善，都可以为师。

"三人行，必有我师焉"，这句话虽然出自两千多年前的孔子之口，但在今天仍有教育意义。现在，我们理解其意为：能者为师。在我们的日常生活中，每天都要接触到许多人，而每个人都有长处值得我们学习，可以成为我们的良师益友。例如，在一个班级里，就有许多小"能人"：有的写了一手好字；有的擅长绘画；有的是象棋盘上的英雄；有的是足球场上的闯将；有的阅读了大量的古今诗词；有的通晓中外地理；有的富有数学家般敏捷的思维；有的具有歌唱家的天赋……多向这些同学学习，不就可以使我们——这置身于万绿田中的小苗——增添一些知识的养分吗？

"三人行，必有我师焉，择其善者而从之，其不善者而改之"的态度和精神，也体现了与人相处的一个重要原则。随时注意学习他人的长处，随时对他人缺点引以为戒，自然就会多看他人的长处，与人为善，待人宽而责己严。这不仅是提高自己的最好途径，也是促进人际关系和谐的重要条件。另外这对于指导我们处世待人、修身养性、增长知识，都是很有裨益的。

虽然"三人行，必有我师焉"可以说是家喻户晓，可是人们并非经常能够做到。人们常犯的一个通病，就是往往看自己的优点和他人的缺点多，看自己的缺点和他人的优点少；或者喜欢拿自己的长处与他人的短处比较。在与人相处中，就表现为对比自己优秀、比自己强的人不服气；宽于待己而严于责人；看不起有缺点和错误的人；拿正确的道理当作手电筒，不照自己，只照他人。

这样做，既阻塞了向他人学习提高自己的道路，也难免造成人际关系的不和谐，甚至发生冲突。

所以，重温孔子的教诲，认真领会它的深刻内涵，并且努力去做，是很有意义的。

见善而行，仁德可至

【原典】

子钓而不纲①，弋②不射宿③。

子曰："盖有不知而作之者，我无是也。多闻，择其善者而从之，多见而识之，知之次也。"

互乡④难与言，童子见，门人惑。子曰："与其进也，不与其退也，唯何甚？人洁己以进，与其洁也，不保其往⑤也。"

子曰："仁远乎哉？我欲仁，斯仁至矣。"

陈司败⑥问："昭公⑦知礼乎？"孔子曰："知礼。"孔子退，揖巫马期⑧而进之曰："吾闻君子不党⑨，君子亦党乎？君取⑩于吴，为同姓⑪，谓之吴孟子⑫。君而知礼，孰不知礼？"巫马期以告。子曰："丘也幸，苟有过，人必知之。"

子与人歌而善，必使反之，而后和之。

【注释】

①纲：大绳。这里作动词用。在水面上拉一根大绳，在大绳上系许多鱼钩来钓鱼，叫纲。②弋：音 yì，用带绳子的箭来射鸟。③宿：指归巢歇宿的鸟儿。④互乡：地名，具体所在已无可考。⑤不保其往：保，一说担保，一说保守。往，一说过去，一说将来。⑥陈司败：陈国主管司法的官，姓名不详，也有人说是齐国大夫，姓陈名司败。⑦昭公：鲁国的君主，名裯，音 chóu，"昭"是谥号。⑧巫马期：姓巫马名施，字子期，孔子的学生。⑨党：偏袒、包庇的意思。⑩取：同"娶"。⑪为同姓：鲁国和吴国的国君同姓姬。⑫吴孟子：鲁昭公夫人。

【译释】

孔子只用有一个鱼钩的钓竿钓鱼，而不用有许多鱼钩的大绳钓鱼。只射飞鸟，不射巢中歇宿的鸟。

孔子说：“有这样一种人，可能他什么都不懂却在那里凭空创造，我却没有这样做过。多听，选择其中好的来学习；多看，然后记在心里，这是次一等的智慧。”

互乡这个地方的人很难与之谈话，但互乡的一个童子却受到了孔子的接见，学生们都感到迷惑不解。孔子说：“我是肯定他的进步，不是肯定他的倒退。何必做得太过分呢？人家改正了错误以求进步，我们肯定他改正错误，不要抓住他的过去不放。”

孔子说：“仁难道离我们很远吗？只要我想达到仁，仁就来了。”

陈司败问：“鲁昭公懂得礼吗？”孔子说：“懂得礼。”孔子出来后，陈司败向巫马期作了个揖，请他走近自己，对他说：“我听说，君子是没有偏私的，难道君子还包庇别人吗？鲁昭公从吴国娶了一位同姓的夫人，不便叫‘吴姬’改称吴孟子。如果鲁君算是知礼，还有谁不知礼呢？”巫马期把这句话告诉了孔子。孔子说：“我真是幸运。如果有错，人家一定会知道。”

孔子与别人一起唱歌，如果对方唱得好，一定要请他再唱一遍，然后和他一起唱。

解读

虚心接受意见

孔子在知道了陈司败说的话以后，胸怀坦荡地接受了批评，并以此而感到幸运。这种为人的气量和态度无疑值得人们去学习。讳疾忌医、掩饰错误对自己有什么好处呢？也许人们都知道不好，但从心理上总是转不过弯来，这其实是一种糊涂的表现。真正的君子，不但会像孔子那样，而且也总会有意识地进行自我监督。这样，才能保持明智，不犯错误。

明代有个叫高汝白的人，他中了进士以后，培养他的叔父写信督促他说：“你尽管考中了进士，我并不为此高兴，反而因此担忧。此后你可能会逐渐放松对自己的要求，所以我希望你每天将自己的行为举止用笔记在本子上，然后寄给我。”高汝白叹息着给叔父回信说：“我一直在您老身边长大，难道您还不了解我，而担心我会放纵自己？”过后他试着问了一个伴随在他身边的老家人，自己有没有改变。老家人说：“比起往日是逐渐有所不同。”他这才开始警觉起来，于是，用一个本子把自己每天的言行记录下来，进行检查，结果发现自己的缺点多得写不完。他很害怕，从此激励自己努力学习，修养品德，逐渐地改掉本子上记录的缺点。后来，高汝白成为一个以品行高尚闻名的人，官至提学。

现在我们有些人，经常自以为是，对周围人的批评根本听不进，认为别人是在侮辱自己，或者瞧不起自己，或者明明知道错了也不改正。这就叫作“讳疾忌医”，到头来只会贻误大事。

相反，如果能够胸怀坦荡地接受别人指出的错误和正确的批评，并且有意识地来约束自己，自觉地达到自己制定的标准，一步一个脚印，持之以恒地做下去，那么做人做事就会达到圆满的境界。

躬行君子，胸怀坦荡

【原典】

子曰：“文，莫①吾犹人也。躬行君子，则吾未之有得。”

子曰：“若圣与仁，则吾岂敢？抑②为之③不厌，诲人不倦，则可谓云尔④已矣。”公西华曰：“正唯弟子不能学也。”

子疾病，子路请祷。子曰：“有诸⑤？”子路对曰：“有之。《诔》⑥曰：‘祷尔于上下神祇⑦。’”子曰：“丘之祷久矣。”

子曰：“奢则不孙⑧，俭则固⑨。与其不孙也，宁固。”

子曰：“君子坦荡荡，小人长戚戚⑩。”

子温而厉，威而不猛，恭而安。

【注释】

①莫：约摸、大概、差不多。②抑：语气词，“只不过是”的意思。③为之：指圣与仁。④云尔：这样说。⑤有诸：诸，“之于”的合音。意为：有这样的事吗。⑥《诔》：音 lěi，祈祷文。⑦神祇：祇：音 qí，古代称天神为神，地神为祇。⑧孙：同“逊”，恭顺。不孙，即为不顺，这里的意思是“越礼”。⑨固：简陋、鄙陋。这里是寒酸的意思。⑩戚戚：第一个戚指斧子，第二个戚指斧别人、攻击别人，小人不修自身，修别人。长戚戚：也指经常忧愁烦恼的样子。

【译释】

孔子说：“就书本知识来说，大约我和别人差不多；做一个身体力行的君子，那我还没有做到。”

孔子说：“如果说到圣与仁，那我怎么敢当！不过（向圣与仁的方向）努力而不感厌烦地做，教诲别人也从不感觉疲倦，是可以这样说的。”公西华说：“这正是我们学不到的。”

孔子病情严重，子路向鬼神祈祷。孔子说：“有这回事吗？”子路说：“有的。《诔》文上说：‘为你向天地神灵祈祷。’”孔子说：“我很久以来就在祈祷了。”

孔子说：“奢侈了就会越礼，节俭了就会寒酸。与其越礼，宁可寒酸。”

孔子说：“君子心胸宽广，小人经常忧愁烦恼。”

孔子温和而又严厉，威严而不凶猛，恭敬而又安详。

解读

养成坦荡荡的心境

俗话说，心底无私天地宽。古今中外的所谓“君子”，之所以能够品行正、修养好、境界高，原因即在于他们拥有坦荡的胸怀，因此，也能拥有宽广坦荡的人生。

坦山是日本明治时代一个有道行的高僧。某日，天下着雨，他和另一个和尚因事外出，途中见到一位漂亮的姑娘手足无措地站在一段泥泞的路前发呆，原来她因怕弄脏身穿的和服而无法跨过这段泥泞路。坦山见状，征得了她的同意，就将她抱过了那段泥泞路，然后继续上路。路上，与坦山同行的和尚半天都不说话，脸上总挂着困惑不解的表情，到夜晚投宿时，他终于按捺不住地问坦山：“依照戒律，我们出家人不能近女色，否则，将会危及我们的修行。我不明白，你白天为什么要那样做？”

坦山答道：“哦，那个女子吗？我早就把她放下了，你还抱着呢！”

这简单的故事与机智的回答表明，坦山对于助人济人的事情采取了一种十分自然的应对策略。他不因成文的戒律而抱避嫌、旁而远之的态度，时过境迁之后，他既没有因自己的济人助人而沾沾自喜，也没有因想到什么戒律而心颤心悸，他依然是一个没有心理负担、光明磊落、自由自在的人。因为他具有一种“坦荡荡”的胸襟，所以能以一种行云流水般的意念来持身涉世。

这位日本和尚，为什么会有如此“坦荡荡”之胸怀？明末文人洪应明在他的《菜根谭》中对这种立身处世的行云流水般的意念，有很著名的比喻：

“风来疏竹，风过而竹不留声；雁度寒潭，雁度而潭不留影。故君子事来而心始现，事去而心随空。”

一个人达到了如此境界，就会自得其乐，不会因得失荣辱而耿耿于怀。反之，则会过分执著，使人生面临重重危机，也就难以体验到人生的乐趣。

泰伯第八

君子修德求仁，有道有节。孔子在这里所论述的仁者行为，主要偏重于在现实中施行的方法问题，只有那种彻底吃透“仁”的内核精神，对有害于“仁”的各种手段伎俩洞察明白的人，才可能真正地施行仁德，坚守气节。

行之以礼，德行自见

【原典】

子曰：“泰伯[1]，其可谓至德也已矣。三[2]以天下让，民无得而称焉[3]。”

子曰：“恭而无礼则劳[4]，慎而无礼则葸[5]，勇而无礼则乱，直而无礼则绞[6]。君子笃[7]于亲，则民兴于仁，故旧不遗，则民不偷[8]。”

【注释】

①泰伯：周代始祖古公亶父的长子。②三：多次的意思。③民无得而称焉：百姓找不到合适的词句来赞扬他。④劳：辛劳，劳苦。⑤葸：音 xǐ，拘谨，畏惧的样子。⑥绞：说话尖刻，出口伤人。⑦笃：厚待、真诚。⑧偷：淡薄。

【译释】

孔子说：“泰伯可以说是品德最高尚的人了，几次把王位让给季历，老百姓都找不到合适的词句来称赞他。”

孔子说：“只是恭敬而不以礼来指导，就会徒劳无功；只是谨慎而不以礼来指导，就会畏缩拘谨；只是勇猛而不以礼来指导，就会犯上作乱；只是率直而不以礼来指导，就会说话尖刻。在上位的人如果厚待自己的亲属，老百姓当中就会兴起仁的风气；君子如果不遗弃老朋友，老百姓就不会对人冷漠无情了。”

解读

不知礼者会失去人心

从内心讲，恐怕很少有人不喜欢权力。但倘若为逐权而不顾一切道德法规，只一味地放纵自己的骄奢狂傲，越位掌权，不知礼让，不顾百姓，那么，这个人恐怕不仅权力难保，连自身安全也会成问题。

康熙登基时，才八岁，不能料理国事，国家一切大事都由四位辅政大臣代理。这四个人是鳌拜、索尼、苏克萨哈和遏必隆。其中拿大主意的是鳌拜。然而，鳌拜是一个专横跋扈，野心勃勃的人。他利用其他三位辅政大臣的软弱退让，极力扩大自己的权势，还经常在康熙皇帝面前耀武扬威。朝廷内外的大小官员，凡是稍有一些正义感的，无不对鳌拜一伙恨之入骨。

康熙亲政后立志要做一个像汉武帝、唐太宗那样有作为的皇帝，因此对鳌拜擅权十分不满，决心改变大权旁落的状况。于是便下令取消了辅政大臣的辅政权，使鳌拜的权力受到限制。

鳌拜虽然意识到康熙要夺回自己的权力，但误认为“主幼好欺”，对于自己的所作所为非但不加收敛，反而更加肆无忌惮。在群臣向康熙朝贺新年时，鳌拜竟然身穿黄袍，俨如皇帝。在他托病不朝，康熙亲往探视时，他把刀置于床下，直接威胁皇帝的安全。对于鳌拜的这些欺君罔上的行为，康熙已经忍无可忍，决心果断采取措施，把他除掉，并酝酿了一个擒拿鳌拜的计划。

康熙从各王公显贵府中，挑选了百余名身强力壮的贵族子弟，以陪伴皇帝习武消遣为名入宫。鳌拜没有发觉其中有什么异常。一来是满族具有让自己的子弟从小习武的习惯，二来是他把康熙看成一个年幼无知、只图玩乐的纨绔之辈，所以没有把这件事放在心上。不到一年，这班少年侍卫一个个学得拳术精通、武艺高强，连康熙本人也学到不少本领。康熙看在眼里，喜在心头，认为擒拿鳌拜的时机成熟了，于是便以下棋为名，召索额图入宫，商量除掉鳌拜等人的计划。

一天，正值鳌拜入朝之日，康熙事先把少年侍卫召来，对他们说：“你们常在我的身边，好像我的手足一样，你们是听从我的命令，还是听鳌拜的命令?”这些人对鳌拜的专横跋扈愤愤不满，又与皇帝朝夕相处，早已成为效忠于康熙的心腹，因此齐声高呼：“听从皇帝的命令!”接着康熙历数鳌拜的罪状，布置擒捉之法，只等这个权奸来投罗网。

不多时，鳌拜入朝，康熙传令要单独召见他。鳌拜不疑，欣然前往。到了内廷，只见康熙端坐在宝座上，两旁站立的全是一班少年侍卫。鳌拜一向把这些人看成是一群孩子，心里毫无戒备，仍旧摆出一副傲慢的架势，来到康熙面前。康熙一见时机已到，便果断地做出擒拿的手势。少年侍卫们一拥而上，把鳌拜团团围住。经过一番打斗，终于擒拿了鳌拜。接着康熙很快下诏，宣布鳌拜罪行，将他彻底铲除。

鳌拜的下场，几乎可以说是一切不知礼让、背离人心者的必然结局。

泰伯身为长子三让天下的行为，是为了让更有才德的人登上王位，更好地治理国家。因此，这种完全不计较个人得失，以天下苍生为念、顾全大局的品质，确实可以称得上是大德。现实中许多人为了自己的利益，拼命钻营，不仅毫无国家、人民的观念，甚至连最起码的人格情操也没有了，一再地放纵自己本性中的欲望。这种行为不仅给集体和他人造成损失，而且最终自己也不见得会有什么好结果。

德义为重，谨慎对待

【原典】

曾子有疾，召门弟子曰："启①予足！启予手！诗云②：'战战兢兢，如临深渊，如履薄冰。'而今而后，吾知免夫，小子！"

曾子有疾，孟敬子③问之。曾子言曰："鸟之将死，其鸣也哀；人之将死，其言也善。君子所贵乎道者三：动容貌，斯远暴慢矣；正颜色，斯近信矣；出辞气，斯远鄙倍矣。笾豆之事④，则有司⑤存。"

曾子曰："以能问于不能，以多问于寡，有若无，实若虚；犯而不校⑥——昔者吾友⑦尝从事于斯矣。"

曾子说："可以托六尺之孤，可以寄百里之命，临大节而不可夺也。君子人与？君子人也。"

曾子曰："士不可以不弘毅⑧，任重而道远。仁以为己任，不亦重乎？死而后已，不亦远乎？"

【注释】

①启：开启，曾子让学生掀开被子看自己的手脚。②诗云：以下三句引自《诗经·小雅·小旻》篇。③孟敬子：即鲁国大夫孟孙捷。④笾豆之事：笾（biān）和豆都是古代祭祀和典礼中的用具。⑤有司：指主管某一方面事务的官吏，这里指主管祭祀、礼仪事务的官吏。⑥校：音 jiào，同"较"，计较。⑦吾友：我的朋友。旧注上一般都认为这里指颜渊。⑧弘毅：弘，广大。毅，强毅。

【译释】

曾子有病，把他的学生召集到身边来，说道："看看我的脚！看看我的手！《诗经》上说：'小心谨慎呀，好像站在深渊旁边，好像踩在薄冰上面。'从今以后，我知道我的身体可以免受损伤了，弟子们!”

曾子有病，孟敬子去看望他。曾子对他说：“鸟儿快死的时候，它的叫声是悲哀的；人快死的时候，他说的话是善意的。君子所应当重视的道有三个方面：容貌和蔼，这样可以避免粗暴、放肆；神色端详，这样就接近于诚信；注意说话的言辞和语气，这样就可以避免粗野和违背道义。至于和祭祀相关的事，则有主管官吏去处理。”

曾子说：“自己有才能却向没有才能的人请教，自己知识多却向知识少的人请教，有学问却像没学问一样；知识很充实却好像很空虚；被人侵犯却也不计较——从前我的朋友就这样做过了。”

曾子说：“可以把年幼的君主托付给他，可以把国家的政权托付给他，面临生死存亡的紧急关头而不动摇屈服。这样的人是君子吗？是君子啊!”

曾子说：“士不可以不弘大刚强而有毅力，因为他责任重大，道路遥远。把实现仁作为自己的责任，难道还不重大吗？奋斗终生，直到死亡才停止，难道路程还不遥远吗？”

解读

忠良仁义显示高尚的品德

在中国历史上，托孤寄命的事很多，但成功者少，失败者多。伊尹、周公、诸葛亮等，可以说是成功的典范。他们共同的特点是：才德兼备，忠贞不二。称他们为君子，当之无愧。

223 年，刘备被东吴大败之后，在白帝城病重，临终前将家国大事托付给丞相诸葛亮。

诸葛亮受遗命辅佐后主刘禅，兢兢业业，勤谨细致。他裁减官职，简化机构，减轻人民负担，在政治和经济上都取得了很好的效果。

诸葛亮在治理内政的同时，对外也采取积极措施。根据蜀国内外情况，他断然决定派使臣去东吴讲和。孙权与魏国断交，吴蜀联盟恢复，从而使三国鼎立的局面更加巩固。

诸葛亮把蜀汉内部事务都做了安排以后，于 227 年率领诸军北驻汉中，临行前，他给后主上了一个疏，即著名的《出师表》。

在《出师表》中，诸葛亮推心置腹地告诉刘禅，朝中哪些人是忠贞之臣，谁可以担当重任；并倾心表达了绝不负刘备的知遇之恩和信任，矢志收复中原，兴复汉室。刘禅依从了诸葛亮的奏请。

诸葛亮像

诸葛亮兵锋所向，魏军望风披靡，魏天水、南安、安定三郡相继叛魏降蜀。魏国朝野震动，急派曹真去迎敌，派张郃督步骑 5 万在祁山抗击诸葛亮。诸葛亮派参军马谡为先锋，率军与张郃战于街亭。马谡不听诸葛亮的指挥，被张郃切断水道，大败军溃。诸葛亮进无所据，只好率军回汉中。

为恢复汉室，诸葛亮先后进行了五次北伐。

第五次北伐时，最初几仗，魏兵连连失败，司马懿决定坚守不出。他怕众将不听他的号令擅自出战，坏了军务大事，不得不派人回洛阳，请曹睿又下一道坚守不战的诏书，借此压服众将。

这时，诸葛亮因日夜操劳病倒了。杨仪、姜维泣不成声。诸葛亮口授遗表，令杨仪写好，到半夜，便与世长辞了，享年 54 岁，当时是蜀汉建兴十二年八月二十三日。杨仪、姜维遵守诸葛亮的遗嘱，秘不发丧，将诸葛亮的遗体放在车上，拔寨徐徐退回。

诸葛亮死后，家中只有赖以为生的桑树 800 棵、薄田 15 顷，留下寡妇黄氏和一幼子。诸葛亮的一生，不仅以雄才大略、足智多谋著称，更以忠良守信、仁义有节而名垂千古。这种高尚的人品道德，不仅值得人们景仰，更值得以之为楷模加以学习，以提升我们自己的人格境界。

一心向善，明辨荣辱

【原典】

子曰：“兴[①]于诗，立于礼，成于乐。”

子曰：“民可使由之，不可使知之。”

子曰：“好勇疾[②]贫，乱也。人而不仁[③]，疾之已甚[④]，乱也。”

子曰：“如有周公之才之美，使骄且吝，其余不足观也已。”

子曰：“三年学，不至于谷[⑤]，不易得也。”

子曰：“笃信好学，守死善道，危邦不入，乱邦不居。天下有道则见，无道则隐。邦有道，贫且贱焉，耻也；邦无道，富且贵焉，耻也。”

【注释】

①兴：开始。②疾：恨、憎恨。③不仁：不符合仁德的人或事。④已甚：已，太。已甚，即太过分。⑤谷：古代以谷作为官吏的俸禄，也可以说是官位。

【译释】

孔子说：“人的修养开始于学《诗》，自立于学礼，完成于学乐。”

孔子说：“对于老百姓，只能使他们顺从命令，不能让他们懂得为什么要这样做。”

孔子说：“喜好勇敢而又恨自己太穷困，就会犯上作乱。对于不仁义的人恨得太厉害，也会出乱子。”

孔子说：“即使有周公那样的才华和美德，如果骄傲自大而又吝啬小气，那其他方面也就不值得一看了。”

孔子说：“读书多年却不是为了俸禄，这样的人是不易找到的。”

孔子说：“坚定信念并努力学习，誓死守卫为善之道。不进入政局不稳的国家，不居住在动乱的国家。天下有道就出来做官；天下无道就隐居不出。国家有道而自己贫贱，是耻辱；国家无道而自己富贵，也是耻辱。”

解读

正确看待荣辱

历来的士大夫阶层，有些精神追求的人，往往在荣辱问题上采取顺其自然的态度。或仕或隐，无所用心。如孔子所说："天下有道则见，无道则隐。"能上能下，宠辱不计，只要顺势、顺心、顺意即可。这样一来可以在条件允许的情况下为百姓做点好事，又不至于为争宠争禄而劳心劳神。去留无意，亦可全身远祸。有时在利害与人格发生矛盾时，则以保全人格为最高原则，不以物而失性、失人格。如果放弃人格而趋利避害，即使一时得意，却要长久地受良心谴责。

建文帝四年六月，朱棣攻下应天，继承帝位，改号永乐，史称成祖。论功行赏，姚广孝功推第一。故成祖即位后，姚广孝位势显赫，极受宠信。先授道衍僧录左善世，永乐二年（1404 年）四月拜善大夫太子少师。复其姓，赐名广孝。成祖平时与他说话，都称少师而不呼其名以示尊宠。然而当成祖命姚广孝蓄发还俗时，广孝却不答应；赐予府第及两位宫人时，也拒不接受。他只居住在僧寺之中，每每冠带上朝，退朝后就穿上袈裟。人问其故，他笑而不答。他终身不娶妻室，不蓄私产，唯一致力其中的，是文化事业。他曾监修太祖实录，还与解缙等纂修《永乐大典》。姚广孝在学术思想上颇有胆识，史称他"晚著《道余录》，颇毁先儒"，当然，也曾招致一些人的反对。

永乐十六年（1418 年）三月，姚广孝八十四岁时病重。成祖多次看视，问他有何心愿。他请求赦免久系于狱的建文帝主录僧溥洽。成祖当初入应天时，有人说建文帝为僧循去，溥洽知情，甚至有人说他藏匿了建文帝。虽没证据，溥洽仍被枉关十几年。成祖朱棣听了姚广孝这唯一的请求后立即下令释放溥洽。姚广孝闻言顿首致谢，旋即死去。成祖停止视朝二日以示哀悼，赐葬房山县东北，命以僧礼隆重安葬。

得到了荣誉、宠禄不必狂喜狂欢，失去了也不必耿耿于怀，忧愁哀伤，这里面有一个哲理，即得失界限不会永远不变。一切功名利禄都不过是过眼烟云，得而失之，失而复得这种情况都是经常发生的，意识到一切都可能因时空转换而发生变化，就能够把功名利禄看淡看轻看开些，做到"荣辱毁誉不上心"。

坚守本分，恪守正道

【原典】

子曰：“不在其位，不谋其政。”

子曰：“师挚之始①，《关雎》之乱②，洋洋乎盈耳哉！”

子曰：“狂③而不直，侗④而不愿⑤，悾悾⑥而不信，吾不知之矣。”

子曰：“学如不及，犹恐失之。”

【注释】

①师挚之始：师挚是鲁国的乐师。“始”是乐曲的开端，即序曲。②《关雎》之乱：“乱”是乐曲的终了。③狂：急躁、急进。④侗：音 tóng，幼稚无知。⑤愿：谨慎、小心、朴实。⑥悾悾：音 kōng，同“空空”，没有才能。

【译释】

孔子说：“不在那个职位上，就不考虑那职位上的事。”

孔子说：“从师挚演奏的序曲开始，到最后演奏《关雎》的结尾，丰富而优美的音乐在我耳边回荡。”

孔子说：“狂妄而不正直，无知而不谨慎，表面上诚恳而不守信用，我真不知道有的人为什么会是这个样子。”

孔子说：“学习知识就像追赶什么一样，唯恐赶不上，追上了又会担心丢掉什么。”

解读

做自己分内的事

大家都知道，足球场上每一位运动员都有自己的位置。拿后卫队员来说，他的职责就是帮助守门员进行防守，倘若他跑到禁区之内像守门员一样用手抱球自然是不允许的，这就是人们常说的“不在其位，不谋其政”。

庄子讲过：“厨子虽不下厨，主管上香祭神的人也跑不到肉案边去代他烹调。”韩非子更强调要严惩那些侵官越职管闲事的人。他曾讲过韩昭侯的一个故事，要求大家都应像韩昭侯那样执法严明，严惩下属的越职行为。韩昭侯有一次喝醉了酒伏在几案上睡着了，专门为他管理帽子的人怕他着凉，就在他身上披了件衣服。韩昭侯一觉醒来，看见自己身上披了一件衣服，很高兴地问旁边的人：“是谁怕我着凉而给我加了衣服?”旁边的人告诉他是管帽子的人。韩昭侯一听，脸色立即“晴转多云”，并下令对两个人治罪，其中一个当然是管衣服的人，令人不解的是另一个竟是那个好心、细心的管帽子的人！管衣服的人没有干好本职工作，差点让君侯着凉，理应治罪；可是那个管帽子的人是有功之人呀，干吗不受赏反遭罚？韩昭侯说，他怕着凉，但他更害怕的是臣下们超越自己的本分去干别人的职事所带来的职责不明、秩序混乱等祸害。

初看起来韩昭侯做事很不近人情，但是细细想来，却暗合“不在其位，不谋其政”的道理。试想，如果一个国家所有人都对自己权责范围外的事情横加干涉或者好心帮忙，整个国家的制度不就乱了吗？而如果能做到大家都各司其职，各负其责，自然就没有相互干涉的必要了。今天“不在其位，不谋其政”仍有它的现实意义，它要求我们不要做出一些既不合规则，又不在我们职责之内的事情，否则就有可能对自己、对事业都不利。

博大仁爱，唯才是举

【原典】

子曰：“巍巍①乎，舜禹之有天下也而不与②焉！”

子曰：“大哉尧之为君也！巍巍乎，唯天为大，唯尧则③之。荡荡④乎，民无能名⑤焉。巍巍乎其有成功也，焕乎其有文章！”

舜有臣五人⑥而天下治。武王曰：“予有乱臣⑦十人。”孔子曰：“才难，不其然乎？唐虞之际⑧，于斯⑨为盛，有妇人焉⑩，九人而已。三分天下有其二⑪，以服事殷。周之德，其可谓至德也已矣。”

子曰：“禹，吾无间然矣。菲饮食而致孝乎鬼神；恶衣服而致美乎黻冕⑫；卑宫室而尽力乎沟洫⑬。禹，吾无间然矣。”

【注释】

①巍巍：崇高、高大的样子。②与：参与、相关的意思。③则：效法、为

准。④荡荡：广大的样子。⑤名：形容、称说、称赞。⑥舜有臣五人：传说是禹、稷、契、皋陶、伯益五人。契：音 xiè；陶：音 yáo。⑦乱臣：指治国之臣。⑧唐虞之际：传说尧在位的时代叫唐，舜在位的时代叫虞。⑨斯：指周武王时期。⑩有妇人焉：指武王的乱臣十人中有武王之妻邑姜。⑪三分天下有其二：《逸周书·程典篇》说："文王令九州之侯，奉勤于商"。相传当时分九州，文王得六州，是三分之二。⑫黻冕：音 fǔ miǎn，祭祀时穿的礼服叫黻；祭祀时戴的帽子叫冕。⑬沟洫：洫，音 xù，沟渠。

【译释】

孔子说："多么崇高啊！舜和禹得到天下，不是夺过来的。"

孔子说："真伟大啊！尧这样的君主。多么崇高啊！只有天最高大，只有尧才能效法天的高大。（他的恩德）多么广大啊，百姓们真不知道该用什么语言来表达对他的称赞。他的功绩多么崇高，他制定的礼仪制度多么辉煌啊！"

舜有五位贤臣，就能治理好天下。周武王也说过："我有十个帮助我治理国家的臣子。"孔子说："人才难得，难道不是这样吗？唐尧和虞舜之间及周武王这个时期，人才是最盛了。但十个大臣当中有一个是妇女，实际上只有九个人而已。周文王得了天下的三分之二，仍然事奉殷朝，周朝的德，可以说是最高的了。"

孔子说："对于禹，我没有什么可以挑剔的了。他的饮食很简单而尽力去孝敬鬼神；他平时穿的衣服很简朴，而祭祀时尽量穿得华美；他自己住的宫室很低矮，而致力于修治水利事宜。对于禹，我确实没有什么挑剔的了。"

解读

得人才者得天下

"舜有五人而天下治"，由此足见人才的重要性。唐朝名士赵蕤在他著名的《长短经》中，以古人的论述和历史故事，提出了一个深刻的观点："得人则兴，失士则崩。"在封建王朝统治秩序比较稳定的时候，需要守成，尚有人才问题；在动荡的乱世，人才的优劣和多寡则更是直接关系到国家的生死存亡。

历史上的曹操，深谙"得人才者得天下"的道理，坚决奉行"唯才是举，吾得而用之"的策略，曾经多次下令公开向天下求贤。在建安十五年（210 年）

春天发布的《求贤令》中，曹操鲜明地指出："现在天下未定，急需要贤才。如果只有廉洁的人才能当官，齐桓公怎能称霸？难道现在就没有胸怀谋略但身穿粗布衣的平民，像姜太公当年在渭水之滨垂钓的吗？就没有像陈平那样曾盗嫂受金受到社会谴责，但却很有才干的人吗？只要是有才能的人，就应该得到推举和任用。"

曹操不但如此说，而且努力付诸行动。在他南征北战、东拼西杀的历程中，始终注意网罗人才。首先是荀彧、荀攸叔侄前来相投，接着荀彧推荐程昱，程昱又推荐郭嘉，郭嘉又推荐刘晔，刘晔再推荐满宠、吕虔，满宠又举荐毛玠！武将有于禁来投，夏侯惇引典韦进见……曹操对这些文武之才，个个以礼相待，并给予适当的职位。

除了这样大批地网罗之外，曹操一旦发现了什么奇才、勇士之流，也是绝不放过，总是想方设法将他们收归到自己的帐下。例如，他曾用最优厚的待遇，企图挽留关羽；在当阳长坂坡，不准放冷箭，极想生擒赵云而留用；以取母骗子的方法，挖走了刘备的谋士徐庶……比较魏、蜀、吴三家领袖人物，在网罗人才方面，曹操所花的心血是最多的。

由于曹操招聘选拔人才不计门第，不凭资历，不以名望为依据，唯才是举，所以他的人才来源多空间、多阶层、多渠道，从而构成了"猛将如云，谋士如雨"的强大阵容，为曹操实现"摧灭群盗，克定天下"的政治抱负积攒了足够的"本钱"。有了人才，创立强魏也就是顺理成章的事了。

曾有一位企业家这样感叹：20 世纪 80 年代，比的是胆识；90 年代，比的是资本；到了 21 世纪，就是人才的竞争了。无论做什么事，不管是为政还是经商，不仅要自己是个"人才"，更要能发现人才，重用人才。否则，即使你的事业侥幸有一番小成就，没有人才的支撑，终究是不会长久的。

子罕第九

孔子的智慧两千年来经久不衰，并非因为它有多么高深，而是因为它非常人性化，非常实用。它来源于生活，贴近生活而又高于生活，因此在不同的历史时期，它都能够高屋建瓴地指导生活，帮助人们提高自己的心灵修养。譬如孔子讲“智者不惑，仁者不忧，勇者不惧”等，就是指导加强个人修养的金玉良言。

谦逊有节，不求名利

【原典】

子罕言利，与[1]命与仁。

达巷党人[2]曰："大哉孔子！博学而无所成名。"子闻之，谓门弟子曰："吾何执？执御乎？执射乎？吾执御矣。"

子曰："麻冕[3]，礼也；今也纯[4]，俭[5]，吾从众。拜下[6]，礼也；今拜乎上，泰[7]也。虽违众，吾从下。"

【注释】

①与：赞同、肯定。②达巷：达巷是党名。这是说达巷党这地方的人。③麻冕：麻布制成的礼帽。④纯：丝绸，黑色的丝。⑤俭：俭省，麻冕费工，用丝则俭省。⑥拜下：大臣面见君主时，先在堂下跪拜，再到堂上跪拜。⑦泰：这里指骄纵、傲慢。

【译释】

孔子很少谈到利益，只赞成天命和仁德。

达巷党这个地方有人说："孔子真伟大啊！他学问渊博，因而不能只以某一方面的专长来称赞他。"孔子听说了，对他的学生说："我要专长于哪个方面呢？驾车呢？还是射箭呢？我还是驾车吧。"

孔子说："用麻布制成的礼帽，符合于礼的规定。现在大家都用黑丝绸制作，这样比过去节省了，我赞成大家的做法。（臣见国君）首先要在堂下跪拜，这也是符合于礼的。现在大家都到堂上跪拜，这是骄纵的表现。虽然与大家的做法不一样，我还是主张先在堂下拜。"

解读

不为名利所累

别人拥有富贵我拥有仁德，别人拥有爵禄我拥有正义，如果是一个有高尚心性的正人君子，就不会被统治者给出的高官厚禄所束缚；人的力量一定能够战胜自然力量，意志坚定可以发挥出无坚不摧的精气，所以君子当然也不会被造物者所局限。

三国时期的管宁，不但拒绝了幽州刺史公孙瓒授予的高位，还谢绝了公孙瓒的挽留，不住公孙瓒为他准备好的华丽住宅，而决定到人迹罕至的深山定居度日。当时，来到辽东避难的士民百姓多居住在辽东郡的南部，以随时关注中原局势，准备等中原安定之后，返回故乡。独管宁定居于辽东北部深山，以表明终老于此地、不复还家之志。他在入山之初，居住在临时依山搭建的草庐之中，随后，马上着手凿岩为洞，作为自己的永久居室。

管宁道德高尚，闻名遐迩。他在深山定居不久，许多仰慕他的人都追随他而到山中垦辟田地谋生。不久，在管宁定居的地方，居然鸡鸣狗叫，人烟稠密，自成邑聚。

管宁是儒生。他以为无论何时何地，都应该按照儒学礼制规范人们的言行。因而，在他的周围聚集了众多的避难者之后，他就向人们宣讲《诗经》、《尚书》等儒家经典的深奥内涵，并陈设俎豆，饰威仪，讲礼让。他自己更定身体力行，以高尚的道德感化民众。在他们居住的深山中，地下水位很低，凿井不易；仅有的一口水井又很深，汲水困难。因此，每当打水人多的时候，总是男女错杂，有违儒家礼制。有时，还发生因争先恐后而吵闹以至械斗之事。管宁看在眼里，忧在心中。于是，他自己出钱买了许多水桶，命人悄悄地打满水，分置井旁，以待来打水的人。那些年轻气盛的粗莽壮汉，见到井边常整齐排列着盛得满满的水桶，个个惊奇万分。他们终于知道是管宁为避免邻里争斗而为之，不由得反躬自省，羞惭万分，遂各各自责，相约不复争斗。从此之后，邻里和睦，安居乐业。

就这样，管宁以自己的节操感化了周围的民众。他的名声也传遍了辽东郡。原本因管宁不愿与自己合作而心怀不满、进而又对其来意疑虑重重的公孙瓒，也理解了管宁隐居求志的初衷，长舒了一口气，放下心来。

一个活得洒脱的人，不应为身外物所累，不会受富贵名利的诱惑。具有高风亮节的君子，胜过争名夺利的小人的一个重要因素，在于君子能保持自己的人格和远大的理想，超然物外，不为任何权势所左右，甚至连造物主也无法约束他。所以佛家才有“一切唯心造，自力创造非他力”一语。遵从大义，相信自我，一个有为的人理应锻炼自己的意志，开阔自己的心胸，铸造自己的人格，不为眼前的名利所累，把眼光放得长远。有此气概，广阔天地任尔驰骋。

讲求现实，不妄判断

【原典】

子绝四：毋意，毋必，毋固，毋我。

子畏于匡①，曰：“文王②既没，文不在兹乎？天之将丧斯文也，后死者③不得与④于斯文也；天之未丧斯文也，匡人其如予何⑤？”

太宰⑥问于子贡曰：“夫子圣者与？何其多能也？”子贡曰：“固天纵⑦之将圣，又多能也。”子闻之，曰：“太宰知我乎？吾少也贱，故多能鄙事⑧。君子多乎哉？不多也。”

牢⑨曰：“子云，‘吾不试⑩，故艺。’”

子曰：“吾有知乎哉？无知也。有鄙夫⑪问于我，空空如也⑫。我叩其两端而竭焉。”

子曰：“凤鸟不至，河不出图，吾已矣夫！”

【注释】

①畏于匡：匡，地名，在今河南省长垣县西南。畏，受到威胁。②文王：周文王，姓姬名昌，西周开国之君周武王的父亲。③后死者：孔子这里指自己。④与：同“举”，这里是掌握的意思。⑤如予何：奈我何，把我怎么样。⑥太宰：官名，掌握国君宫廷事务。⑦纵：让，使，不加限量。⑧鄙事：卑贱的事情。⑨牢：系孔子的学生。⑩试：用，被任用。⑪鄙夫：没有受过教育的人。⑫空空如也：孔子说自己心中空空无知。

【译释】

孔子杜绝了四种弊病：不主观猜疑，不妄下断语，不固执己见，不自以为是。

孔子被匡地的人们所围困时，他说："周文王死了以后，周代的礼乐文化不都在我这儿吗？上天如果想要消灭这种文化，那我就不会掌握这种文化了；上天如果不消灭这种文化，那么匡人又能把我怎么样呢？"

太宰问子贡说："孔夫子是位圣人吧？为什么这样多才多艺呢？"子贡说："这本是上天让他成为圣人，而且使他多才多艺。"孔子听到后说："太宰怎么会了解我呢？我因为少年时地位低贱，所以学会了许多技艺。君子会有这么多的技艺吗？不会多的。"

孔子的弟子牢说："孔子说过，'我（年轻时）没有去做官，所以会许多技艺'。"

孔子说："我有知识吗？其实没有知识。有没有受过教育的人问我，我对他谈的问题本来一点也不知道。我只是从问题的两端去问，这样对此问题就可以全部搞清楚了。"

孔子说："凤鸟不来了，黄河中也不出现八卦图了。我这一生也就完了吧！"

解读

千万不要自以为是

孔子平时立身、处世、行事所表现的"四毋"态度，有如生活中的必需品：自然、平凡，没有丝毫的做作。而这正是孔子学问修养的感人和伟大之处。

臆测、武断、固执、自以为是，这些都是一般人的痼疾。它是"以我为核心表现出来的一种自我膨胀的极端心态"。这种心态往往会导致致命的错误。

马谡从小聪明过人，他的父亲是个军事指挥家，战功卓著。马谡从小就受到父亲的熏陶，对军事理论特别感兴趣，过目不忘。但他性情张扬，常常对人夸夸其谈。他的父亲很早就去世了，他的母亲就告诫他说："孩子，军事技术来不得半点夸夸其谈，弄不好，你就会使千万人头落地了，还是踏踏实实下苦功学点真本事的好。"马谡听后不以为然，还当面顶撞母亲说："你太老了，还竟抱着那些老古董不放。我为人聪明，学东西又快，别人能知十，而我就能知百，你不用担心了。"

后来，马谡跟随刘备。马谡的能言善辩很得诸葛亮的赏识，可刘备却对诸葛亮说："马谡这个人平时爱高谈阔论，并且他所说的与他的实际本领并不相符。你绝不能重用他。"

马谡像

因为诸葛亮与马谡的父亲是至交，因此诸葛亮并没有将刘备的话放在心上。在祁山讨伐魏军的过程中，遇到魏国大都督司马懿的偷袭，诸葛亮就对部下们说："司马懿想要出关，必定要取街亭，以切断我们的退路，你们之中有谁愿意带兵前去讨伐？"

当时正任参军的马谡说："末将愿带兵前往。"

诸葛亮说："街亭虽小，但它是我们的咽喉之路，位置很重要。一旦街亭失守，我们的人马就死路一条了。并且街亭这个地方没有城郭，很难防守。"

马谡说："我从小就熟读兵法，这么一个小小的街亭还难不倒我。"

诸葛亮一听马谡的话，就说："军中无戏言，你既然这样有把握，那就给我立一张军令状吧。"

马谡当场立下了军令状，并宣称："如果不能取胜，就株连九族。"

诸葛亮还是不放心，精选了两万五千精兵，以协助马谡。诸葛亮派去帮助马谡的上将军是王平。这个人素以谨慎著称，所以诸葛亮才派他去，以防止马谡再犯言过其实的错误，并对马谡、王平二人当面部署了防守街亭的布兵之策。

可马谡偏偏不争气。他这次被任命为先锋，官职在王平之上。刚到街亭他就自以为是起来，当着副将王平的面奚落诸葛亮说："丞相也太多心了，难道本将就不会部署兵力吗？"于是他故意违背诸葛亮的策略来防守街亭，副将王平也奈何不了他。结果，街亭失守。最终，诸葛亮无奈只得将马谡斩首了。

我们常常被自己的双眼欺骗，以致掩盖了事实的真相，禁锢了我们的思维。这就是自以为是的悲哀。如果我们没有及时醒悟，会连悔悟的尾巴都抓不住。少一些自以为是，还事实以本来的面貌。

修养高时，行为自正

【原典】

子见齐衰[1]者，冕衣裳者[2]与瞽[3]者，见之，虽少，必作[4]；过之，必趋[5]。

颜渊喟然叹曰："仰之弥高，钻之弥坚，瞻之在前，忽焉在后。夫子循循然善诱人[6]，博我以文，约我以礼，欲罢不能。即竭吾才，如有所立卓尔[7]。虽欲从之，末由[8]也已。"

子疾病，子路使门人为臣[9]。病间[10]，曰："久矣哉，由之行诈也。无臣而为有臣。吾谁欺？欺天乎？且予与其死于臣之手也，无宁死于二三子之手乎？且予纵不得大葬[11]，予死于道路乎？"

子贡曰："有美玉于斯，韫椟[12]而藏诸？求善贾[13]而沽诸？"子曰："沽之哉，沽之哉！我待贾者也。"

子欲居九夷[14]。或曰："陋[15]，如之何？"子曰："君子居之，何陋之有？"

子曰："吾自卫反鲁，然后乐正[16]，雅颂[17]各得其所。"

子曰："出则事公卿，入则事父兄，丧事不敢不勉，不为酒困，何有于我哉。"

【注释】

①齐衰：音 zī cuī，丧服，古时用麻布制成。②冕衣裳者：冕，官帽；衣，上衣；裳，下服，这里统指官服。冕衣裳者指贵族。③瞽：音 gǔ，盲。④作：站起来，表示敬意。⑤趋：快步走，表示敬意。⑥循循然善诱人：循循然，有次序地。诱，劝导，引导。⑦卓尔：高大、超群的样子。⑧末由：末，无、没有。由，途径，路径。这里是没有办法的意思。⑨为臣：臣，指家臣，总管。⑩病间：病情减轻。⑪大葬：指大夫的葬礼。⑫韫椟：音 yùn dú，收藏物件的柜子。⑬善贾：识货的商人。⑭九夷：中国古代对于东方少数民族的通称。⑮陋：鄙野，文化闭塞，不开化。⑯乐正：调整乐曲的篇章。⑰雅颂：这是《诗经》中两类不同的诗的名称。也是指雅乐、颂乐等乐曲名称。

【译释】

孔子遇见穿丧服的人、当官的人和盲人时，即使他们年轻，也一定要站起来，从他们面前经过时，一定要快步走过。

颜渊感叹地说：“（对于老师的学问与道德，）我抬头仰望，越望越觉得高；我努力钻研，越钻研越觉得不可穷尽。看着它好像在前面，忽然又像在后面。老师善于一步一步地诱导我，用各种典籍来丰富我的知识，又用各种礼节来约束我的言行，使我想停止学习都不可能，直到我用尽了我的全力。好像有一个十分高大的东西立在我前面，虽然我想要追随上去，却没有前进的路径了。”

孔子患了重病，子路派了（孔子的）门徒去作孔子的家臣（负责料理后事）。后来，孔子的病好了一些，他说：“仲由很久以来就干这种弄虚作假的事情。我明明没有家臣，却偏偏要装作有家臣，我骗谁呢？我骗上天吧？与其在家臣的侍候下死去，我宁可在你们这些学生的侍候下死去，这样不是更好吗？而且即使我不能以大夫之礼来安葬，难道就会被丢在路边没人埋吗？”

子贡说：“这里有一块美玉，是把它收藏在柜子里呢？还是找一个识货的商人卖掉呢？”孔子说：“卖掉吧，卖掉吧！我正在等着识货的人呢。”

孔子想要搬到九夷地方去居住。有人说：“那里非常落后闭塞，不开化，怎么能住呢？”孔子说：“有君子居住，就不闭塞落后了。”

孔子说：“我从卫国返回到鲁国以后，对乐曲进行了订正整理，《雅》乐和《颂》乐各有适当的安排。”

孔子说：“出门就服事公卿，在家就事奉父兄，遇到丧事不敢不尽礼仪，饮酒不能过量。这些事对我有什么困难呢？

解读

莫攀附权贵

孔子对待人生选择方面有很多重要的启示，他的学生对一块美玉是留着还是卖掉感到难以做出选择的时候，孔子决绝地指出：“卖给识货的人”。孔子让子贡把玉卖掉，这是正确的选择。一个有德的人总是善于选择的，在道德与权势之间，他会毫不犹豫地选择道德而不会去攀附权势。正所谓栖守道德者，寂寞一时；依阿权势者，凄凉万古。达人观物外之物，思身后之身，宁受一时之寂寞，毋取万古之凄凉。心胸豁达宽广的人，考虑到死后的千古名誉，所以宁可坚守道德准则而忍受一时的寂寞，也绝不会因依附权贵而遭受万世的污名。个人修养之高下，于此可见。

扬雄（公元前 53 ~ 公元 18 年），一作杨雄，字子云，蜀郡成都（今属四川）人，西汉著名文学家、哲学家。

扬雄家世代以农桑为业，家产不过十金，“乏无儋石之储”，却能淡然处之。他口吃不能疾言，却好学深思，“博览无所不见”，尤好圣哲之书。扬雄不汲汲于富贵，不戚戚于贫贱，“不修廉隅以徼名当世”。

四十多岁时，扬雄游学京师。大司马车骑将军王音“奇其文雅”，召为门下史。后来，扬雄被荐为待诏，以奏《羽猎赋》合成帝旨意，除为郎，给事黄门，与王莽、刘歆并立。哀帝时，董贤受宠，攀附他的人有的做了二千石的大官。扬雄当时正在草拟《太玄》，泊如自守，不趋炎附势。有人嘲笑他：“得遭明盛之世，处不讳之嘲”，竟然不能“画一奇，出一策”，以取悦于人主，反而著《太玄》，使自己位不过侍郎，“擢才给事黄门”，何必这样呢？扬雄闻言，著《解嘲》一文，认为“位极者宗危，自守者身全”，表明自己甘心“知玄知默，守道之极；爱清爱静，游神之廷；惟寂惟寞，守德之宅”，绝不追逐势利。

王莽代汉后，刘歆为上公，不少谈说之士用符命来称颂王莽的功德，也因此受官封爵。扬雄不为禄位所动，依旧校书于天禄阁。王莽本以符命自立，即位后，他则要“绝其原以神前事”。可是甄丰的儿子甄寻、刘歆的儿子刘却不明就里，继续作符命以献。王莽大怒，诛杀了甄丰父子，将刘歆发配到边远地方，受牵连的人，一律收捕，无须奏请。刘曾向扬雄学作奇字，扬雄并不知道他献符命之事。案发后，扬雄担心不能幸免，会身受凌辱，就从天禄阁上跳下，幸好未摔死。后以不知情，“有诏勿问”。

道德这个词似乎太抽象，但仔细回味，却如吃饭穿衣，真切自然。它是人人应恪守的行为准则。真正有骨气的人，恪守道德，甘于清贫，即使贫穷潦倒，寂寞一时，最终必然会受人赞颂。

珍惜光阴，坚持进取

【原典】

子在川上曰："逝者如斯夫，不舍昼夜。"

子曰："吾未见好德如好色者也。"

子曰："譬如为山，未成一篑[①]，止，吾止也；譬如平地，虽覆一篑，进，吾往也。"

子曰："语之而不惰者，其回也与！"

子谓颜渊曰："惜乎！吾见其进也，未见其止也。"

子曰："苗而不秀[②]者有矣夫；秀而不实者有矣夫！"

子曰："后生可畏，焉知来者之不如今也？四十、五十而无闻焉，斯亦不足畏也已。"

【注释】

①篑：音 kuì，土筐。②秀：稻、麦等庄稼吐穗扬花叫秀。

【译释】

孔子在河边说："消逝的时光就像这河水一样啊，不分昼夜地向前流去。"

孔子说："我没有见过像好色那样好德的人。"

孔子说："譬如用土堆山，只差一筐土就完成了，这时停下来，那是我自己要停下来的；譬如用土平地，即使刚刚倒下一筐土，仍要继续前进，那是我自己要前进的。"

孔子说："听我说话而能毫不懈怠的，只有颜回一个人吧！"

孔子谈到颜渊时说："可惜呀！我只见他不断前进，从来没有看见他停止过。"

孔子说："庄稼出了苗而不能吐穗扬花的情况是有的；吐穗扬花而不结果实的情况也有。"

孔子说："年轻人是值得敬畏的，怎么就知道后一代不如前一代呢？如果到了四五十岁时还默默无闻，那他就没有什么可以敬畏的了。"

解读

学知识重在积累

为学做事，就好比堆土为山，只要坚持下去，总归有成功的一天。否则，眼看还差一筐土就堆成了，可到了这时，你却歇了下来，一退而不可收拾，也就会功亏一篑，没有任何成果。陶渊明所授之“法”，其实正是“进往”之道，只有勤奋上进，才是走向成功的最好途径。

晋代的大文学家陶渊明隐居田园后，某一天，有一个读书的少年前来拜访他，向他请教求知之道，看看能否从陶渊明这里讨得获得知识的绝妙之法。

那少年说：“老先生，晚辈十分仰慕您的学识与才华，不知您在年轻时读书有无妙法？若有，敬请授予晚辈，晚辈定将终生感激！”

陶渊明听后，捋须而笑道：“天底下哪有什么学习的妙法？只有笨法，全凭刻苦用功、持之以恒。勤学则进，怠之则退。”

少年似乎没听明白，陶渊明便拉着少年的手来到田边，指着一棵稻秧说：“你好好地看，认真地看，看它是不是在长高？”

少年很是听话，怎么看，也没见稻秧长高，便起身对陶渊明说：“晚辈没看见它长高。”

陶渊明道：“它要是不能长高，为何能从一棵秧苗，变成现在这等高度呢？其实，它每时每刻都在长，只是我们的肉眼无法看到罢了。知识的积累，便是同一道理！天天勤于苦读，也无法发现今天就比昨天的知识要多，但天长日久，丰富的知识就装在自己的大脑里了。”

少年恍然大悟，陶渊明见此子可教，又兴致极好地送了少年两句话：

勤学似春起之苗，不见其增，日有所长。

辍学如磨刀之石，不见其损，日有所亏。

俗语云：“宝剑锋从磨砺出，梅花香自苦寒来。”在人生和事业的进程中，一个人的起点可能很低，但只要能不断向前奋进，未来还是充满希望的。积少成多，大事终成；半途而废，则会前功尽弃。或进或止，成功失败，其实都在自己掌握，旁人和环境因素是不能完全主导的。世界上多少大事业，都是由那些自强不息的人一点一滴从头干起来的。任何事业的开创与成功，这种规律都适用。

多听真言，有过则改

【原典】

子曰："法语之言①，能无从乎？改之为贵。巽与之言②，能无说乎？绎③之为贵。说而不绎，从而不改，吾末④如之何也已矣。"

子曰："主忠信，毋友不如己者，过则勿惮改。"

【注释】

①法语之言：格言，真言。②巽与之言：巽，恭顺，谦逊。与，称许，赞许。这里指恭顺赞许的话。③绎：原义为"抽丝"，这里指推究，追求，分析，鉴别。④末：没有。

【译释】

孔子说："听了精辟的言论，谁能不听从呢？但只有按它来改正自己的错误才是可贵的。恭顺赞许的话，谁能听了不高兴呢？但只有认真推究它的真伪是非，才是可贵的。只是高兴而不去分析，只是表示听从而不改正错误，对这样的人我拿他实在是没有办法了。"

孔子说："要以忠信为主，不要同与自己不同道的人交朋友；有了过错，就不要怕改正。"

解读

不听忠言酿成悲剧

"良药苦口利于病，忠言逆耳利于行。"忠言大抵逆耳，但尖锐的批评、衷心的劝告，实际上是爱护人的一种表现。正如好药往往味苦难吃，但能治病一样，批评是提醒，是警示，是良药，对改正缺点错误很有好处。从某种意义上讲，批评包含一定的"治病救人"的性质。

春秋时期，齐桓公去看望病重的管仲，在交谈中，齐桓公问管仲："仲父病成这个样子，有什么话要和寡人说吗？"管仲劝他离易牙、竖刁、常之巫这些人远点。

齐桓公说：“易牙把自己的宝贝儿子煮熟了让我尝鲜，这么忠心耿耿的人还值得怀疑吗?”

管仲说：“人之常情，谁不疼爱自己的孩子？既然他可以忍心烹杀自己的儿子，那么将来对你，还会有什么事情不忍心做呢?”

桓公又问道：“竖刁把自己阉了以亲近寡人，这样的人也值得怀疑吗?”

管仲回答道：“按人之常情来看，没有不爱惜自己身体的。能下狠心把身体弄残了，那么对国君又什么下不得手的呢?”

桓公又问道：“常之巫知道人的生死，能治重病，这样的人也值得怀疑吗?”

管仲回答道：“死生，是有定数的；疾病，是人体失常所致。主君不顺其自然，守护根本，却完全依赖于常之巫，那他将无所不为了。”

管仲死后，齐桓公开始时还记着管仲的劝告，将这些人赶出了宫外，可是非常不习惯没有这些人的日子，又将他们接回来了。齐桓公将管仲劝告置之脑后，重用易牙、竖刁等人。这些人投其所好，阿谀谄媚，齐桓公在他们的奉承下，上进心尽失，政治渐渐腐败，他自己还觉得没有不妥，说：“仲父的话是言过其实了。”最终齐桓公生病的时候，这几个人一同叛乱。他们在桓公寝室四周筑起一道围墙，禁止任何人入内。这时，桓公哭得鼻涕横流，感慨道：

“唉！还是圣人的眼光比我们远大呀！若是死者地下有知，我还有什么脸面去见仲父呢?”说罢，自己扬起衣袖捂住脸部，气绝身亡，死在寿宫。尸首无人理睬，以致腐烂发臭，蛆虫爬出门外，上面只盖一张扇，三个月无人安葬。

从此，齐国的霸业也骤然衰落了。

齐桓公的死可以说是他自己一手造成的，他的悲剧提醒人们，如果听不到批评意见，听不进难以入耳的忠言，就认识不到错误，察觉不了灾祸，无法提醒、鞭策自己，是件很危险的事；整天被赞扬的话包围，赞美之词不绝于耳，就像喝含有“鸩毒”的美酒一样，听多了就会丧失警觉，削弱自己发奋上进的精神，沉湎在自我陶醉的深渊中，积羽沉舟，最终毁了自己。

志向坚定，品格高洁

【原典】

子曰：“三军①可夺帅也，匹夫不可夺志也。”

子曰：“衣敝缊袍②，与衣狐貉③者立而不耻者，其由也与？‘不忮不求，何用不臧④？’”子路终身诵之。子曰：“是道也，何足以臧？”

子曰：“岁寒，然后知松柏之后凋也。”

子曰：“知者不惑，仁者不忧，勇者不惧。”

子曰：“可与共学，未可与适道⑤；可与适道，未可与立⑥；可与立，未可与权⑦。”

“唐棣⑧之华，偏其反而⑨。岂不尔思，室是远而⑩。”子曰：“未之思也，夫何远之有？”

【注释】

①三军：12500人为一军，三军包括大国所有的军队。此处言其多。②衣敝缊袍：敝，坏。缊，音yùn，旧的丝棉絮。这里指破旧的丝棉袍。③狐貉：用狐和貉的皮做的裘皮衣服。④不忮不求，何用不臧：这两句见《诗经·邶风·雄雉》篇。忮，音zhì，害的意思。臧，善，好。⑤适道：适，往。这里是志于道，追求道的意思。⑥立：坚持道而不变。⑦权：秤锤。这里引申为权衡轻重。⑧唐棣：一种植物，属蔷薇科，落叶灌木。⑨偏其反而：形容花摇动的样子。⑩室是远而：只是住的地方太远了。

【译释】

孔子说："一国军队，可以夺去它的主帅；但一个男子汉，他的志向是不能强迫改变的。"

孔子说："穿着破旧的丝棉袍子，与穿着狐貉皮袍的人站在一起而不认为是可耻的，大概只有仲由吧。(《诗经》上说:)'不嫉妒，不贪求，为什么说不好呢?'"子路听后，反复背诵这句诗。孔子又说："只做到这样，怎么能说够好了呢?"

孔子说："到了寒冷的季节，才知道松柏是最后凋谢的。"

孔子说："聪明人不会迷惑，有仁德的人不会忧愁，勇敢的人不会畏惧。"

孔子说："可以一起学习的人，未必都能学到道；能够学到道的人，未必能够坚守道；能够坚守道的人，未必能够随机应变。"

古诗说："唐棣开的花，摇摆的样子真的好看。并不是我没有思念你，只是路途太遥远。"孔子说："还是没有想念啊，想得真切的话，哪里还会觉得远呢?"

解读

始终不改变志向

孔子告诉我们，一支军队可以没有统帅，因为没有统帅再派一个来就是了；但是一个"匹夫"，一个普通人，我们中的任何一个，都不能没有志向。没有志向的人生是没有方向的，只能随波逐流，无法成就功业。

司马迁立志忍辱撰《史记》，可谓是一个"匹夫不可夺志"的典型。

司马迁自幼受其父影响，诵读古文，熟读经书，二十岁就周游全国，考察名胜古迹，山川物产，风土人情，访求前人轶事掌故。后又继任太史令，得以博览朝廷藏书、档案典籍。太初元年根据父亲遗志着手编撰一部规模宏大的史书。

正当司马迁努力写作之际，不幸的事情发生了。天汉二年，名将李广之孙李陵率兵五千出击匈奴，开始捷报频传，满朝文武都向武帝祝贺。但几天以后，李陵被匈奴围困，寡不敌众，在士卒伤亡殆尽的情况下，被匈奴俘虏。前几天还称颂李陵的文武大臣反过来怪罪李陵，只有司马迁替李陵辩护。

他直言不讳，特别是提及汉武帝宠妃李氏夫人的哥哥李广利的失职，令汉武帝大为震怒，认为司马迁有意贬损李广利的功劳，而为李陵开脱罪责，于是将其下狱论罪。依当时刑律，犯死罪之人可以用 50 万钱赎罪，或是用宫刑替罪。司马迁学识满腹，却家无闲资，不可能弄来那么多钱赎罪，只剩下两条路可走：要么慷慨赴义，要么接受宫刑。司马迁想到草创未就的《史记》，心如刀绞，最终选择接受奇耻大辱的宫刑，留得性命，撰写《史记》。实际上，这是比选择死更艰难的抉择。

出狱之后，司马迁担任中书令，这种职务历来都是由宦官担任的，对士大夫来说可算得上耻辱。司马迁的朋友任安在狱中给他写信，表示对他的行为深感不解。司马迁回信说："我并非怕死，每个人都有一死，或重于泰山，或轻于鸿毛。如果我现在死了，无异于死了一只蝼蚁。我之所以忍辱苟活，是因为撰写史书的夙愿还没有实现啊！"

司马迁忍辱负重，坚韧不拔，以古圣贤命运坎坷、发愤著述的事例激励自己，用"身残处秽"的生命，去实现自己的理想。

大约在公元前 90 年，司马迁终于将这部前无古人的天下第一史撰写完毕，算下来，前后用了十八年。

虽然司马迁这种忍辱偷生撰《史记》的做法，有替父完成遗愿的心理成分，但其更主要的精神支柱，应该还是他心中的不屈之志，决心以事业上的成功来洗刷自己的耻辱。放弃是一种安逸得多的选择，但放弃也即意味着投降。这对于一个内心刚强的人来说，是不可忍受的。司马迁的行为，是一种男子汉的行为，更是一个有志君子负责任的选择。

三军之众，人心不齐，其帅可夺。匹夫有自己的人格尊严，其意志由自己掌握。虽然自己是一个个体，但只要意志坚定，任何力量也动摇不了。

有的人只顾眼前生活，没有什么志向，东风来西倒，西风来东倒；有的人虽然也有志向，甚至有雄心壮志，但却经不住威胁与利诱的考验。这都是意志不坚定的表现，算不上真正的君子。

乡党第十

礼仪是待人处世、进行社会交往的重要手段。一个人只要置身于社会，无论居家还是外出，日常工作还是出入重要场合，从政还是经商，均离不开礼仪。礼仪虽是生活小节，但它不仅可以展现一个人的风度与魅力，还能体现一个人的学识、文化素养及内在的精神风貌。

言谈举止，能见风度

【原典】

孔子于乡党，恂恂①如也，似不能言者。其在宗庙、朝廷，便便②言，唯谨尔。

朝，与下大夫言，侃侃③如也；与上大夫言，訚訚④如也。君在，踧踖⑤如也，与与⑥如也。

君召使摈⑦，色勃如也⑧；足躩⑨如也。揖所与立，左右手，衣前后，襜⑩如也。趋进，翼如也⑪。宾退，必复命曰："宾不顾矣。"

入公门，鞠躬如⑫也，如不容。立不中门，行不履阈⑬。过位，色勃如也，足躩如也，其言似不足者。摄齐⑭升堂，鞠躬如也，屏气似不息者。出，降一等，逞颜色，怡怡如也。没阶，趋进，翼如也。复其位，踧踖如也。

执圭⑮，鞠躬如也，如不胜。上如揖，下如授。勃如战色⑯，足蹜蹜⑰，如有循⑱。享礼，有容色。私觌⑲，愉愉如也。

【注释】

①恂恂：音 xù，温和恭顺。②便便：辩，善于辞令。③侃侃：说话理直气壮，不卑不亢，温和快乐的样子。④訚訚：音 yín，正直，和颜悦色而又能直言诤辩。⑤踧踖：音 cú jí，恭敬的样子。⑥与与：小心谨慎、威仪适中的样子。⑦摈：音 bìn，动词，负责招待国君的官员。⑧色勃如也：脸色立即庄重起来。⑨足躩：躩，音 jué，脚步快的样子。⑩襜：音 chān，整齐之貌。⑪翼如也：如鸟儿展翅一样。⑫鞠躬如：谨慎而恭敬的样子。⑬履阈：阈，音 yù，门槛。脚踩门槛。⑭摄齐：齐，音 zī，衣服的下摆。摄，提起。提起衣服的下摆。⑮圭：一种上圆下方的玉器。⑯战色：战战兢兢的样子。⑰蹜蹜：音 sù，小步走路的样子。⑱如有循：循，沿着。好像沿着一条直线往前走一样。⑲觌：音 dí，会见。

【译释】

孔子在本乡的地方上显得很温和恭敬，像是不会说话的样子。但他在宗庙里、朝廷上，却很善于言辞，只是说得比较谨慎而已。

孔子在上朝的时候，同下大夫说话，温和而快乐；同上大夫说话，正直而公正；国君在时，恭敬而又仪态适中。

国君召孔子去接待宾客，孔子脸色立即庄重起来，脚步也快起来，他向和他站在一起的人作揖，手向左或向右作揖，衣服前后摆动，却整齐不乱。快步走的时候，像鸟儿展开双翅一样。宾客走后，必定向君主回报说："客人已经走远了。"

孔子走进朝廷的大门，低着身子好像大门容不下一样。站，他不站在门的中间；走，也不踩门槛。经过国君的座位时，他脸色立刻庄重起来，脚步也加快起来，说话也好像中气不足一样。提起衣服下摆向堂上走的时候，恭敬谨慎的样子，憋住气好像不呼吸一样。退出来，走下台阶，脸色便舒展开了，怡然自得的样子。走完了台阶，快快地向前走几步，姿态像鸟儿展翅一样。回到自己的位置，是恭敬而不安的样子。

孔子出使别的诸侯国，拿着圭，恭敬谨慎，像是举不起来的样子。向上举时好像在作揖，放在下面时好像是给人递东西。脸色庄重得像战栗的样子，步子很小，好像沿着一条直线往前走。在举行赠送礼物的仪式时，显得和颜悦色。和国君举行私下会见的时候，更轻松愉快了。

解读

注意自己的外在形象

举止风度是一个人的外在表现。它包括坐立行走、举手投足、喜怒哀乐等各种行为姿态。

歌德说，行为举止是一面镜子，人人在其中显示自己的形象。任何人如果在举止上缺少文雅和稳重，都将因少于深沉、流于浅薄而失去人们的喜爱。如果你想拥有好的人际关系，就一定要使自己的举止行为规范化，要优雅大方、稳健从容、表里如一、不卑不亢。

坐立行走要文雅大方。无论在什么场合，都应自觉地保持一种良好的坐态，以显示自己应有的文明素养。工作时，要精力充沛，给人一种振奋昂扬的印象；

切忌东倒西歪，萎靡不振。此外，你还要养成正确的站立姿势，因为站立的时候，显露的部位比较多。在大会上，要大大方方地起立致意，不要弯着腰、扭着身、束手束脚，要做到从头到脚成一线。行走时步伐要从容稳健，不要摇头晃脑、东张西望、勾肩搭背。

举手投足要自信亲切。在社交场合，你的一举一动，都要自然而庄重，既不摆架子、指手画脚、盛气凌人，又不唯唯诺诺、畏首畏尾、诚惶诚恐；而应当不卑不亢、优雅潇洒、落落大方、自信威严。

公元前703年，曹太子去朝见鲁国国君，被待以上卿之礼。在欢迎宴会上，曹太子忧郁叹息，引起鲁国大夫施父的不满。曹太子的失态不仅有损于个人形象，更重要的是在两国交往中埋下了阴影。历史上，这种在外交公关时因举止失仪而招致害国之事并非鲜见。在外交方面，个人的言行举止往往被看作是国家对某事、某国的一种态度、政策，因而绝不能因个人喜忧而轻率从事。

在人际交往中还必须对自己的事业和能力有充分的信心，并在举手投足间体现出这种自信。

在社交场合，人们不仅要注意自己的举止风度，而且更应该从理想、情操、思想学识和素质上努力完善自己、培养自己，使外在举止风度美的绚丽之花开在内在精神美的沃土之上。

“桃李不言，下自成蹊。”举手投足间尽显迷人风采的人必然会以其优雅的举止言谈、高尚的品德情操，赢得更多人们的喜爱，从而拥有更为丰富的人际关系资源。

衣着服饰，显示素养

【原典】

君子不以绀緅饰①，红紫不以为亵服②。当暑，袗絺绤③，必表而出之④。缁衣，羔裘⑤；素衣，麑⑥裘；黄衣，狐裘。亵裘长，短右袂⑦。必有寝衣，长一身有半。狐貉之厚以居⑧。去丧，无所不佩。非帷裳⑨，必杀之⑩。羔裘玄冠⑪不以吊⑫。吉月⑬，必服而朝。

齐，必有明衣，布。齐必变食，居必迁坐。

【注释】

①不以绀緅饰：绀，音 gàn，深青透红，斋戒时服装的颜色。緅，音 zōu，黑中透红，丧服的颜色。②红紫不以为亵服：亵服，平时在家里穿的衣服。③袗絺绤：袗，音 zhěn，单衣。絺，音 chī，细葛布。绤，音 xì，粗葛布。这里是说，穿粗的或细的葛布单衣。④必表而出之：把麻布单衣穿在外面，里面还要衬有内衣。⑤羔裘：羔皮衣。古代的羔裘都是黑羊皮，毛皮向外。⑥麑：音 ní，小鹿，白色。⑦短右袂：袂，音 mèi，袖子。右袖短一点，是为了便于做事。⑧狐貉之厚以居：狐貉之厚，厚毛的狐貉皮。居，坐。⑨帷裳：上朝和祭祀时穿的礼服，用整幅布制作，不加以裁剪，折叠缝上。⑩必杀之：一定要裁去多余的布。杀，裁。⑪羔裘玄冠：黑色皮礼帽。⑫不以吊：不用于丧事。⑬吉月：每月初一。一说正月初一。

【译释】

孔子不用深青透红或黑中透红的布镶边，不用红色或紫色的布做平常在家穿的衣服。夏天穿粗的或细的葛布单衣，但一定要套在内衣外面。黑色的羔羊皮袍，配黑色的罩衣。白色的鹿皮袍，配白色的罩衣。黄色的狐皮袍，配黄色的罩衣。平常在家穿的皮袍做得长一些，右边的袖子短一些。睡觉一定要有睡衣，要有一身半长。用狐貉的厚毛皮做坐垫。丧服期满，脱下丧服后，便佩戴上各种各样的装饰品。如果不是礼服，一定要加以剪裁。不穿着黑色的羔羊皮袍和戴着黑色的帽子去吊丧。每月初一，一定要穿着礼服去朝拜君主。

斋戒沐浴的时候，一定要有用布做的浴衣。斋戒的时候，一定要改变平常的饮食，居住也一定搬移地方，不与妻妾同房。

解读

着装也是要讲礼仪的

服饰是人形体的外延，包括衣、裤、裙、帽、袜、手套及其他各类饰品，它们共同起着遮体御寒、美化人体的作用。服饰又是一种无声的语言，它显示着一个人的个性、身份、涵养及其心理状态等多种信息。正如莎士比亚所说："服饰往往可以表现人格。"一个人穿戴什么样的服饰，直接关系到别人对其个人形象的评价。

下面简要介绍一下男士的衣着礼仪：

男士的服饰以表现稳重、专业、令人信赖为主，中国人一般多以西装来代表男士的身份、地位。在正式的场合中，也多以深色西装来应对。

（1）正式场合的衣着

在西方社会，如遇国家大典、宫廷正式宴会、国庆、观赏歌剧、晋见国王，或国家大使呈递国书、晚间婚礼等场合中，多穿着大礼服。大礼服上衣的后背下摆长及膝，呈燕尾状，故称为燕尾服；又由于穿大礼服必须搭配白色领结，也称为"白领结"。而裤子必须在两腿外侧缝边处各缀黑色缎带，自腰部至裤脚。

既为大礼服，自然一袭成礼。全套服饰包括上衣、衬衫、背心、衣领、领结、袖扣、裤、鞋、袜、手套、外套等，都必须符合礼仪，甚至如戴围巾，也必须是纯白色的，才不会失礼。

不过，大晚礼服已渐渐为小晚礼服所取代。小晚礼服在英国习称"晚餐服"，是以普通西装为上衣，衣襟用黑色丝缎镶面呈半月形；也有如普通西装，裤子类似大晚礼服，只是外侧缝边处的缎带较窄小。

国内男士穿燕尾服，大概只有在婚纱摄影中才看得见，一般多以着全套深颜色西装为正式穿着。而业务上要接见贵宾，或参加会议，会较注重西装的质料、剪裁和颜色。至于一般自由职业或艺术工作者，则可较随意，并不一定讲求成套，但仍须注意整齐和美观。

（2）穿西装的仪表

男士的西装依扣式的排列，有单排和双排之分。

穿单排扣西装，多为三件式，即配背心一件，但是近来已不一定穿背心，而且相沿成习。坐下时，为求舒适，西装扣是打开的；但站起来或走路时，应扣上西装的上扣，否则不雅。

至于穿双排扣西装，则不必穿背心，应扣上扣及暗扣。扣扣子是尊重他人的行为。

西装剪裁须合身，熨烫平整笔挺，以免给人颓废落魄的印象。尽可能西装上下身为同一色系，较能凸显权威感。记得要将西装口袋的袋盖放在外面。

“人靠衣衫马靠鞍”，服饰对人的美化作用是毋庸置疑的，但不是说任何服饰穿戴在任何人身上都一定能产生美感。事实证明，服饰只有与穿戴者的气质、个性、身份、年龄、职业以及穿戴的环境、时间协调一致时，才能真正达到美的境界。

酒席餐饮，有礼可循

【原典】

食不厌精，脍不厌细。食饐①而餲②，鱼馁③而肉败④，不食。色恶，不食。臭恶，不食。失饪⑤，不食。不时⑥，不食，割不正⑦，不食。不得其酱，不食。肉虽多，不使胜食气⑧。唯酒无量，不及乱⑨。沽酒市脯⑩，不食。不撤姜食，不多食。

祭于公，不宿肉⑪，祭肉⑫不出三日。出三日，不食之矣。

食不语，寝不言。

虽疏食菜羹⑬，瓜祭⑭，必齐如也。

席⑮不正，不坐。

乡人饮酒，杖者出，斯出矣。

【注释】

①饐：音 yì，陈旧。食物放置时间长了。②餲：音 ài，变味了。③馁：鱼腐烂，这里指鱼不新鲜。④败：肉腐烂，这里指肉不新鲜。⑤饪：烹调制作饭菜。⑥不时：应时，时鲜。⑦割不正：肉切得不方正。⑧气：同“饩”，音 xì，即粮食。⑨不及乱：乱，指酒醉。不到酒醉时。⑩脯：音 fǔ，熟肉干。⑪不宿肉：不使肉过夜。⑫祭肉：这是祭祀用的肉。⑬菜羹：用菜做成的汤。⑭瓜祭：古人在

吃饭前，把席上各种食品分出少许，放在食具之间祭祖。⑮席：古代没有椅子和桌子，都坐在铺于地面的席子上。

【译释】

粮食不嫌舂得精，鱼和肉不嫌切得细。粮食陈旧和变味了，鱼和肉腐烂了，都不吃。食物的颜色变了，不吃。气味变了，不吃。烹调不当，不吃。不时鲜的东西，不吃。肉切得不方正，不吃。佐料放得不适当，不吃。席上的肉虽多，但吃的量不超过米面的量。只有酒没有限制，但不喝醉。从市上买来的肉干和酒，不吃。每餐必须有姜，但也不多吃。

孔子参加国君祭祀典礼时分到的肉，不留到第二天。自家祭祀用的肉不超过三天。超过三天，就不吃了。

吃饭的时候不说话，睡觉的时候也不说话。

即使是粗米饭蔬菜汤，吃饭前也要把它们取出一些来祭祖，而且表情要像斋戒时那样严肃恭敬。

席子放得不端正，不坐。

行乡饮酒的礼仪结束后，（孔子）一定要等老年人先出去，然后自己才出去。

解读

参加社交宴请有规矩

得体地参加社交宴请，不仅能提高你在宴客心中的地位，同时会给宴请的主人留下好印象，对任何一个人来说都是有百利而无一害的。若主人是你的上司，你得体的表现能提高领导在宴客心中的地位，很可能让你在公司中迅速得到提拔；若主人是你的朋友同事，下次宴请时，他自然还会想到你，这样你就有更多的机会扩大交际范围，对你的事业发展百利无弊。得体地参加宴请其实很容易操作。

当步入宴会厅时，首先要跟主人打招呼。同时，对其他客人，不管相识与否，都要笑脸相对，点头示意或握手寒暄。一切都要自然真切，落落大方，使赴宴者对你有“互不见外，情同一家”之感。

入席时，不要“捷足先登”。即使请柬上写明了你的桌次和座号，也应以听主人的招呼和安排为好，给主人以“主人”的感觉，免得双方尴尬。就座时，应向其他客人表示礼让。

就座后，要坐姿端正，不要两腿摇晃或头枕椅背伸懒腰，让其他客人感觉你邋遢无礼。与客人交谈时，不要唾沫四溅，不要用手指指画画，大声说话，这都会给主人和其他客人“你很粗俗”的印象。

进餐前，可代主人向邻座传递杯碟，体谅主人的想法，协助主人避免难堪尴尬之事发生，获得主人的感激和赞赏。

席间要与来客互相谦让，对老人、小孩要主动照料，以增加宴会谦和气氛。每道菜上桌时，除向端菜人致谢外，一般应等主人或长辈动筷后再去夹食；动作宜轻，不要碰倒杯盘，甚至将汤汁溅及旁人，弄得大家手忙脚乱，破坏宴会兴致。

饮酒时要懂得宴会上祝酒的礼节，比如为何人何事祝酒等，都要根据主人、客人的身份、地位及个人爱好、习惯而定。祝酒时注意不要交叉碰杯，碰杯时，要目视对方致意。饮酒要留有余地，要慢酌细饮，迎合宴会友好欢乐的气氛，同时不失礼仪和修养。如果你不善于饮酒，当主人向你敬酒时，可以委婉拒绝；如果主人请求你喝酒，则不应一味推辞，可选淡酒或汽水喝一点作为象征，以免扫大家的兴。

避免中途退场。如确有急事需要退场，须向主人说明情况，表示歉意，然后向客人点头示意，才可离去，给在座的所有人留下谦逊有礼又不误公事的好形象。

退席时要向主人致谢："以后有机会，请您一定光临舍下"，谢过之后应及时离开，以免影响主人招呼别的客人。如果退席人较多，就省去客套寒暄，只需与主人微笑握手就可以了。

无论宴会多么乏味，退席之前，绝不要不耐烦或流露出厌倦难耐的姿态，要体谅主人的难处。

以人为本，恭敬对人

【原典】

乡人傩[①]，朝服而立于阼阶[②]。

问人于他邦，再拜而送之。

康子馈药，拜而受之。曰："丘未达，不敢尝。"

厩焚。子退朝，曰："伤人乎?"不问马。

君赐食，必正席先尝之。君赐腥[③]，必熟而荐[④]之。君赐生，必畜之。侍食于君，君祭，先饭。

疾，君视之，东首[⑤]，加朝服，拖绅[⑥]。

君命召，不俟驾行矣。

【注释】

①傩：音 nuó。古代迎神驱鬼的宗教仪式。②阼阶：阼，音 zuò，东面的台阶。③腥：牛肉。④荐：供奉。⑤东首：头朝东。⑥绅：束在腰间的大带子。

【译释】

乡里人举行迎神驱鬼的宗教仪式时，孔子总是穿着朝服站在东边的台阶上。

孔子托人向在其他诸侯国的朋友问候送礼，便向受托者拜两次送行。

季康子给孔子赠送药品，孔子拜谢之后接受了，说："我对药性不了解，不敢尝。"

马棚失火烧掉了。孔子退朝回来，说："伤人了吗?"不问马的情况怎么样。

国君赐给熟食，孔子一定摆正座席先尝一尝。国君赐给生肉，一定煮熟了，先给祖宗上供。国君赐给活物，一定要饲养起来。同国君一道吃饭，在国君举行饭前祭礼的时候，一定要先尝一尝。

孔子病了，国君来探视，他便头朝东躺着，身上盖上朝服，拖着大带子。

国君召见孔子，他不等车马驾好就先步行走去了。

解读

为人着想仁心无价

孔府的马棚失火了。孔子退朝回来，问道："伤人了吗?"却不问是否伤了马。所谓的"仁者爱人"，大概由孔子的这种言行最能体现吧。孔子问人不问马，充分体现了他以人为本的仁者之心。人作为一个社会关系的总和，不能只为自己着想，否则，不但是道德上的污点，更是做人策略上的失败。一个人，一言一行都应该带有人情味，多为他人着想一些。这不但能让自己问心无愧，同时也会给自己增加"人气"，让自己得到更多的尊敬和拥戴。

东汉的袁安就是这样一个充满仁爱之心的人。有一次，鹅毛般的大雪下了整整一夜。第二天清晨，天放晴了，应该是扫雪的时候了。但是他怕自己扫雪而打扰了在自己家门口避寒的人，于是就关上门继续在家里躺着。这时，洛阳的地方官下去视察，发现家家户户都出来扫雪。可是，走到袁安家门前时，看见雪地上连脚印都没有一个，官员们怀疑袁安是不是在家里冻死了，急忙命人将他门前的雪扫开走进屋子，看见袁安在家里直直地躺着。地方官问他为什么不出去，袁安说："这样的大雪天气，那些在我门前避寒的人又冷又饿，我不忍心出去打扰他们。"地方官认为他很贤德，就举荐他当了孝廉。

为自己谋取方便似乎是人们的天性，能够将别人放在自己心上来考虑的人，无疑是道德高尚的人。袁安因为怕妨碍别人在自己门前躲避寒冷，就不出门扫雪，真可称得上是君子的行为，无怪地方官要把他举荐为孝廉。人在顺境中往往会沉浸在自己的快乐生活中而忽视他人的苦难和不幸，袁安却超脱于个人的情感之外，将关注的目光投向那些和自己素无瓜葛但却需要帮助的人，体现出他高于常人的境界。

若人人能够设身处地地为别人着想，这个世界就会拥有更多的关怀。生活中的很多误解和隔膜实际上都是由于人与人的生活状态存在差异，因而造成的思维角度和方式不同所引起的。如果能够充满仁爱之心，言行充满人情味，不但能给他人带来温暖，也会令自己的人生顺风顺水。

礼存于心，善待一切

【原典】

入太庙，每事问。

朋友死，无所归，曰："于我殡①。"

朋友之馈，虽车马，非祭肉，不拜。

寝不尸，居不客。

见齐衰②者，虽狎③，必变。见冕者与瞽者④，虽亵⑤，必以貌。凶服者式⑥之。式负版者⑦。有盛馔⑧，必变色而作。迅雷风烈必变。

升车，必正立，执绥⑨。车中，不内顾，不疾言⑩，不亲指。

色斯举矣⑪，翔而后集。曰："山梁雌雉⑫，时哉时哉！"子路共⑬之，三嗅而作。

【注释】

①殡：停放灵柩和埋葬都可以叫殡，这里是泛指丧葬事务。②齐衰：zī cuī，指丧服。③狎：音 xiá，亲近的意思。④瞽者：盲人，指乐师。⑤亵：音 xiè，常见、熟悉。⑥式：同"轼"，古代车辆前部的横木。这里作动词用。⑦负版者：背负国家图籍的人。当时无纸，用木版来书写，故称"版"。⑧馔：音 zhuàn，饮食。盛馔，盛大的宴席。⑨绥：上车时扶手用的索带。⑩疾言：大声说话。⑪色斯举矣：色，脸色。举，鸟飞起来。⑫山梁雌雉：聚集在山梁上的母野鸡。⑬共：同"拱"。

【译释】

孔子到了太庙，每件事都要问。

朋友死了，没有亲属负责敛埋，孔子说："丧事由我来办吧。"

朋友馈赠物品，即使是车马，不是祭肉，孔子在接受时也是不拜的。

孔子睡觉不像死尸一样挺着，平日家居也不像做客或接待客人时那样庄重严肃。

孔子看见穿丧服的人，即使是关系很亲密的，也一定要把态度变得严肃起来。看见当官的和盲人，即使是常在一起的，也一定要有礼貌。在乘车时遇见穿丧服的人，便俯伏在车前横木上以示同情。遇见背负国家图籍的人，也这样做以示敬意。做客时，如果有丰盛的筵席，就感激地神色一变，并站起来致谢。遇见迅雷大风，一定要改变神色以示对上天的敬畏。

上车时，一定先直立站好，然后拉着扶手带上车。在车上，不回头看，不高声说话，不用自己的手指指点点。

孔子在山谷中行走，看见一群野鸡在那儿飞，孔子神色动了一下，野鸡飞翔了一阵落在树上。孔子说："这些山梁上的母野鸡，得其时呀！得其时呀！"子路向他们拱拱手，野鸡便叫了几声飞走了。

解读

朋友之间真心相待

朋友应当能相互帮扶。希望自己能交到一个为你生为你死的朋友，首先自己要具备能为朋友两肋插刀的胸怀。这样，以义相报，患难相持，才称得上是真正的友谊。

战国时，齐相靖郭君门下有一门客叫齐貌辨。此人毛病很多，其他门客都不喜欢他，唯独靖郭君例外。门客士尉为此谏靖郭君，但靖郭君不听，于是士尉告辞离开了靖郭君的门下。孟尝君私下也为这事劝说过靖郭君，靖郭君大怒说："即使把你们都杀死，把我的家拆得四分五裂，只要能让齐貌辨先生满足，我也在所不辞！"他让齐貌辨住在上等客舍，让他的长子侍奉着。

过了几年，齐威王死了，齐宣王即位。靖郭君的处世交往很不为宣王赞许，他被迫辞官，回到封地薛处居住，仍跟齐貌辨在一起。在薛地住了没多久，齐貌辨向靖郭君辞行，请求让他去拜见宣王。靖郭君说："大王不喜欢我到极点了，您去必定遭到杀害。"齐貌辨说："我本来就不是去求活命的。我一定要去！"靖郭君劝不住他，只好同意他去见齐宣王。

齐貌辨到了齐国都城。齐宣王听说了，非常生气地等着他。齐貌辨拜见宣王，齐宣王说："你就是靖郭君言听计从、非常喜爱的那个人吧？"齐貌辨回答说："喜爱是有的，至于言听计从根本谈不上。有件事说给大王您听听。当初大

王做太子的时候，我曾对靖郭君说：‘太子耳后见腮，下斜偷视，相貌不仁，像这样的人会背理行事，不如废掉太子，改立卫姬的幼子校师。’靖郭君流着泪说：‘不行。我不忍心这样做。’如果靖郭君听从我的话并这样做了，一定不会有今天的祸患。这件事就足以证明靖郭君对您的忠心。”齐宣王听后长叹，神情激动地说：“靖郭君对我竟爱到如此地步，我年龄幼小，这些都不知道。您愿意替我把靖郭君请回来吗？”

齐貌辨回答说：“好！”于是，靖郭君来到国都，穿着齐威王所赐的衣服，戴着齐威王所赐的帽子，佩着齐威王所赐的宝剑。齐宣王亲自来到郊外，流着眼泪迎接靖郭君，并请他出任齐国宰相。

什么是真正的朋友？真正的朋友是经得起考验的。真正的朋友，在关键的时候总会挺身而出，而且永远不会偏离道义的轨道。孔子“于我殡”的言行，充分表现出作为君子对待友情的态度。“患难相扶持”不仅是重信义的延续，更是一种升华，这种仗义的仁德之举，足以令每一个虚伪之徒汗颜。

先进第十一

孔子是一个很重感情的人，从他的话语中，我们可以体验到他与弟子之间的真挚情感。这些长者之言，还蕴涵了许多对人生和社会的认知。当我们对人生和社会的认识达到一定的高度之时，非但能使自身修养得到提高，还能在更高层次上享受人生。

待人以情，观人以德

【原典】

子曰："先进[①]于礼乐，野人[②]也；后进[③]于礼乐，君子也。如用之，则吾从先进。"

子曰："从我于陈、蔡[④]者，皆不及门也。"

德行：颜渊、闵子骞、冉伯牛、仲弓。言语：宰我、子贡。政事：冉有、季路。文学[⑤]：子游、子夏。

子曰："回也非助我者也，于吾言无所不说。"

子曰："孝哉闵子骞！人不间[⑥]于其父母昆[⑦]弟之言。"

南容三复白圭[⑧]，孔子以其兄之子妻之。

【注释】

①先进：最先跟孔子学习的弟子，如子路、颜回等。②野人：质朴的人。③后进：后来跟孔子学习的弟子，如子夏、子游等。④陈、蔡：均为国名。⑤文学：指通晓诗书礼乐等古代文献。⑥间：非难、批评、挑剔。⑦昆：哥哥，兄长。⑧白圭：白圭指《诗经·大雅·抑之》的诗句："白圭之玷，尚可磨也，斯言之玷，不可为也。"意思是白玉上的污点还可以磨掉，我们言论中有毛病，就无法挽回了。这是告诫人们要谨慎自己的言语。

【译释】

孔子说："最开始跟我学习礼乐的，是质朴的人；后来跟我学习礼乐的，是君子。如果要选用人才，那我主张选用先学习礼乐的人。"

孔子说："曾跟随我从陈国到蔡地去的学生，现在都不在我身边受教了。"

德行好的有：颜渊、闵子骞、冉伯牛、仲弓。善于辞令的有：宰我、子贡。擅长政事的有：冉有、季路。通晓文献知识的有：子游、子夏。

孔子说："颜回不是对我有帮助的人，他对我说的话没有不心悦诚服的。"

孔子说："闵子骞真是孝顺呀！人们对于他的父母兄弟称赞他的话，没有什么异议。"

南容反复诵读“白圭之玷，尚可磨也；斯言之玷，不可为也”的诗句。孔子把侄女嫁给了他。

解读

尊老敬老显示孝道

孔子的学生闵子骞的德行在孔门中与颜回并称，他为人所称道的主要是他的孝。孝可以从许多方面体现出来。考察一个人是否真心遵守孝道，可以从他是否能够尊老敬老、把父母放在心上这个角度入手。晋代的陶侃，这位既立功，又立德的人物，正是尊老敬老的典范。

陶侃是大诗人陶渊明的祖父。他是晋代名将，以功高德劭名垂青史。

陶侃小的时候，家境非常贫寒。母亲湛氏靠纺纱织布供儿子读书。陶母不但能吃苦耐劳，而且很有志气，严于家教。从陶侃懂事起，她就教育儿子刻苦自励，做到“贫贱志不移”，希望儿子长大以后，能成为孟子所说的那种“富贵不能淫，贫贱不能移，威武不能屈”的大丈夫式的人物。

陶侃长大后，没有辜负母亲的期望。他不但为官清廉正直，而且在诸多生活细节上，在母亲去世之后，依然遵循着母亲的教诲，时时在心中感念着母亲。

有一件轶事，就是陶侃每次喝酒，都有一定的限度，常常喝到酒兴正浓时戛然而止，坚决推杯不喝，因为他给自己规定的限度已经到了。有一次，一位好友劝他再喝点，他就是不喝，问他为什么这样，他沉默了好久，才道出了真情：“年少有酒失，亡亲见约，故不敢逾议者。”这里的亡亲是指过世的母亲。这句话的意思是说，陶侃年轻时，曾因喝醉酒出过错，他的母亲曾因此让他有过誓约，所以后来喝酒再也不敢超过约定的饮酒数量。陶侃说到做到，母亲去世以后，几十年来，他喝酒一直没有超过当时约定的数量。

陶侃从内心和行动上，都表现出了对于母亲的感恩和怀念。他的成功不是偶然的：因为他心怀敬老之心，知孝道，通大理，自有一番超乎常人的意志和见识。这种人，无论是在做人的智慧上，还是处世的策略上，都比一般人要来得实在、顺达。

尊老敬老是一个人修养的重要表现。有尊敬老人之心，才会有赡养老人的行为；尔后才会有孝悌之德。而这种教养，对于一个人的为人处世、持家立业都是有极大影响的。一个对老人没有敬爱之心的人，是不能对他寄予信任和希望的。

人贵有情，情义堪珍

【原典】

季康子问：“弟子孰为好学？”孔子对曰：“有颜回者好学，不幸短命死矣，今也则亡。”

颜渊死，颜路①请子之车以为之椁②。子曰：“才不才，亦各言其子也。鲤③也死，有棺而无椁。吾不徒行以为之椁。以吾从大夫之后，不可徒行也。”

颜渊死，子曰：“噫！天丧予！天丧予！”

颜渊死，子哭之恸。从者曰：“子恸矣。”曰：“有恸乎？非夫④人之为恸而谁为？”

颜渊死，门人欲厚葬之，子曰：“不可。”门人厚葬之。子曰：“回也视予犹父也，予不得视犹子也。非我也，夫二三子也。”

【注释】

①颜路：颜无繇（yóu），字路，颜渊的父亲，也是孔子的学生。②椁：音guǒ，古人所用棺材，内为棺，外为椁。③鲤：孔子的儿子，字伯鱼，死时50岁，孔子70岁。④夫：音fú，指示代词，此处指颜渊。

【译释】

季康子问孔子：“你的学生中谁是好学的？”孔子回答说：“有一个叫颜回的学生很好学，不幸短命死了。现在再也没有像他那样的了。”

颜渊死了，他的父亲颜路请求孔子卖掉车子，给颜渊买个外椁。孔子说：“虽然颜渊和鲤一个有才一个无才，但说来都是儿子。孔鲤死的时候，也是有棺无椁。我没有卖掉自己的车子步行而给他买椁。因为我跟随在大夫之后，从事政务是不可以步行而没车呀。”

颜渊死了，孔子说：“唉！天丧我呀！天丧我呀！”

颜渊死了，孔子哭得非常悲伤。跟随孔子的人说：“您悲伤过度了！”孔子说：“是太悲伤了吗？我不为这个人悲伤，又为谁呢？”

颜渊死了，孔子的学生们想要隆重地安葬他。孔子说：“不能这样做。”学生们仍然隆重地安葬了他。孔子说："颜回把我当父亲一样看待，我却不能把他当亲生儿子一样看待。这不是我的过错，是那些学生们干的呀。"

解读

重情重义让人感动

颜渊病死了，孔子特别悲痛。我们由此可以看出，孔子是一个重情重义的人。重情重义，不忘故旧，一直是我们民族的优良传统，也是一种值得让世人继承和发扬的可贵精神。历史上有许多这样的有义之士，他们的行为，直至今天依然让人感动不已。

春秋晚期吴国有一位义士叫季札，有一次他出使路过徐国，顺便拜望老朋友徐君。徐君见他佩戴着一口极精美的宝剑，喜欢得不得了，可是不好意思向他开口。季札看出了他的心思，但考虑到还要佩此剑出使别国，也就没有主动挑明。等他出使回来，再去徐国探望徐君时，徐君却不幸得病死了。季札非常悲伤，他把宝剑解下来，挂在了徐君墓前的树上。季札的随从感到奇怪，问他：徐君已经死了，这宝剑挂在这里是给谁的呢？季札对他们说："徐君在世的时候，很爱这把剑，我心里明白他的这个意愿，并且已经在心里做了把此剑赠给他的承诺。现在不能因为他已经去世，看不到我的赠予了，就违背己心，忘记情义啊！"季札挂剑报知己的事情渐渐地传扬开了，大家纷纷赞扬季札是一个讲义气重感情的君子，一些名贤于是不远千里去投帖拜结，引以为友。

像季札这样重情义的行为，在今天看来，令人因觉得遥远而更感可贵。其实不管时代如何发展，社会如何进步，人的某些可贵情感是恒久不变的，它能穿越时空，给世界带来无穷的温暖和感动。这种大义的精神和行为，在我们这个时代，也许已显得很稀缺，但正因为如此，才更值得我们呼唤和传扬。

一个真正的君子，不管其事业、前程多么成功辉煌，都不会抛弃故旧亲友，忘记自己的过去，否则不但背叛了自己，也意味着从此走上了重功利、轻情义的庸俗浅薄之道。

言行中肯，过犹不及

【原典】

季路问事鬼神。子曰："未能事人，焉能事鬼?"曰："敢问死。"曰："未知生，焉知死?"

闵子侍侧，訚訚①如也；子路，行行②如也；冉有、子贡，侃侃③如也。子乐。"若由也，不得其死然。"

鲁人④为长府⑤。闵子骞曰："仍旧贯⑥，如之何？何必改作?"子曰："夫人不言，言必有中。"

子曰："由之瑟⑦奚为于丘之门?"门人不敬子路。子曰："由也升堂矣，未入于室也。"

子贡问："师与商⑧也孰贤?"子曰："师也过，商也不及。"曰："然则师愈与?"子曰："过犹不及。"

季氏富于周公，而求也为之聚敛而附益之。子曰："非吾徒也。小子鸣鼓而攻之可也。"

柴⑨也愚⑩，参也鲁⑪，师也辟⑫，由也喭⑬。

子曰："回也其庶⑭乎，屡空⑮。赐不受命，而货殖⑯焉，亿⑰则屡中。"

【注释】

①訚訚：音 yín，中正的样子。②行行：音 hàng，刚强的样子。③侃侃：和乐的样子。④鲁人：这里指鲁国的当权者。⑤为长府：为，这里是改建的意思。藏财物、兵器等的仓库叫"府"，长府是鲁国的国库名。⑥仍旧贯：贯，事，例。沿袭老样子。⑦瑟：音 sè，一种古乐器，与古琴相似。⑧师与商：师，颛孙师，即子张。商，卜商，即子夏。⑨柴：高柴，字子羔，孔子的学生。⑩愚：旧注云：愚直之愚，指愚而耿直，不是傻的意思。⑪鲁：迟钝。⑫辟：音 pì，偏，偏激，邪。⑬喭：音 yàn，鲁莽，粗鲁，刚猛。⑭庶：庶几，相近。这里指颜渊的学问道德接近于完善。⑮空：贫困、匮乏。⑯货殖：做买卖。⑰亿：同"臆"，猜测，估计。

【译释】

季路问怎样去侍奉鬼神。孔子说："没能事奉好人，怎么能事奉鬼呢？"季路说："请问死是怎么回事？"孔子回答说："还不知道活着的道理，怎么能知道死呢？"

闵子骞侍立在孔子身旁，一派中正的样子；子路是一副刚强的样子；冉有、子贡是温和快乐的样子。孔子很高兴。但孔子又说："像仲由这样，只怕不保天年！"

鲁国翻修长府的国库。闵子骞道："照老样子下去，怎么样？何必改建呢？"孔子道："这个人平日不大说话，一说话必定很中肯。"

孔子说："仲由弹瑟，为什么在我这里弹呢？"孔子的学生们因此都不尊敬子路。孔子便说："仲由嘛，他在学习上已经达到登堂的程度了，只是还没有入室罢了。"

子贡问孔子："子张和子夏二人谁更好一些呢？"孔子回答说："子张太过，子夏不及。"子贡说："那么是子张好一些吗？"孔子说："太过和不及是一样的。"

季氏比周朝的公侯还要富有，而冉求还帮他增加钱财。孔子说："他不是我的学生了，你们可以大张旗鼓地去攻击他！"

高柴愚直，曾参迟钝，颛孙师偏激，仲由鲁莽。

孔子说："颜回的学问道德接近于完善了吧，可是他常常贫困。端木赐不听命运的安排，去做买卖，猜测行情，往往都能猜中。"

解读

做到适可而止

《剥卦》的卦辞上说"剥：不利有攸往"，大致意思就是说，人们在做事的时候如果不能做到适可而止，只知一味蛮干是不会获得好的结果的。这和孔子说的"过犹不及"的道理是相同的。

自古以来，适时而退就是官场上的保身秘诀，然而有一些人却不懂得这个道理，一心想要获得更高的官职与财富，这样的人往往被"剥"掉。

历史上最懂得适可而止、适时而退的人非范蠡莫数。在当时，要说起范蠡的功绩，那是无人可比的：他侍奉越王勾践，辛勤劳苦，尽心尽力，为勾践深谋远虑二十多年，最终灭了吴国，洗刷了会稽耻辱，率兵向北渡过淮水，兵临齐国、晋国，号令中原各国，勾践因此而称霸，范蠡号称上将军。

返回越国后，范蠡意识到了自己名气过盛，很难长居久安，而且勾践的为人他也心知肚明：同患难可以，同安乐太难。

于是他悄悄写信告别勾践说："我听说君主有忧，臣子就应劳苦分忧；君主受辱，臣子就应死难。从前君王在会稽山遭受耻辱，我之所以不死，是为了复仇的大业。现在已经洗刷了耻辱，我请求惩罚我在会稽山替君王受辱，判我死罪。"勾践说："我将和你分享并拥有越国。要不然，我就要惩罚你。"

可范蠡却清醒地意识到"君王根据法令行事，臣子依从志趣行事"，于是，他便装上轻便珠玉，与他的家仆偷偷地乘船而去，最终也没有返回越国。于是勾践就在会稽山做标记，把它作为范蠡的封邑。

范蠡离开越国后，从齐国给大夫文种送去书信说："飞鸟尽，良弓藏；狡兔死，走狗烹。越王的脖子很长，嘴尖得像鸟喙一样，可以跟他共患难，但不可以共欢乐。你为什么不离去呢?"文种看了书信，托病不再上朝。有人进谗言说文种将要作乱，越王于是赐给文种宝剑，说："你教给我七种讨伐吴国的计谋，我用了其中三样就打败了吴国，还有四种在你那里，你为我到先王那里试用这些计谋吧。"文种于是自杀。

文种的智慧本与范蠡相差无几，然而，他的死只怪他没有悟透《剥卦》，不能做到适可而止而已。

每件事物发展到一定的程度，都会有终止的时候，只有遵循这个规律，我们的利益才不会受到损害。

为人处世，一定要准确分析事物的发展规律，不做那些与规律相违背的事情，对于那些明知不可成的事情莫强求。要知道，"适可而止"同样是种伟大的智慧。

践迹而行，君子之道

【原典】

子张问善人①之道，子曰："不践迹②，亦不入于室③。"

子曰："论笃是与④，君子者乎？色庄者乎？"

【注释】

①善人：指本质善良但没有经过学习的人。②践迹：迹，脚印。踩着前人的脚印走。③入于室：比喻学问和修养达到了精深地步。④论笃是与：论，言论。笃，诚恳。与，赞许。

【译释】

子张问怎样才能完善自己，孔子说："不踩着前人的脚印走，学问道德也就修养不到家。"

孔子说："虽然议论笃实诚恳受到了赞许，但还应看他是真君子呢？还是伪装庄重的人呢？"

解读

多向富有经验的人学习

在很多时候，"老"并不只代表一种年龄状态，更是人生经验和智慧的象征。在人生事业的岔路口，多听听"老人"的意见，绝对有助于降低自己走错路的概率。

《后汉书》中有这么一个故事。

西汉初年，班超为西域都护使。他在漠北任职达三十多年，威慑西域诸国。在他任期内，西域各族不敢轻举妄动，因此汉朝西北部边疆及西域地区得以和平安宁。为此朝廷封其为定远侯，可谓功成名就。

当班超年老力衰之后，感觉自己已不能胜任此职，便上表辞职。皇帝念其劳苦功高，便批准了他的请求，让任尚接替他的职务。

为了办理交接手续，任尚拜访了班超，问他："我要上任去了，请您教我一些统治西域的方法。"

班超打量一下任尚答道："看你的样子就是个刻板性子的人，做事可能一板一眼，所以我有几句话奉劝你：当水太清时，大鱼就没有地方躲藏，不敢住下来；同样为政之道也不能太严厉，太挑剔，否则也不容易成功。对西域各国未开化民族，不能太认真，做事要有弹性。大事化小，繁事化简才是。"

任尚听了，大不以为然。虽口头上表示赞成，内心却不服。

"我本以为班超是个伟大人物，肯定有许多高招教我，却只说了些无关痛痒、无足轻重的话，真令我失望。"

任尚把班超的教诲当作了耳旁风。他到达西域后，严刑峻法，一意孤行。结果没过多久，西域便起兵闹事，该地就此失去了和平，又陷于激烈的战争状态。

出现这样的结果，任尚想必是非常后悔的。但是，大乱已酿成，后悔也无济于事了。

班超出使西域数十年，他的成功经验当然是宝贵的。任尚毫无治理西域的经验，应该认真领会才对。可惜任尚太过自以为是，不但没听从班超的正确意见，而且还反其道而行之。因此，他后来铸成大错，也就没什么可奇怪的了。

一个人有做大事的目标，也有奋发进取的精神，这无疑是很好的。但是，在奋斗的过程中，方法也是极为重要的，否则，就有盲目不得法或走错路的可能。大多事业都有前人开拓的道路和已取得的成就，那么后学者就有必要沿着前人的足迹前进。这样不仅不会误入歧途，也会大大节省力气。因此，善于继承、总结和利用已有的资源，并且能虚心向比自己有才能有经验的人请教，是每一个事业开始起步的人必须学会的方法。

因材施教，言出于真

【原典】

子路问："闻斯行诸[①]？"子曰："有父兄在，如之何其闻斯行之？"冉有问："闻斯行诸？"子曰："闻斯行之。"公西华曰："由也问闻斯行诸，子曰，'有父兄在'；求也问闻斯行诸，子曰，'闻斯行之'。赤也惑，敢问。"子曰："求也退，故进之；由也兼人[②]，故退之。"

子畏于匡，颜渊后。子曰："吾以女为死矣。"曰："子在，回何敢死？"

季子然[③]问："仲由、冉求可谓大臣与？"子曰："吾以子为异之问，曾[④]由与求之问。所谓大臣者，以道事君，不可则止。今由与求也，可谓具臣[⑤]矣。"曰："然则从之者与？"子曰："弑父与君，亦不从也。"

子路使子羔为费宰。子曰："贼[⑥]夫人之子。"子路曰："有民人焉，有社稷[⑦]焉，何必读书，然后为学？"子曰："是故恶夫佞者。"

【注释】

①诸："之乎"两字的合音。②兼人：好勇过人。③季子然：鲁国季氏的同族人。④曾：乃。⑤具臣：备位充数之臣。⑥贼：害。⑦社稷：社，土地神。稷，谷神。这里"社稷"指祭祀土地神和谷神的地方，即社稷坛。古代国都及各地都设立社稷坛，分别由国君和地方长官主祭，故社稷成为国家政权的象征。

【译释】

子路问："听到了就行动起来吗？"孔子说："有父兄在，怎么能听到就行动起来呢？"冉有问："听到了就行动起来吗？"孔子说："听到了就行动起来。"公西华说："仲由问'听到了就行动起来吗？'你回答说'有父兄健在'，冉求问'听到了就行动起来吗？'你回答'听到了就行动起来'。我被弄糊涂了，敢再问个明白。"孔子说："冉求总是退缩，所以我鼓励他；仲由好勇过人，所以我约束他。"

孔子在匡地受到当地人围困，颜渊最后才逃出来。孔子说："我以为你已经死了呢。"颜渊说："您老人家还活着，我怎么敢死呢？"

季子然问："仲由和冉求可以算是大臣吗？"孔子说："我以为你是问别人，原来是问由和求呀。所谓大臣是能够用周公之道的要求来侍奉君主，如果这样不行，宁肯辞职不干。现在由和求这两个人，只能算是充数的臣子罢了。"季子然说："那么他们会一切都跟着季氏干吗？"孔子说："杀父亲、杀君主的事，他们是不会跟着干的。"

子路让子羔去作费地的长官。孔子说："这简直是害人子弟。"子路说："那个地方有老百姓，有社稷，治理百姓和祭祀神灵都是学习，难道一定要读书才算学习吗？"孔子说："所以我讨厌那种花言巧语狡辩的人。"

解读

根据个体的具体情况进行教育

因材施教法就是针对学习者的性格、气质、志向、兴趣、爱好、能力等具体情况施行不同的教育。这是一种传统的教育方法，也是一种常用的教育方法。

运用这一方法，首要的一点是认准和把握"材"字。所谓"材"，就是说看他是一块什么样的材料。这块材料是适合做领导，还是适合做学问；适合搞文学艺术，还是适合搞科学研究；适合经商，还是适合带兵打仗等。"材"通过性格、气质、志向、兴趣、能力等方面来体现。"材"可以用两个方法去识别：一是观察法。通过言谈举止观察孩子在性格、气质、志趣、能力等方面有哪些特点。二是运用谈话的方式去了解孩子的志趣、理想和抱负。

在认准是什么"材"的基础上才能施行具体的教育方法。

因材施教，在古代历史上屡见不鲜，留下许多佳话。

清代的曾国藩就根据儿子的气质，因材施教，扬长避短。他针对纪泽记性差、悟性佳的特点，教其读书不强求背诵，只要求读懂："纪泽读书记性差、悟性较佳。若令其句句读熟，或责其不可再生，则愈读愈蠢，将来仍不能读完经书也。请子植弟将纪泽儿未读之经每日点五六百字教一遍，解一遍，令其读十遍而已，不必能背诵也，亦不必常温习也。待其草草点完之后，将来看经解，亦可求熟。若蛮读蛮记蛮温，断不能久熟，徒耗日工而已。"读书不必求记，却宜求个明白。为发挥其悟性强的长处，曾国藩教子泛观博览，速点速读："纪泽看《汉书》，须以勤敏行之。每日至少必须二十页，不必惑于在精不在多之说。今日半页，明搁数页，又明日耽搁间断，或数年而不能毕一部。如煮饭然，歇火则冷，小火则不熟，须用大柴大火乃易成也。”

在为人方面，曾国藩根据纪泽、纪鸿的不同特点说：“泽儿天质聪颖，但嫌过于玲珑剔透，宜从浑字上用些工夫。鸿儿则从勤字上用些工夫。”他还教诫纪泽要力戒语言太快、举止过轻的缺点。这些教诲为纪泽日后成为一名出色的外交家准备了条件。

其实，无论从理论还是从实际出发，因材施教都是至关重要的，一旦违反这种顺应规律的方法，就有可能造成让关羽去砍树、让鲁班去出征的局面，不但会耽误了孩子的学习成材机会，而且还极有可能使之性格发生扭曲。从孔子的因材施教理论，我们的家长们应受到这样的启发，即决不可搞强迫命令，必须根据孩子的兴趣爱好、性格、气质等具体情况而采用与之相适的教育方法，只有这样才能让孩子扬长避短，顺利成材。

一言之间，足见心志

【原典】

子路、曾皙[①]、冉有、公西华侍坐。子曰：“以吾一日长乎尔，毋吾以也。居则曰：‘不吾知也！’如或知尔，则何以哉[②]？”子路率尔[③]而对曰：“千乘之国，摄[④]乎大国之间，加之以师旅，因之以饥馑，由也为之，比及三年，可使有勇，且知方[⑤]也。”夫子哂[⑥]之。“求，尔何如？”对曰：“方六七十[⑦]，如[⑧]五六十，求也为之，比及三年，可使足民。如其礼乐，以俟君子。”“赤，尔何如？”对曰：“非曰能之，愿学焉。宗庙之事[⑨]，如会同[⑩]，端章甫[⑪]，愿为小相[⑫]焉。”“点，尔何如？”鼓瑟希，铿尔，舍瑟而作，对曰：“异乎三子者之撰。”子曰：“何伤乎？亦各言其志也。”曰：“莫[⑬]春者，春服既成，冠者[⑭]五六人，童子六七人，浴乎沂[⑮]，风乎舞雩[⑯]，咏而归。”夫子喟然叹曰：“吾与点也！”三子者出，曾皙后。曾皙曰：“夫三子者之言何如？”子曰：“亦各言其志也已矣。”曰：“夫子何哂由也？”曰：“为国以礼。其言不让，是故哂之。”唯[⑰]求则非邦也与？”“安见方六七十如五六十而非邦也者？”“唯赤则非邦也与？”“宗庙会同，非诸侯而何？赤也为之小，孰能为之大？”

【注释】

①曾皙：名点，字子皙，曾参的父亲，也是孔子的学生。②则何以哉：何以，即何以为用。③率尔：轻率、急切。④摄：迫于、夹于。⑤方：方向。⑥哂：音 shěn，讥讽地微笑。⑦方六七十：纵横各六七十里。⑧如：或者。⑨宗庙之事：指祭祀之事。⑩会同：诸侯会见。⑪端章甫：端，古代礼服的名称。章甫，古代礼帽的名称。⑫相：赞礼人，司仪。⑬莫：同"暮"。⑭冠者：成年人。古代子弟到 20 岁时行冠礼，表示已经成年。⑮沂：沂，水名，发源于山东南部，流经江苏北部入海。⑯舞雩：雩，音 yú。地名，原是祭天求雨的地方，在今山东曲阜。⑰唯：语首词，没有什么意义。

【译释】

子路、曾皙、冉有、公西华四个人陪孔子坐着。孔子说："我年龄比你们大一些，不要因为我年长而不敢说。你们平时总说：'没有人了解我呀！'假如有人了解你们，那你们要怎样去做呢？"子路赶忙回答："一个拥有一千辆兵车的国家，夹在大国中间，常常受到别的国家侵犯，加上国内又闹饥荒，让我去治理，只要三年，就可以使人们勇敢善战，而且懂得礼仪。"孔子听了，微微一笑。孔子又问："冉求，你怎么样呢？"冉求答道："国土有六七十里或五六十里见方的国家，让我去治理，三年以后，就可以使百姓饱暖。至于这个国家的礼乐教化，就要等君子来施行了。"孔子又问："公西赤，你怎么样？"公西赤答道："我不敢说能做到，而是愿意学习。在宗庙祭祀的活动中，或者在同别国的盟会中，我愿意穿着礼服，戴着礼帽，做一个小小的赞礼人。"孔子又问："曾点，你怎么样呢？"这时曾点弹瑟的声音逐渐放慢，接着"铿"的一声，离开瑟站起来，回答说："我想的和他们三位说的不一样。"孔子说："那有什么关系呢？也就是各人讲自己的志向而已。"曾皙说："暮春三月，已经穿上了春天的衣服，我和五六位成年人，六七个少年，去沂河里洗洗澡，在舞雩台上吹吹风，一路唱着歌走回来。"孔子长叹一声说："我是赞成曾皙的想法的。"子路、冉有、公西华三个人都出去了，曾皙后走。他问孔子说："他们三人的话怎么样？"孔子说："也就是各自谈谈自己的志向罢了。"曾皙说："夫子为什么要笑仲由呢？"孔子说："治理国家要讲礼让，可是他说话一点也不谦让，所以我笑他。"曾皙又问："那么是不是冉求讲的不是治理国家呢？"孔子说："哪里见得六七十里或五六十里见方的地方就不是国家呢？"曾皙又问："公西赤讲的不是治理国家吗？"孔子说："宗庙祭祀和诸侯会盟，这不是诸侯的事又是什么？像赤这样的人如果只能做一个小相，那谁又能做大相呢？"

解读

孔子的社会理想

子路要做大将军，冉有要做宰相，公西华要做外交官，理想都不可谓不高，抱负不可谓不大。孔子却偏偏都没有表示，反而对曾皙大加赞赏。曾皙要做的是什么呢？不过是带着弟子们出去春游罢了。这有什么了不起的呢？难道孔子就这么点追求？要明白这些，还要从孔子的生平说起。

孔子生在鲁国。早年丧父，家境衰落，从小也是个苦孩子出身，干过很多粗活。年轻时放过羊，管过仓库。在鲁国时，孔子曾去周学礼。孔子从周回到鲁国后，跟从他学习的弟子就渐渐多起来了。孔子到三十岁的时候，学问有成，开始设私学收徒讲课。对于有心向学的后进，孔子没有不教育的。如颜渊、子路、子贡、曾皙、公西华、伯牛、冉有等，都是早期的一批弟子。连鲁大夫孟僖子的儿子孟懿子和南宫敬叔，都来和孔子学礼，可见孔子办学已名闻遐迩。私学的创设，打破了“学在官府”的传统，进一步促进了学术文化的下移。

秦始皇像

鲁国自宣公以后，政权操在以季氏为首的三桓手中。季氏“八佾舞于庭”，在自己家里上演天子之舞，不臣之心路人皆知，孔子对这种僭越行为表示愤慨，季氏多次找孔子出来做官，孔子均予以拒绝，并且约束自己的弟子不要去为季氏效力。鲁昭公二十五年，鲁国内乱。孔子离开鲁国，来到齐国，齐景公向孔子问政，孔子说：“君君，臣臣，父父，子子。”又说：“政在节财。”景公非常欣赏孔子的人品才华，但是齐国的大权全部掌握在大夫陈氏的手里，景公想重用孔子而不能。孔子这时又回到鲁国，受到重用，并帮助鲁国取得对齐国外交的胜利，令齐景公归还了占据的鲁国三城。这时齐国害怕鲁国在孔子的辅佐下强大起来，给鲁国国君送去八个美女，国君果然迷于声色犬马，政治遂趋于昏暗。孔子见自己在鲁国难有作为，于是开始了周游列国之旅，先后到过卫国、曹国、宋国、郑国、陈国、蔡国、楚国。在很多地方，孔子都得到当权者的赏识，但是，他觉得权力并不能改变日下的世风，因此没有贪恋。最终又回到了鲁国，开始整理古代文化典籍和继续教育学生。

孔子和他的学生们自述其政治上的抱负，从孔子的话中，可以看出孔子的社会理想。孔子认为，只有文化的力量才能挽救这个时世，前三个人的治国方法，都没有谈到根本上。他之所以只赞赏曾点的主张，就是因为曾点用形象的方法描绘了礼乐之治下的景象，体现了“仁”和“礼”的治国原则，这就说到了根本点。孔子的政治抱负一生未能实现，但他编定诗书礼乐，作春秋明善恶，为文化的保存做出了巨大贡献。

我们知道，秦始皇统一六国后，并未给社会带来安定，从春秋战国到楚汉争霸，整个国家都在剧烈的动荡中。到了刘邦称帝的时候，全国找不到四匹颜色一样的马来拉车。这段时间内孔子的事业一直未能实现。但是是金子总会发光，到了汉武帝的时候，董仲舒提倡独尊儒术得到支持，孔子思想的光辉在五百年后得以重见天日，并且一直照耀着中华大地数千年之久。孔子的事业，真正称得上是千秋事业。

颜渊第十二

克己是一种品德。忍让、谦让由克己而生，恒心、毅力由克己而成。克己，处世能大公无私，临危能当仁不让。能克己者，其人品自高。孔子认为，只有克己，才能遵守礼义，才能守信，才能使一切变得有秩序起来。

克己向仁，遵礼而行

【原典】

颜渊问仁。子曰："克己复礼①为仁。一日克己复礼，天下归仁焉。为仁由己，而由人乎哉？"颜渊曰："请问其目。"子曰："非礼勿视，非礼勿听，非礼勿言，非礼勿动。"颜渊曰："回虽不敏，请事②斯语矣。"

仲弓问仁。子曰："出门如见大宾，使民如承大祭；己所不欲，勿施于人；在邦无怨，在家无怨③。"仲弓曰："雍虽不敏，请事斯语矣。"

司马牛④问仁。子曰："仁者，其言也讱⑤。"曰："其言也讱，斯谓之仁已乎？"子曰："为之难，言之得无讱乎？"

【注释】

①克己复礼：克己，克制自己；复礼，言行符合于礼的要求。②事：从事，照着去做。③在邦无怨，在家无怨：邦，诸侯统治的国家。家，卿大夫统治的封地。④司马牛：姓司马名耕，字子牛，孔子的学生。⑤讱：音 rèn，话难说出口。这里引申为说话谨慎。

【译释】

颜渊问怎样做才是仁。孔子说："克制自己，一切都照着礼的要求去做，这就是仁。一旦这样做了，天下的一切就都归于仁了。实行仁德，完全在于自己，难道还在于别人吗？"颜渊说："请问实行仁的纲要。"孔子说："不合于礼的不要看，不合于礼的不要听，不合于礼的不要说，不合于礼的不要做。"颜渊说："我虽然愚笨，也要照您的这些话去做。"

仲弓问怎样做才是仁。孔子说："出门办事如同去接待贵宾，使唤百姓如同去进行重大的祭祀（都要认真严肃）；自己不愿意要的，不要强加于别人；做到在诸侯的朝廷上没人怨恨（自己）；在卿大夫的封地里也没人怨恨（自己）。"仲弓说："我虽然笨，也要照您的话去做。"

司马牛问怎样做才是仁。孔子说："仁人说话是慎重的。"司马牛说："说话慎重，这就叫做仁了吗？"孔子说："因为知道做起来很困难，说起来能不慎重吗？"

解读

以礼对待曾经的敌人

克制自己，言行合礼，这不仅是一种文明表现，更是一种做人做事的智慧和策略。任何想要在生活中拥有自己的一片天地的人，都应该也必须做到这一点。

西汉末年，天下一片混乱。义军将领之一的刘秀率领将士浴血奋战，渐渐平定了混乱局面。一天，他展开地图，总结平乱的政绩，望着标识着密密麻麻符号的作战形势图，不禁茫然，便对幕僚邓禹道：

“天下如此辽阔，如今我才平定了一些小郡，要到何年何月，才能使全国安定下来呀？我真是没有把握呀！”

邓禹回答：“诚然，如今天下群雄并起，战乱不已，前景难测。但是万民都眼望着明君的出现。自古以来，兴亡都在于仁德的厚薄，而不在于土地的大小。请您不要灰心丧气，只要一心一意积王者之德，天下最终会归于统一的。”

刘秀深以为然。半个月后，他率兵击败了被称作“铜马”的农民军。对那些愿意归降的将士，刘秀非但不治罪，反而让他们维持原职参加刘军，继续作战，且对其统领们一一封侯。他这样对叛军恩宠有加，以至于他们不敢相信，心中不免充满疑惑及不安。

对这种情形，刘秀也察觉到了，于是，他下了一道命令，投降军队不予整编，维持原编制，叛军各将领仍复原位，带领原部下参战，本部不做干涉。命令传下去后，为了观察实际反应，刘秀经常一个人单骑来往于各营地巡视。此时如果有人行刺刘秀，那真是件唾手可得的事情。但是叛军众将士看到刘秀如此诚恳，都产生了敬仰之心。他们说：

“萧王（刘秀当时的封号）推赤心置人腹中，诚恳待人，不怀疑我们，实在是一位度量宏大的宽仁长者！以前我们以小人之心度君子之腹，怀疑他居心叵测，现在回想起来，真觉惭愧。今后为了报答君主的知遇之恩，我们就是上刀山、下火海也在所不辞！”

从此以后，这些降将都成了刘秀忠实的部将，跟着刘秀披荆斩棘、赴汤蹈火，立下汗马功劳。而刘秀凭着他们东征西讨，南征北战，终于平定了天下的混乱，建立了东汉王朝。

刘秀具有贤明豁达的领导者风范。他能够克制自己，以礼义对待曾经的敌人，以君子之心度他人之腹，使人心归附于他，最终壮大了自己。

人活在复杂的现实中，须应对形形色色的人，要积聚起自己的力量，没有一种特殊的人格魅力是不行的。人格魅力靠什么形成？当然首先是具有亲和力的言语行为。试看古今有一番作为的人，哪一个不是谦谦君子，仁厚长者？

人作为自然人，当然有私欲和野性的需要，然而这种放纵必须放在礼义的制约之下，否则，为逞一时之快，而做出完全不合适的举动，可能使你的整个形象都大打折扣。这样一来，人气骤落，以后还靠什么出来打“天下”？

不忧不惧，心胸常宽

【原典】

司马牛问君子。子曰：“君子不忧不惧。”曰：“不忧不惧，斯谓之君子已乎？”子曰：“内省[①]不疚[②]，夫何忧何惧？”

司马牛忧曰：“人皆有兄弟，我独亡。”子夏曰：“商闻之矣：死生有命，富贵在天。君子敬而无失，与人恭而有礼，四海之内，皆兄弟也。君子何患乎无兄弟也？”

【注释】

①内省：内心自我检查审视。②疚：惭愧，愧疚。

【译释】

司马牛问怎样做一个君子。孔子说：“君子不忧愁，不恐惧。”司马牛说：“不忧愁，不恐惧，这样就可以叫做君子了吗？”孔子说：“自己问心无愧，那还有什么忧愁和恐惧呢？”

司马牛忧愁地说：“别人都有兄弟，唯独我没有。”子夏说：“我听说过：‘死生有命，富贵在天。’君子只要对待所做的事情严肃认真，不出差错，对人恭敬而合乎于礼的规定，那么，天下人就都是自己的兄弟了。君子何愁没有兄弟呢？”

解读

让烦恼随风而逝

司马牛为没有兄弟而发愁，子夏以“四海之内皆兄弟”的话来劝慰他，就是让他把心胸放宽一些。因为宽广的胸怀是一种爱，更是一种智慧。它能够化解一切的愁苦烦恼，能够让别人愉悦，让自己快乐。面对生活中的种种烦恼忧愁，我们不必过于挂在心间。既然它们“随风”而来，就让它们随风而逝吧！

菩提达摩慕名前往拜见梁武帝，不想失望而归。于是，渡过长江来到河南少室山，找了个山洞打坐面壁。那么达摩祖师在那里仅仅是面壁打坐吗？不，实际上他是在等待，天才的老师在等待天才的学生出现。

多年以后的一个冬天，下着大雪，有个年轻僧人来求教达摩。不过当他看到达摩，却不知该如何说起，只好默默地站在漫天大雪之中，静静沉思。

当积雪已经没过他的膝盖，菩提达摩慢慢转过身：“你来干什么？”

年轻人回答：“我的心无法安宁，请老师您使它平静。”

“好，你把心拿来，我就会使它平静。”达摩提出一个奇怪的要求。

年轻人反思自己，试图寻找无法安宁的内心究竟在哪里，但是过了好久都没有找到：“老师，我找不到自己的心。”

“既然你找不到自己的心，”达摩说，“那么我已经使你的心平静了。”

年轻人恍然大悟，而这个年轻人正是达摩祖师要等待的学生——慧可。

慧可之所以不能“心安”，原因在于他内心有个“我”在。如果人只专注自我，那么他的内心就不可能获得平静。

现今社会人们越来越注重自我。这对于摆脱外在束缚固然是好事，但是如果过分以自我为中心，那么内心的束缚将会带来更多的烦恼。如果能做到心胸像天空一样宽广，那么偶然的烦恼就像朵朵白云，根本不会妨碍内心的空灵。

明辨是非，信义为重

【原典】

子张问明。子曰："浸润之谮[①]，肤受之愬[②]，不行焉，可谓明也已矣。浸润之谮，肤受之愬，不行焉，可谓远[③]也已矣。"

子贡问政。子曰："足食，足兵，民信之矣。"子贡曰："必不得已而去，于斯三者何先？"曰："去兵。"子贡曰："必不得已而去，于斯二者何先？"曰："去食。自古皆有死，民无信不立。"

棘子成曰："君子质而已矣，何以文为？"子贡曰："惜乎夫子之说君子也！驷不及舌[④]。文犹质也，质犹文也，虎豹之鞟[⑤]犹犬羊之鞟。"

哀公问于有若曰："年饥，用不足，如之何？"有若对曰："盍彻乎[⑥]？"曰："二[⑦]，吾犹不足，如之何其彻也？"对曰："百姓足，君孰与不足？百姓不足，君孰与足？"

子张问崇德[⑧]辨惑[⑨]。子曰："主忠信，徙义[⑩]，崇德也。爱之欲其生，恶之欲其死，既欲其生，又欲其死，是惑也。'诚不以富，亦祇以异[⑪]。'"

齐景公[⑫]问政于孔子。孔子对曰："君君、臣臣、父父、子子。"公曰："善哉！信如君不君，臣不臣，父不父，子不子，虽有粟，吾得而食诸？"

【注释】

①浸润之谮：谮，音 zèn，谗言。这是说像水那样一点一滴地渗进来的谗言，不易觉察。②肤受之愬：愬，音 sù，诬告。这是说像皮肤感觉到疼痛那样的诬告，即直接的诽谤。③远：明之至，明智的最高境界。④驷不及舌：指话一说出口，就收不回来了。驷，拉一辆车的四匹马。⑤鞟：音 kuò，去掉毛的皮，即革。⑥盍彻乎：盍，何不。彻，西周奴隶主国家的一种田税制度。旧注曰："什一而税谓之彻。"⑦二：抽取十分之二的税。⑧崇德：提高道德修养的水平。

⑨惑：迷惑，不分是非。⑩徙义：徙，迁移。向义靠拢。⑪诚不以富，亦祇以异：这是《诗经·小雅·我行其野》篇的最后两句。⑫齐景公：名杵臼，音chǔ jiù，齐国国君，公元前547年至公元前490年在位。

【译释】

子张问怎样做才算是明智的。孔子说："像水润物那样暗中挑拨的坏话，像切肤之痛那样直接的诽谤，在你那里都行不通，那你可以算是明智的了。暗中挑拨的坏话和直接的诽谤，在你那里都行不通，那你可以算是明镜高悬了。"

子贡问怎样治理国家。孔子说，"粮食充足，军备充足，老百姓信任统治者。"子贡说："如果不得不去掉一项，那么在三项中先去掉哪一项呢？"孔子说："去掉军备。"子贡说："如果不得不再去掉一项，那么这两项中去掉哪一项呢？"孔子说："去掉粮食。自古以来人总是要死的，如果老百姓对统治者不信任，那么国家就不能存在了。"

棘子成说："君子只要具有好的品质就行了，要那些表面的仪式干什么呢？"子贡说："真遗憾，夫子您这样谈论君子。一言既出，驷马难追。本质离不开文采，文采离不开本质，都是同等重要的。虎豹的毛皮要是去掉了花纹，不是和犬羊的毛皮毫无区别了吗？"

鲁哀公问有若说："遭了饥荒，国家用度困难，怎么办？"有若回答说："为什么不实行彻法，只抽十分之一的田税呢？"哀公说："现在抽十分之二，我还不够，怎么能实行彻法呢？"有若说："如果百姓的用度够，您怎么会不够呢？如果百姓的用度不够，您怎么又会够呢？"

子张问怎样提高道德修养水平和辨别是非迷惑的能力。孔子说："以忠信为主，使自己的思想合于义，这就是提高道德修养水平了。爱一个人，就希望他活下去，厌恶起来就恨不得他立刻死去，既要他活，又要他死，这就是迷惑。（正如《诗》所说的：）'即使不是嫌贫爱富，也是喜新厌旧。'"

齐景公问孔子如何治理国家。孔子说："做君主的要像君的样子，做臣子的要像臣的样子，做父亲的要像父亲的样子，做儿子的要像儿子的样子。"齐景公说："讲得好呀！如果君不像君，臣不像臣，父不像父，子不像子，虽然有粮食，我能吃得上吗？"

解读

不轻信流言飞语

“浸润之谮”是一种很厉害的坏话，有时候看似不相干的两句话，就能改变你对一个人的看法。而如果几个人连着对你吹这种风，后果就很可怕了。我们常说的“枕边风”就是这种东西，多吹几次就有效果了。而能够不被“浸润之谮”影响自己判断的人，无疑是很有主见的。

战国时期，各国之间的争战连年不断。魏国国君决定派大臣乐羊率军去打中山国。但因为中山国的重臣乐舒恰恰是乐羊的儿子，朝中大臣争议不绝，均认为乐羊虽然善于布兵打仗，但这次父子对仗，恐怕乐羊就不会全心全意为国效忠了。尽管朝中争议颇多，但魏文侯却并未改变主意，而是依然派乐羊带兵出征了。乐羊在抵达中山国后，决定用围而不攻的战略攻城。一连好几个月过去，乐羊却未曾动过一兵一卒。朝中有些大臣再也忍耐不住，纷纷上书。奏章像雪片似的飞到魏文侯手中，魏文侯只是一笑置之。

朝中争议越来越激烈，魏文侯依然不动声色，反而派遣专使带着酒食、礼品去慰问乐羊，犒劳他的军队。流言愈演愈烈，魏文侯一不做二不休，索性给乐羊建造了一座漂亮的别墅。最后，乐羊终于按计划攻克了中山国，得胜回朝。魏文侯非常高兴，特意为乐羊举行了一场盛大的庆功酒宴。那些议论过乐羊的大臣都觉得无地自容，同时也都称赞魏文侯的用人不疑。宴罢，魏文侯赏给乐羊一个密封的钱箱。乐羊到家后，打开一看，魏文侯赏给他的不是金银珠宝，而是满满一箱他攻打中山国时朝中大臣弹劾他的奏章。乐羊对魏文侯的信任感动万分。乐羊这时才明白，如果不是魏文侯的全力庇护，不是魏文侯对他的这种超乎寻常的信任，不要说攻打中山国的任务不能完成，恐怕连自己的性命也很难保住了。

作为领导人，每天都会听到部下的报告，这里面有的真实有的有水分，有的是忠言有的是谄言，有的是自表其功，有的是浸润之谮。这时候，如何在纷繁复杂的信息中获取真实有用的部分，过滤掉有害无用的部分，就是门大学问了。

公正断案，心系苍生

【原典】

子曰：“片言①可以折狱②者，其由也与③?”子路无宿诺④。

子曰：“听讼，吾犹人也。必也使无讼乎！”

【注释】

①片言：诉讼双方中一方的言辞，即片面之词，古时也叫“单辞”。②折狱：狱，案件。即断案。③其由也与：大概只有仲由吧。④宿诺：宿，久。拖了很久而没有兑现的诺言。

【译释】

孔子说：“只听了单方面的供词就可以判决案件的，大概只有仲由吧。”子路说话没有不算数的时候。

孔子说：“审理诉讼案件，我同别人也是一样的。重要的是必须使诉讼的案件根本不发生！”

解读

多替百姓着想

无论是为政也好，断案也好，只要是心忧天下、念及他人的仁厚君子，都会心系苍生，从百姓的利益出发去处理事情。这种心系百姓的情怀，是值得每一代人感念、继承和发扬的。

“扬州八怪”之一郑燮（1693～1765），字克柔，号板桥，江苏兴化人，被称为康乾盛世时一怪。他性格怪，诗书画怪，当官也怪，其实，他的“怪”正在于以百姓疾苦为念，而忘记自我。

郑燮3岁逝母，不容于继母，赖乳母教养。稍长入塾读书，学习十分勤奋，不仅习经史，又习诗、书、画。48岁时，郑板桥任山东范县（今属河南）知

郑板桥像

县。范县在黄河北岸鲁豫两省交界处，地瘠民贫，但民风纯朴，政事较少。郑知县关心农耕，重视济困扶危，经常深入农村。他常说："我的事是一身一家之事，而忧国忧民则是天下百姓的事。"他有时写诗作画抒发情感，也充满对劳动人民的同情，正如他自己所说："横涂竖抹千千幅，墨点无多泪点多。"

他断案的风格让人看来感觉颇"怪"。一次，一群人扭送一对青年僧尼到县衙，控告他俩私通，有伤佛门清规，败坏社会风气，衙门师爷也劝郑大人从重发落。郑燮认真审讯，了解二人青梅竹马，早有恋情，被逼出家，相思难断。郑知县顿发同情之心，他对众人说："佛教以众生平等为主旨，元朝时僧尼可以各自结婚生子，可以经商做官。食色，性也。只要不是乱搞男女关系，应让他俩有情人终成眷属才是。"就这样他说服了众人，让两僧人还俗成为夫妻，还当场赋诗："是谁勾起风流案，记取当堂郑板桥。"一时传为美谈。

郑板桥是一位性情中人，但更是一个仁厚君子。他不以自己的才情作为晋官升职的手段，也不以此纵情卖弄，而是将之一心一意用在为民谋福上。德布于民，民自感之。虽然郑板桥一生官卑期短，但却将德馨清名留在了人间。

过去的医铺里常有这样一副对联："但求世上人无病，何妨架上药生尘。"这句话所包含的宽厚无私的情怀是很让人感动的。自己虽为良医，却祈愿别人都不生病，这种人格境界可谓高矣。孔子对诉讼的感慨，也包含着同样的情怀：自己虽有审讼断案的才能，但并不希望有案可断，而是希望通过教化，使人民习于礼，化于德，减少争端以致没有诉讼。这无疑是一种以天下人为念的崇高理念。

修德勤政，以德化人

【原典】

子张问政。子曰："居之无倦，行之以忠。"

子曰："博学于文，约之以礼，亦可以弗畔矣夫！"

子曰："君子成人之美，不成人之恶。小人反是。"

季康子问政于孔子。孔子对曰："政者正也。子帅以正，孰敢不正？"

季康子患盗，问于孔子。孔子对曰："苟子之不欲，虽赏之不窃。"

季康子问政于孔子曰："如杀无道①，以就有道②，何如？"孔子对曰："子为政，焉用杀？子欲善而民善矣。君子之德风，小人之德草，草上之风③，必偃④。"

【注释】

①无道：指无道的人。②有道：指有道的人。③草上之风：指风加之于草。④偃：仆，倒。

【译释】

子张问如何治理国政。孔子说："在职位上要心无厌倦，做事要出于忠诚。"

孔子说："君子广泛地学习古代的文化典籍，又以礼来约束自己，也就可以不离经叛道了。"

孔子说："君子成全别人的好事，而不助长别人的恶处。小人则与此相反。"

季康子问孔子如何治理国家。孔子回答说："政就是正的意思。您本人带头走正路，那么还有谁敢不走正道呢？"

季康子担忧盗窃，问孔子怎么办。孔子回答说："假如你自己不贪图财利，即使奖励偷窃，也没有人偷盗。"

季康子问孔子如何治理政事，说："如果杀掉无道的人来成全有道的人，怎么样？"孔子说："您治理政事，哪里用得着杀戮的手段呢？您只要想行善，老百姓也会跟着行善。在位者的品德好比风，在下的人的品德好比草，风吹到草上，草就必定跟着倒。”

解读

勤政才能治理好国家

纵观中国几千年来的执政者，凡治绩卓著而社会得以长治久安者，无一不具有居安思危的忧患意识，总是“先之劳之”，“居之无倦，行之以忠”。

唐太宗李世民就是一个“居之无倦，行之以忠”的勤快皇帝。他之所以能开创历史上的“贞观之治”，与坚持“先之”、“劳之”的态度，励精图治是分不开的。

《贞观政要》记载：臣子们认为宫中炎热潮湿，李世民休息与用膳的地方不合适，请求他在地势高、宽敞明亮的地方修建一座小小的楼阁。因顾及修建楼阁需耗去十户人家的资产，李世民制止了臣子们的建议，不惜身受寒暑，安心地居住在低下简陋的地方。有几年因霜灾歉收，普天之下饥荒严重，仓库里也十分空虚。李世民内心怜悯百姓，不断地救济抚恤，他自己只吃一般的饭菜，停止赏乐，撤除了悬挂钟磬的架子，说话也是凄婉动容，面庞已大大消瘦。平时李世民心中深切思劳忧虑，断绝游玩巡幸；每天清早就设朝理事，听取和接受群臣的意见毫不懈怠。散朝之后，还召见有名的大臣，共同探讨议论治国的得失；倾尽全部心力，唯一涉及的只是治国大事，再没有别的话；到太阳西斜，一定叫才学渊博的人进宫，畅谈古代典籍，中间有时写文咏诗，有时清谈玄理，到深夜还不顾疲劳，夜半还不安寝。对于一个处于一国之尊的皇帝能做到这些，确实难能可贵。

一个从政者如果想事业有成，必须具备一种良好的品德，那就是忠实于自己的职务，不辞劳苦，身先士卒，尽心尽力地履行自己的职责。孔子在这里并没有讲从政的具体策略，而重点讲从政者的素养、情操，或者说是强调从政者的执政态度、工作作风和精神面貌。“先之”、“劳之”、“无倦”，确实是关系国家政治的大事，同时也是对执政者的要求。

品质正直，遵从道义

【原典】

子张问："士何如斯可谓之达①矣?"子曰："何哉，尔所谓达者?"子张对曰："在邦必闻②，在家必闻。"子曰："是闻也，非达也。夫达也者，质直而好义，察言而观色，虑以下人③。在邦必达，在家必达。夫闻也者，色取仁而行违，居之不疑。在邦必闻，在家必闻。"

【注释】

①达：通达，显达。②闻：有名望。③下人：下，动词。对人谦恭有礼。

【译释】

子张问："士怎样才可以叫做通达?"孔子说："你说的通达是什么意思?"子张答道："在国君的朝廷里必定有名望，在大夫的封地里也必定有名声。"孔子说："这只是虚假的名声，不是通达。所谓达，那是要品质正直，遵从道义，善于揣摩别人的话语，观察别人的脸色，经常想着谦恭待人。这样的人，就可以在国君的朝廷还是大夫的封地里通达。至于有虚假名声的人，只是外表上装出仁的样子，而行动上却正是违背了仁，自己还以仁人自居不惭愧。但他无论在国君的朝廷里还是大夫的封地里都必定会有名声。"

解读

遵从道义才会闻达

道德是人们共同生活及其行为的一种重要的准则和规范。每一个人都是独立的、具有个性的，但是每一个人又都生活在社会中，因而就必须自觉地遵循社会的道德准则与规范。

然而，大千世界，世象纷繁，人们的处世态度、行为方式是迥然不同的。

有的人豁达大度，有的人斤斤计较，有的人积极进取，有的人自暴自弃，有的人坚持正义，有的人颠倒是非……造成这种差异的原因可能很多，但都与他们道德品质的优劣高低有关。每一个有良知的人，都应正确分辨是非，不断提高道德水准，自觉加强道德修养。

东汉时，羊续在南阳做太守。南阳这个地方土地肥沃，水源充足，气候温暖，农业和畜牧业非常发达。由于这里的人民生活富裕，社会风气难免奢侈浮华。特别是地方官府中请客送礼、讲究排场、讲吃讲喝的风气尤为严重。看到这种情况，羊续十分不满，他决定要移风易俗。但要改掉人民的这些坏习惯，必须先从官府和为官者入手。羊续觉得还是先从自己这个做太守的人做起，比较好。

一天，郡里的郡丞提着一条很大的鱼来看羊续。他为了让羊续收下他的鱼，就说这条鱼不是买的，也不是向别人要的，而是自己在休息的时候从白河里钓上来的。接着他还向羊续介绍了南阳的风土人情，并极力夸赞白河鲤鱼味美可口。他还说，自己绝不是拿这条鱼送礼，而是出于同事之间的感情，让新来的羊续尝一尝。羊续虽听他说了这么多，但还是决定不收他的鱼。而郡丞无论如何都不把鱼拿回去。他说："太守您要是执意不收，那就是看不起我，我从此以后也不会和你共事了。"羊续盛情难却，只得将鱼收下了。

郡丞走后，羊续拿起鱼来看了一会儿，就吩咐家人用麻绳将鱼拴好，挂在自家的屋檐下。

几天后，郡丞又来看望羊续，手里提着一条比上次更大的鱼。羊续一看，很不高兴，就说："在南阳这个地方，除了我以外，你的官位最高了。你怎么好带头给我送礼呢？"郡丞听了，轻轻地摇了摇头，还没来得急说什么，羊续就从屋檐下拿出晒干了的鱼，说："你看，上次的鱼还在这里，你一起拿回去吧！"郡丞一看到风干的鱼，脸马上就红了，转身就离开了羊续的家。

从此，南阳再也没有人给羊续送礼了。南阳的百姓听了这件事后，都很高兴，纷纷称赞新来的太守廉洁不贪。还有人给羊续取了个"悬鱼太守"的雅号。

可见，时刻注意自己道德修养，你就能获得周围人的关注与理解。加强道德修养，首先要自尊自重，要明确社会的准则与规范，要有所为，有所不为。只有有了自我反思，自我陶冶，自我塑造的自觉性，才能不断地对自己身上非道德的东西进行自我解剖，自我洗涤，从而达到自我完善的境界。这正是真正的"闻达"。

彰显仁德，举贤任能

【原典】

樊迟从游于舞雩之下，曰："敢问崇德、修慝[①]、辨惑。"子曰："善哉问！先事后得[②]，非崇德与？攻其恶，无攻人之恶，非修慝与？一朝之忿[③]，忘其身，以及其亲，非惑与？"

樊迟问仁。子曰："爱人。"问知。子曰："知人。"樊迟未达。子曰："举直错诸枉，能使枉者直。"樊迟退，见子夏曰："乡[④]也吾见于夫子而问知，子曰'举直错诸枉，能使枉者直'，何谓也？"子夏曰："富哉言乎！舜有天下，选于众，举皋陶[⑤]，不仁者远矣。汤[⑥]有天下，选于众，举伊尹[⑦]，不仁者远矣。"

【注释】

①修慝：慝，音 tè，邪恶的念头。修，改正。这里是指改正邪恶的念头。②先事后得：先致力于事，把利禄放在后面。③忿：愤怒，气愤。④乡：音 xiàng，同"向"，过去。⑤皋陶：gāo yáo，传说中舜时掌握刑法的大臣。⑥汤：商朝的第一个君主，名履。⑦伊尹：汤的宰相，曾辅助汤灭夏兴商。

【译释】

樊迟陪着孔子在舞雩台下散步，说："请问怎样才能使仁德日益显现？怎样改正自己的邪念？怎样辨别迷惑？"孔子说："问得好！先努力致力于事，然后才有所收获，不就是崇德吗？检讨自己的过错，不去攻击别人的过失，不就消除恶念了吗？由于一时的愤怒，就忘记了自身的安危，以至于牵连自己的亲人，这不就是迷惑吗？"

樊迟问什么是仁。孔子说："爱人。"樊迟问什么是智，孔子说："了解人。"樊迟还不明白。孔子说："把正直的人提拔上来，放置在邪恶不正的人上面，这样就能使邪者归正。"樊迟退出来，见到子夏说："刚才我见到老师，问他什么是智，他说'把正直的人提拔上来，放置在邪恶不正的人上面，这样就能使邪者归正'。这是什么意思?"子夏说:"这话说得多么深刻呀!舜有天下,在众人中挑选人才,把皋陶选拔出来,不仁的人就被疏远了。汤有了天下,在众人中挑选人才,把伊尹选拔出来,不仁的人就被疏远了。"

解读

任用贤能之人

唐朝的史书记载着这样一件事:武则天问武三思,朝中谁是忠臣?武三思说,跟我好的都是忠臣。武则天说,你这是什么话?武三思说,我不认识的怎么知道他好不好?

同样的道理,看戏容易作戏难,身为当局者,要真正做到"举直错诸枉"并不容易。

金朝世宗皇帝完颜雍在位 28 年。在他执政期间,金朝统治由混乱逐步转为稳定、清明;经济从崩溃边缘逐步恢复,发展繁荣起来。金国社会出现了天下治平、四民安居、群臣尽职、上下相安的大好形势,而这一切,与金世宗正确的用人之道是分不开的。

首先,金世宗用人坚持唯贤唯才,不重资历。他认为,选官只限于资历,很难得到有用人才。他常对臣下说:"对于人才,应当在其壮年精强时用之。如果拘于资历,则往往费人年华,使许多有用人才,因年老体弱而不能很好地发挥他们的作用。"例如,移剌道,原来不过是个都督府长史,当世宗得知他很有才干,且政绩显著时,准备大用。如果按资历,他最高只能为翰林学士。世宗认为这样不足以尽其才,于是派他去担任中都路的转运使,因其屡建奇功,后又升为宰相。

其次,坚持升迁以政绩为准,反对苟且因循。完颜雍认为,对于官吏的任用,应当"察其勤奋而升用",对"苟简于事,不学无术"的官员应当降职,以至削官为民。正是由于金世宗坚持以政绩好坏为用人标准,所以在他执政期间,涌现出了一大批政治上有作为、正直清廉的官吏。与此相联系,金世宗还实行了奖罚分明的用人原则,也取得了良好的效果。在金世宗看来,天子以兆民为子,因身居高位虽不能家家安抚,但只要用人得当,百姓就会受益;而如果用人不当,百姓就要遭殃。为此,他总结了这样一条识人用人的方法,即每季求仕人,向他们提出疑难,令其作答,提出办法,以察才识;对于可取者,再访察其政绩,如言行相符，即量才任用。这对后人是很有借鉴意义的。

喜欢正直有才能的人，憎恶奸邪的人，是人情所向。“选贤任能”、“任人唯贤”，并放对位置，这个道理无论是一国之尊还是具体单位的领导者、管理者，似乎个个都明白。但经验告诉我们，实行起来却并非易事。所以，为政者必须有明辨是非的眼光和正直无私的胸怀，否则，一旦出现“亲小人远贤者”的情形，不但会使局势变得危险，也会陷人民群众于苦难之中。

结交有方，以文会友

【原典】

子贡问友①。子曰：“忠告而善道②之，不可则止，毋自辱也。”

曾子曰：“君子以文会友，以友辅仁。”

【注释】

①友：如何对待朋友，交友之道。②善道：善意地引导，“道”通“导”。

【译释】

子贡问怎样对待朋友。孔子说：“忠诚地劝告他，恰当地引导他，如果不听也就罢了，不要自取其辱。”

曾子说：“君子以文章、学问来结交朋友，依靠朋友帮助自己培养仁德。”

解读

结交好友互相提高

曾子是继承了孔子学问道统的人。他对交友之道是这样诠释的：“君子用文章、学问来结交朋友，用朋友的辅助来成就仁德。”这里说了两个内容，一个是交友的途径——文章、学问，一个是交友的目的——成就仁德。显然曾子说的朋友不是酒肉朋友，而是因为共同的追求而走到一起来的同志。这样的朋友境界很高，也很少有，但并非不存在，马克思与恩格斯的伟大友谊就是一例。

马克思于 1818 年 5 月 5 日诞生于普鲁士莱茵省特利尔城一个律师的家里。

青年的马克思就有着改造社会的强烈愿望并付诸行动，因而他受到反动政府的迫害，长期流亡在外。

1844 年，马克思在巴黎认识了恩格斯，共同的信仰使他们将对方看得比自己都重要。马克思长期流亡，生活很苦，常常靠典当维持生活，有时竟然连买邮票的钱都没有，但他仍然顽强地进行他的研究工作和革命活动。恩格斯为了维持马克思的生活，宁愿经营自己十分厌恶的商业，把挣来的钱源源不断地寄给马克思。他不但在生活上帮助马克思，在事业上，他们更是互相帮助，亲密地合作。

他们同住伦敦时，每天下午，恩格斯总到马克思家里去，一连几个钟头，讨论各种问题。分开后，几乎每天通信，彼此交换对政治事件的意见和研究工作的成果。他们之间的友谊还表现在时时刻刻设法给予对方帮助，并为对方在事业上的成就感到骄傲。马克思答应给一家英文报纸写通讯稿时，还没有精通英文。恩格斯就帮他翻译，必要时甚至代他写。恩格斯从事著述的时候，马克思也往往放下自己的工作，编写其中的某些部分。有一个时期，恩格斯生病，马克思时时挂在心上，他在给恩格斯的信中说："我关心你的身体健康，如同自己患病一样，也许还要厉害些。"而恩格斯为了"保存最优秀的思想家"，自己作出了巨大牺牲，当《资本论》第一卷付印的时候，马克思给恩格斯写信说："其所以能够如此，我只有感谢你！没有你为我的牺牲，我是绝不可能完成三卷书的巨大工作的。我满怀感激的心情拥抱你。"恩格斯尽管做出了巨大牺牲，但他始终认为，能够同马克思并肩战斗四十年，是一生中最大的幸福。

马克思和恩格斯合作了四十年，建立起了伟大的友谊，共同创造了伟大的马克思主义。正如列宁所说，"古老的传说中有各种各样非常动人的友谊故事，后来的欧洲无产阶级可以说，它的科学是由两位学者和战友创造的。他们的关系超过了古人关于人类友谊的一切最动人的传说。"

以文章、学问作为结交朋友的手段，以互相帮助培养仁德作为结交朋友的目的，为朋友而甘愿奉献自己，亲密合作，共同提高，共同开创事业，这正是君子之所为，这样的君子之交是难能可贵的。

子路第十三

倘若为政者自己不能端正行为作出表率，那么他的所谓“命令”就没有人会放在眼里。反之，作为一个领导、一个当政者，倘若自己品德端正，率先垂范，自然也就成为引导群众、教育群众、改良社会风气等带有根本性的治政带头人了。即使作为一个普通人，品行端正的效果也是很明显的，它能使一个人在某个群体中自然而然地树立威信。一个“不正”之人，是不会在人群中拥有话语权的。

以身作则，摆正名分

【原典】

子路问政。子曰："先之劳之①。"请益②。曰："无倦。"

仲弓为季氏宰，问政。子曰："先有司，赦小过，举贤才。"曰："焉知贤才而举之？"曰："举尔所知。尔所不知，人其舍诸？"

子路曰："卫君③待子为政，子将奚先？"子曰："必也正名④乎！"子路曰："有是哉，子之迂也！奚其正？"子曰："野哉，由也！君子于其所不知，盖阙⑤如也。名不正则言不顺，言不顺则事不成，事不成则礼乐不兴，礼乐不兴则刑罚不中⑥，刑罚不中，则民无所措手足。故君子名之必可言也，言之必可行也。君子于其言，无所苟⑦而已矣。"

樊迟请学稼。子曰："吾不如老农。"请学为圃⑧。曰："吾不如老圃。"樊迟出。子曰："小人哉，樊须也！上好礼，则民莫敢不敬，上好义，则民莫敢不服；上好信，则民莫敢不用情⑨。夫如是，则四方之民襁⑩负其子而至矣，焉用稼？"

子曰："诵诗三百，授之以政，不达⑪；使于四方，不能专对⑫。虽多，亦奚以为？"

【注释】

①先之劳之：先，率先。之，百姓。做在老百姓之前，使老百姓勤劳。②请益：请求增加一些。③卫君：卫出公，名辄，卫灵公之孙。④正名：即正名分。⑤阙：同"缺"，存疑的意思。⑥中：音 zhòng，得当。⑦苟：苟且，马马虎虎。⑧圃：音 pǔ，菜地，引申为种菜。⑨用情：情，情实。以真心实情来对待。⑩襁：音 qiǎng，背婴孩的背篓。⑪达：做好。⑫专对：独立对答。

【译释】

子路问怎样管理政事。孔子说："率先做到勤劳然后使百姓变得勤劳。"子路请求多讲一点。孔子说："不要懈怠。"

仲弓做了季氏的家臣，问怎样管理政事。孔子说："先责成手下负责具体事务的官吏，让他们各负其责，赦免他们的小过错，选拔贤才来任职。"仲弓又问："怎样知道是贤才而把他们选拔出来呢？"孔子说："选拔你所知道的，至于你不知道的贤才，别人难道还会埋没他们吗？"

子路说："卫国国君要您去治理国家，您打算先从哪些事情做起呢？"孔子说："首先必须正名分。"子路说："有这样做的吗？您老人家真是迂腐。这名怎么正呢？"孔子说："仲由，真粗野啊。君子对于他所不知道的事情，总是采取存疑的态度。名分不正，说起话来就不顺当合理，说话不顺当合理，事情就办不成。事情办不成，礼乐也就不能兴盛。礼乐不能兴盛，刑罚的执行就不会得当。刑罚不得当，百姓就不知怎么办好。所以，君子一定要定下一个名分，必须能够说得明白，说出来一定能够行得通。君子对于自己的言行，是从不马马虎虎对待的。"

樊迟向孔子请教如何种庄稼。孔子说："我不如老农。"樊迟又请教如何种菜。孔子说："我不如老菜农。"樊迟退出以后，孔子说："樊迟真是小人。在上位者只要重视礼，老百姓就不敢不敬畏；在上位者只要重视义，老百姓就不敢不服从；在上位的人只要重视信，老百姓就不敢不用真心实情来对待你。要是做到这样，四面八方的老百姓就会背着自己的小孩来投奔，哪里用得着自己去种庄稼呢？"

孔子说："把《诗经》三百篇背得很熟，让他处理政务，却做不好；让他当外交使节，不能独立地去交涉。读得很多，又有什么用呢？"

解读

名正言顺则事成

三国时期的曹操之所以能在群雄纷争、诸侯割据的局面下迅速崛起，吞并其他政治、军事集团，形成三国鼎立之势，与他灵活运用"名正则言顺，言顺则事成"的策略有着很大关系。

曹操当年矫诏联络的十几路大军讨伐董卓不成，纷纷离去之后，各军阀趁朝廷动乱、无暇他顾的机会，彼此争城夺地混战开来。今天袁绍打公孙瓒，明天是孙坚击刘表，后天是曹操攻陶谦，然后袁术袭刘备，过后是吕布战完曹操又攻刘备。你争我夺，互不相让。

这时的曹操，正在许昌一带发展势力。他的谋士看到汉朝天子几经辗转，如今初定洛阳，正需要人扶持。尽管汉朝天子已无能力行令天下，但这块牌子有它特殊的作用，尤其是对曹操这样想成大事而眼下势力还不够雄厚的人。于是谋士便极力建议曹操西进洛阳“护驾”。谋士对曹操说：“春秋时，晋文公迎周襄公，终于当上了霸主；秦朝末年，汉高祖为义帝发丧佩孝，争得天下人心。近年来董卓作乱，皇上蒙难，是将军你首先起义兵，只是因为关东诸军彼此兼并战乱，您才没有能远上关中去辅佐朝廷，但天下人还是知道您有效忠皇上的心。现在皇上已经到达洛阳，忠义之士思念汉朝，黎民百姓也怀念过去的日子，将军若此时能去保驾，下可顺从民众的愿望，上可以宾服四方的豪杰。至于皇上周围那几个武将不过是盗贼之流，不值得顾虑。如果万一失去了这个机会，让别人抢先把皇上接走，那就悔之晚矣！”曹操一听十分有道理，就带领本部人马来洛阳“护驾”，并把汉献帝“请”到许昌。

挟天子幸许昌，令曹操喜出望外。他在许昌大兴土木盖起宫殿，请献帝入宫，又修建宗庙，便于天子祭祀先皇，大有匡扶汉室之势。献帝感谢不尽，遂封曹操为大将军，地位在三公之上。

天子既已在自己手中，曹操便想试试这张王牌的威力了。当时各地军阀中，以袁绍为最强，曹操原来还是袁绍的属下。曹操让汉献帝下一道诏书，责备袁绍地大兵多，却不思朝廷，只一心树立私党，扩充势力，意欲何为？袁绍一见此诏书，果然不敢怠慢，连忙上书申辩并表示愿意效忠朝廷。曹操牛刀小试即获成功，深感挟天子以令诸侯比自己东拼西杀省力得多也管用得多。从此，曹操奉天子以令诸侯的把戏越来越多，给他带来的好处也越来越大。

为什么奉天子就能慑服诸侯，发号施令？可以说正是“名正则言顺，言顺则事成”的结果。有了天子之名，则说话做事就有权威，自然能产生效果。可见“正名”是非常重要的。

“必也正名”这一治事思想，自古到今都有极深的影响。“师出有道”、“师出有名”都是这一原则的沿用。“名正则言顺，言顺则事成”在孔子这里是一条堂堂正正的“说道”，要求为人、从政、做学问都要踏踏实实地先把名分、概念弄清楚，弄明确。否则，在现实中，即使事情本身合情合理，但名分却不冠冕堂皇，也是会遇到很大的阻力的。

其身若正，有令必从

【原典】

子曰："其身正，不令而行；其身不正，虽令不从。"

子曰："鲁卫之政，兄弟也。"

子谓卫公子荆①："善居室②。始有，曰：'苟③合④矣。'少有，曰：'苟完矣。'富有，曰：'苟美矣。'"

子适卫，冉有仆⑤。子曰："庶矣哉！"冉有曰："既庶⑥矣，又何加焉？"曰："富之。"曰："既富矣，又何加焉？"曰："教之。"

子曰："苟有用我者，期月而已可也，三年有成。"

子曰："善人为邦百年，亦可以胜残去杀矣。诚哉是言也！"

子曰："如有王者，必世⑦而后仁。"

【注释】

①卫公子荆：卫国大夫，字南楚，卫献公的儿子。②善居室：善于居家过日子。③苟：差不多。④合：足够。⑤仆：驾车。⑥庶：众多，这里指人口众多。⑦世：古代以三十年为一世。

【译释】

孔子说："自身正了，即使不发布命令，老百姓也会去干；自身不正，即使发布命令，老百姓也不会服从。"

孔子说："鲁和卫两国的政事，就像兄弟的政事一样。"

孔子谈到卫国的公子荆时说："他善于持家。刚有一点家产，就说：'差不多了。'稍多一点时，他说：'差不多就算完备了。'更多一点时，他说：'差不多算是完美了。'"

孔子到卫国去，冉有为他驾车。孔子说："人口真多呀！"冉有说："人口已经够多了，还要再做什么呢？"孔子说："使他们富起来。"冉有说："富了以后又还要做些什么？"孔子说："对他们进行教化。"

孔子说："如果有人用我治理国家，一年便可以搞出个样子，三年就一定会有成效。”

孔子说：“善人治理国家，经过一百年，也就可以消除残暴，废除刑罚杀戮了。这话真对呀！”

孔子说：“如果有王者兴起，也一定要三十年才能实现仁政。”

解读

大禹正身治洪水

孔子心中为政者的“修养”，虽难免包含着特定的历史内容，但单就为强调通过提高自身素质以取得良好政绩这一点而言，不失为一条具有永恒借鉴意义的好原则。

四千多年前，在中国大地上，出现了一位“舍己忘家治洪水，劳心焦思画九州”的英雄人物。这位英雄人物就是大禹。大禹之所以能取得治水的巨大成功，除了他的聪明才智、充沛精力、勤谨办事等因素外，最为重要的，是他具有身先士卒、吃大苦、耐大劳的艰苦奋斗的精神，尤其是有为天下公益而不惜牺牲私利的奉献精神。一句话，大禹自身“正”，故而能率领和组织民众整治水患，造福社会。

相传，在尧、舜为部落联盟首领的时代，滔天的洪水淹没了平原。为了解除水患，尧帝任用鲧（禹的父亲）去负责治水。鲧采用修堤筑防的办法，非但未能奏效，反而越堵水位涨得越高，结果水势迅猛，为害更甚。舜继承尧的职位后，便免去了鲧治水的职务，并把他放逐到羽山（今山东郯城），派鲧的儿子禹继续治水。

大禹对于舜贬斥他父亲毫不记恨，接受了委派，开始了艰辛的治水工程。

大禹和涂山氏女结婚后的第四天就毅然离家去治水。儿子启出生后，他也顾不上回去看一看。他一心扑在治水事业上，在外面整整苦干了八年。他亲自参加劳动，手不离耒锸，总是打赤脚，栉风沐雨，脸孔变黑了，小腿上的汗毛被耒锸磨光了，脚都变形了。尤其是禹在外治水八年，曾经三次路过自己的家门，竟一次也没有进去看一看。

在这如此声势浩大而且旷日持久的工程中，大禹若没有身先士卒，以自身吃大苦耐大劳的行动来鼓励、带动民众，那么要让民众与之同心同德，共同展开如此宏大的治水斗争是不可想象的。为官者如果能够端正自身，那么，开展工作又有什么困难？如果不能端正自身，又如何去端正他人？自身端正，不必发号施令，政令也能实行；自身不端正，即使三令五申也无人听从。显然，在孔子看来，个人的道德修养与治国平天下是一致的，能正其身就能正其民。做官的应该以其自身的修养和道德的力量去感召百姓。

先正自身，方可正人

【原典】

子曰："苟正其身矣，于从政乎何有？不能正其身，如正人何？"

冉子退朝。子曰："何晏也？"对曰："有政。"子曰："其事也？如有政，虽不吾以，吾其与闻之。"

定公①问："一言而可以兴邦，有诸？"孔子对曰："言不可以若是其几也。人之言曰：'为君难，为臣不易。'如知为君之难也，不几乎②一言而兴邦乎？"曰："一言而丧邦，有诸？"孔子对曰："言不可以若是其几也。人之言曰：'予无乐乎为君，唯其言而莫予违也。'如其善而莫之违也，不亦善乎？如不善而莫之违也，不几乎一言而丧邦乎？"

叶公问政。子曰："近者悦，远者来。"

【注释】

①定公：指鲁定公。②几乎：接近于。

【译释】

孔子说："如果端正了自身的行为，管理政事还有什么困难呢？如果不能端正自身的行为，怎能使别人端正呢？"

冉求退朝回来，孔子说："为什么回来得这么晚呀？"冉求说："有政事。"孔子说："只是一般的事务吧？如果有政事，虽然国君不用我了，我也会知道的。"

鲁定公问："一句话就可以使国家兴盛，有这样的话吗？"孔子答道："不可能有这样的话，但有近乎于这样的话。有人说：'做君难，做臣不易。'如果知道了做君的难，这不近乎于一句话可以使国家兴盛吗？"鲁定公又问："一句话可以亡国，有这样的话吗？"孔子回答说："不可能有这样的话，但有近乎这样的话。有人说过：‘我做君主并没有什么可高兴的，我所高兴的只在于我所说的话没有人敢于违抗。’如果说得对而没有人违抗，不也好吗？如果说得不对而没有人违抗，那不就近乎于一句话可以亡国吗？”

叶公问孔子怎样管理政事。孔子说：“使近处的人高兴，使远处的人来归附。”

解读

正人责己就会有感召力

对于掌握权力的人来说，个人的德行与治国平天下有莫大干系，能正其身就能正其民。做官的应该以其自身的修养和道德的力量去感召百姓。对部下来讲，领导者的一举一动都会受到部下的注意，在这种情形下，如果能以适宜的态度或行动出现在部下面前，就会立刻激发部下的士气，如此一来，组织就会更加牢固。

纵观中国共产党的创业历史，以毛泽东、周恩来同志为代表的无产阶级革命家对自己要求都十分严格，他们处处、时时、事事给广大人民群众做出了好的榜样。

1950年隆冬，韶山乡的土地改革已到了划分成分的阶段，应该给毛泽东同志家划成什么成分呢？当时负责土改的农会主席兼乡长寅秋同志感到为难。按原有财产，应划富农；但把富农的成分划给一个献身革命的领袖家庭，于心不安。他想来想去，不好决定，于是提笔给毛泽东同志写了一封信，大意是：家乡人民在党的正确领导和您的亲切关怀下，土改已进入划分成分、分田的阶段了。韶山是山多田少，初步推算，人均九分三左右，不知您老一家几口人分田？特向您汇报，请指示。

信发出不久，毛岸英、毛岸青兄弟俩来到韶山，转达了毛泽东同志的嘱托：一、所有财产分给农民；二、划分为富农，则无旁议，付来三百元，作退押金；三、人民的政府执法不徇情，照政策办事，人民会相信政府。

作为国家主席，一国的最高统帅，毛泽东以其端正的态度给全国人民做出了榜样，从毛主席的身上，我们能够看出中国共产党最终夺取政权并巩固政权的必然性。

“责人易，律己难”，这是许多人的通病，因此总有人看社会、看他人处处不顺眼。当对别人的不良言行深恶痛绝时，应先看一下自己是否有类似的缺点，以做到“有则改之，无则加勉”，一味要求别人不如先反思自己。如果人人都能先“正己”，从现在做起，从点滴做起，那和谐社会的形成也就指日可待了。

欲速不达，持之以恒

【原典】

子夏为莒父①宰，问政。子曰：“无欲速，无见小利。欲速则不达，见小利则大事不成。”

叶公语孔子曰：“吾党有直躬者②，其父攘羊③，而子证④之。”孔子曰：“吾党之直者异于是：父为子隐，子为父隐，直在其中矣。”

樊迟问仁。子曰：“居处恭，执事敬，与人忠。虽之夷狄，不可弃也。”

子贡问曰：“何如斯可谓之士⑤矣?”子曰：“行已有耻，使于四方，不辱君命，可谓士矣。”曰：“敢问其次。”曰：“宗族称孝焉，乡党称弟焉。”曰：“敢问其次。”曰：“言必信，行必果⑥，硁硁⑦然小人哉！抑亦可以为次矣。”曰：“今之从政者何如?”子曰：“噫！斗筲之人⑧，何足算也?”

子曰：“不得中行⑨而与之，必也狂狷⑩乎！狂者进取，狷者有所不为也。”

子曰：“南人有言曰：‘人而无恒，不可以作巫医⑪。’善夫！”“不恒其德，或承之羞。”⑫子曰：“不占⑬而已矣。”

【注释】

①莒父：莒，音jǔ。鲁国的一个城邑，在今山东省莒县境内。②直躬者：正直的人。③攘羊：偷羊。④证：告发。⑤士：品德和学问极佳之人。⑥果：果断、坚决。⑦硁硁：音kēng，象声词，敲击石头的声音。这里引申为像石块那样坚硬。⑧斗筲之人：筲，音shāo，竹器，容一斗二升。比喻器量狭小的人。⑨中行：行为合乎中庸。⑩狷：音juàn，拘谨，有所不为。⑪巫医：用卜筮为人治病的人。⑫不恒其德，或承之羞：此二句引自《易经·恒卦·爻辞》。⑬占：占卜。

【译释】

子夏在莒父这个地方做官，问孔子怎样办理政事。孔子说："不要求快，不要贪求小利。求快反而达不到目的，贪求小利就做不成大事。"

叶公告诉孔子说："我的家乡有个正直的人，他的父亲偷了人家的羊，他告发了父亲。"孔子说："我家乡的正直的人和你讲的正直人不一样：父亲为儿子隐瞒，儿子为父亲隐瞒。正直就在其中了。"

樊迟问怎样才是仁。孔子说："平常在家规规矩矩，办事严肃认真，待人忠心诚意。即使到了夷狄之地，也不可背弃。"

子贡问道："怎样才可以叫做士？"孔子说："自己在做事时有知耻之心，出使外国各方，能够完成君主交付的使命，可以叫做士。"子贡说："请问次一等的呢？"孔子说："宗族中的人称赞他孝顺父母，乡党们称他尊敬兄长。"子贡又问："请问再次一等的呢？"孔子说："说到一定做到，做事一定坚持到底，不问是非地固执己见，那是小人啊。但也可以说是再次一等的士了。"子贡说："现在的执政者，您看怎么样？"孔子说："唉！这些器量狭小的人，哪里能数得上呢？"

孔子说："我找不到奉行中庸之道的人和他交往，只能与狂者、狷者相交往了。狂者敢作敢为，狷者对有些事是不肯干的。"

孔子说："南方人有句话说：'人如果做事没有恒心，就不能当巫医。'这句话说得真好啊！""人不能长久地保存自己的德行，免不了要遭受耻辱。"孔子说："这种人用不着去占卜了。"

解读

求速成容易导致失败

为政有一条大原则，就是不可急功近利、急于求成，而要有远大的眼光。即每拿出一种决策，每开始一项行动，都要顾及后果，不要急功近利，不要想很快就拿出成果来表现；更不可冲动、感情用事；也不要为一些小利益花费太多的心力，要顾及大局。

反观历史，一心求速成，因冲动而坏事甚至误国的教训还少吗？

三国时期的刘备，自从得了荆州，进了四川，经过艰辛的斗争，好不容易在蜀地称帝。当时三国鼎立的态势虽已形成，但曹魏强大、吴蜀两国相对弱小的格局并未打破，蜀地周围少数民族经常袭扰，国家初立更是百废待兴、百业待举。刘备要展宏图，本应凭借天时、地利、人和的良机，或在自己的领地里励精图治，稳固基业，或加强吴蜀联盟，一致北面抗魏。可是由于东吴利用关羽骄傲自满的情绪，赚取了荆州，并杀了关羽，使刘备悔恨交加，决计举倾国之兵，东出伐吴，企图消灭吴国，为他的二弟关羽报仇。

诸葛亮见这种情形，便率领文武百官当面劝谏。刘备不听，后来诸葛亮又专门写成奏章，讲明伐吴的害处，刘备也置之不理。学士秦宓再谏，刘备甚至要砍他的头。诸葛亮等人也只好由他去了。于是刘备亲自率领七十五万大军，出师伐吴。

起兵之时，蜀军一路上浩浩荡荡，气势恢宏，斩将夺关，蜂拥而来。此时东吴的大将周瑜、鲁肃、吕蒙已先后身故，孙权在危急之时，拜一儒生陆逊为大都督，统率东吴六郡八十一州兼荆楚诸路军马，并郑重地嘱托道："京城以内的事，我自己主持，京城以外的所有疆土上的事，由你决策。"

刘备进军之际，打了几个小胜仗，已是喜不自胜，如今又听说东吴任命一介书生为帅，更是不放在眼里，便催促各路人马加速前进，大有毕其功于一役的架势。陆逊走马上任后，运用"持重不抢先，待机而制人"的战略严阵以待。

首先，陆逊宣布决策："各处关防，牢守隘口，不许轻敌。"众将领开始对他这个白面书生统领大军就不大服气，今见他只下令死守不让出战，更是不理解，但碍于军令，勉强服从。当刘备大军压来，陆逊与吴将韩当并马而望，陆逊指着刘备的军马说道："刘备兵刚来，又连胜十余阵，锐气正盛，我们只要坚守不出，对方求战不得，一俟时机成熟，就可以用奇计战胜他。"韩当只是撇撇嘴，没说什么，心想一个乳臭未干的小子，胆怯就是胆怯，还吹什么牛，心里很不以为然。可时隔不久，陆逊果真瞅准时机，率军动如脱兔，终于一把火烧了蜀军七百里连营。刘备兵败，后死于白帝城，这正是他"求速成"酿成的苦果。

人在世上要干点事业，常常面临许多不无遗憾的选择。所谓不无遗憾，就是两者不可兼得：想求快，就很难干大事业；要干大事业，就得有非凡耐性。在朝着大目标前进的过程中，绝没有康庄大道可走，有的是荆棘密布，险象丛生。不经过艰苦卓绝的斗争，是不可能到达胜利的彼岸的。而且常常是目标越宏大，要走的路就越长，碰到的困难就越多。所以，无论做什么事，都一定要考虑客观条件和事物的发展规律，绝不能蛮干、硬干；既然要干大事就不能为蝇头小利所诱惑，应该眼光放远大步向前。

追求和谐，秉持正道

【原典】

子曰："君子和[①]而不同[②]，小人同而不和。"

子贡问曰："乡人皆好之，何如?"子曰："未可也。""乡人皆恶之，何如?"子曰："未可也。不如乡人之善者好之，其不善者恶之。"

子曰："君子易事[③]而难说[④]也。说之不以道，不说也；及其使人也，器之[⑤]。小人难事而易说也。说之虽不以道，说也；及其使人也，求备焉。"

子曰："君子泰而不骄，小人骄而不泰。"

子曰："刚、毅、木、讷近仁。"

子路问曰："何如斯可谓之士矣?"子曰："切切偲偲[⑥]，怡怡[⑦]如也，可谓士矣。朋友切切偲偲，兄弟怡怡。"

【注释】

①和：不同的东西和谐地配合叫做和，是有差别的、多样性个体的统一。②同：相同的东西相加或与人相混同，叫做同。各方面之间完全相同。③易事：易于与人相处共事。④难说：难于取得他的欢心。⑤器之：量才用人。⑥偲偲：音 sī，勉励、督促、诚恳的样子。⑦怡怡：音 yí，和气、亲切、顺从的样子。

【译释】

孔子说："君子讲求和谐而不盲从苟同，小人只求完全一致，而不讲求调和。"

子贡问孔子说："全乡人都喜欢、赞扬他，这个人怎么样?"孔子说："这还不能肯定。"子贡又问孔子说："全乡人都厌恶、憎恨他，这个人怎么样?"孔子说："这也是不能肯定的。最好的人是全乡的好人都喜欢他，全乡的坏人都厌恶他。"

孔子说："为君子办事很容易，但很难取得他的欢喜。不按正道去讨他的喜欢，他是不会喜欢的。但是，当他使用人的时候，总是量才而用人。为小人办事很难，但要取得他的欢喜则是很容易的。不按正道去讨他的喜欢，也会得到他的喜欢。但等到他使用人的时候，却是求全责备。”

孔子说：“君子平和坦然而不傲慢无礼，小人傲慢无礼而不平和坦然。”

孔子说：“刚强、坚毅、质朴、慎言，这四种品德接近于仁。”

子路问孔子道：“怎样才可以称为士呢？”孔子说：“待人诚心实意，互助督促勉励，相处和和气气，可以算是士了。朋友之间互相督促勉励，兄弟之间相处和和气气。”

解读

坚持“和而不同”的原则

现实中，人们往往因为各种“关系”而混淆是非。如朋友之间，出现了意见分歧，即使这种事关乎道义，很多人也选择“打哈哈”糊弄过去，只要自己的利益不受损害，他们是不会抹开面子去为是非争个脸红脖子粗的。这其实是一种对人对己都不负责的态度，如果因此导致别人或公共的利益受损，则难免有同流合污之嫌。这是正人君子所不取的。

北宋时期的开国功臣赵普，把治理好国家看成是自己的责任。在与皇帝发生分歧时，敢于坚持“和而不同”的原则：只要他认为自己的意见有利于国家，就犯颜直谏。

有一次，赵普举荐某人做官，宋太祖不肯任用。第二天，他还是举荐那人，宋太祖仍然不肯。第三天，他又向宋太祖推荐那人，宋太祖发怒了，把奏章撕碎扔到地上。赵普脸不变色，也不辩白，跪下来拾起奏章碎片就回家了。过了几天，他又把被撕碎的奏章贴好，再次像以前那样上奏，宋太祖终于省悟，认为赵普做得对，就任用了那人。

又有一次，一个大臣应当升官，宋太祖素来不喜欢那人，不同意。赵普坚决提升那人官职。宋太祖发怒说：“我就是不给他升官，看你怎么办？”赵普心平气和地争辩说：“刑罚是用来惩罚坏人的，赏赐是用来酬劳功绩的，这是古今一致的道理。况且刑赏是天下的刑赏，不是陛下一个人的刑赏，怎能因为您个人的喜怒而独断专行呢？”宋太祖气极了，起身离去，赵普就跟在后面。宋太祖进了皇宫，赵普就站在门口等候。等了很长时间，直等到宋太祖允诺了他才离去。

赵普做事“和而不同”的出发点是社稷民生。作为普通人，虽然很难有这么崇高的意图，但凡事坚持原则，力避同流合污，还是应该能做到的；否则，一旦流于“同而不合”，就那简直与小人相差无几了。

君子、小人在对人对事上为什么会有不同的态度？因为君子尚义，对不合理的事情，就要反对，所以会有不同。小人尚利，对有损于个人利益的事他不会干，对有利于自己的事则不管是否合于正义他都干，所以只能同而不和。

“和”是人际关系的理想状态。孔子在这里所主张的君子之“和”，是在承认对立差异的基础上，寻求双方都可以接受的解决方案，从而使双方共生、共存、共发展。这一“和谐”的思想，不仅可以用于处理人与人的关系，也适用于处理人与自然、人与社会的关系。

宜教民战，有备无患

【原典】

子曰：“善人①教民七年，亦可以即戎②矣。”

子曰：“以不教民战，是谓弃之。”

【注释】

①善人：道德修养高的人。②即戎：参加战争，保家卫国。

【译释】

孔子说：“善人教练百姓用七年的时间，也就可以叫他们去当兵打仗了。”

孔子说：“如果不对老百姓进行作战训练就叫他们上战场，这就叫抛弃他们。”

解读

军事是维护和平的必需

《孙子兵法》开卷说道：兵者，国之大事，死生之地，存亡之道，不可不察也。孔子在这里也谈到了他个人的军事思想：对百姓应当进行军事训练，如果不那样做，就等于抛弃他们。为什么呢？要知道，国家的安定，必须要有军事上的保障。军队是钢铁长城，一个国家如果没有军队就很容易受到外敌的侵犯，使国家陷于战乱的局面，百姓流离失所。为万世开太平，当然要有“兵”之力。

我们华夏的远祖黄帝，就是借助军事的力量，才使百姓处于和平环境的。

黄帝又称轩辕黄帝，在他所处的那个时代，神农氏逐渐衰落，诸侯互相侵伐，暴虐百姓，而神农氏又没有办法。于是轩辕习武修兵，来讨伐那些不安分的部落，使诸侯都来归附他。

当时在黄河流域的中原大地上，形成了两个强大的部落。以神农氏炎帝为首的部落在姜水流域定居生活，以轩辕氏黄帝为首的部落在姬水流域定居生活。后来为了争夺中原地区的统治权，两大部落在涿鹿东南的阪泉展开了激烈的战斗。经过三次大战，黄帝部落打败了炎帝部落，把炎帝部落并入自己的部落中，所以后来中国人称自己为“炎黄子孙”。

这时，九黎族逐渐强大起来，首领叫蚩尤。由于不断壮大，于是蚩尤便联络南方的苗人起兵向中原进军。传说蚩尤是个英勇善战的人，他的军队都是铜头铁臂，刀枪不入；而且还会呼风唤雨，能将南方山林水泽中的瘴气毒雾带来一同攻击敌人。蚩尤的军队一直打到了涿鹿。这时黄帝一面调集忠于自己的各部落的援军，在涿鹿附近集结，一面又召集自己的部下仔细研究蚩尤军的特点和破敌的办法。

决战时，蚩尤军摆开了毒雾阵。黄帝立刻下令推出指南车，让自己的军队在指南车的指引下冲出毒雾。蚩尤见毒雾阵被破，又出动他的特种军队。黄帝见了，就命令放出他早已训练好的一大批虎、豹、熊、罴（pí）等猛兽。士兵见了猛兽一个个吓得抱头逃窜，纷纷败退。蚩尤在逃到冀州中部时，被黄帝的军队俘获。黄帝下令砍下了他的头颅。这就是著名的涿鹿大战。

从此以后，诸侯都把轩辕尊称为天子，代神农氏，这就是黄帝。天下有未归顺又欲图作乱者，黄帝就去征服他们。不久，黄帝便成了中原大地上部落联盟的首领。部落的统一与融合，促进了生产和文化的发展。黄帝不但让自己的部族在涿鹿定居下来，同时他还让自己的妻子嫘祖教人们养蚕缫丝，织成绢和帛做衣服；让仓颉创造了文字；还命封宁制陶器，雍父做臼舂米，共鼓等造舟船；命容成制定历法，羲和推算凶吉，伶伦制造乐器规定音律。开创了远古时代的“太平盛世”。黄帝也被后人尊为华夏的始祖。

《司马法》更是指出：天下虽安，忘战必危。人们爱好和平，向往和平，但在和平年代，也不能够忽视军事的作用。拥有武装并不是为了战争，而是为了震慑邪恶，避免战争，这正是维护和平层面上的要求。孔子的军事思想，在过去、今天和将来都是正确的。

宪问第十四

成为君子，是一个不断完善自我品德修养的过程。如果一个人明白德行之所在，内心始终向着道德的方向，并以道德为尺度，察是非，辨得失，识进退，树立正确的义利观，他也就走在了君子的路上。

知耻明德，仁者之风

【原典】

宪[①]问耻。子曰："邦有道，谷[②]；邦无道，谷，耻也。""克、伐[③]、怨、欲不行焉，可以为仁矣？"子曰："可以为难矣，仁则吾不知也。"

子曰："士而怀居[④]，不足以为士矣。"

子曰："邦有道，危[⑤]言危行；邦无道，危行言孙[⑥]。"

子曰："有德者必有言，有言者不必有德。仁者必有勇，勇者不必有仁。"

南宫适问于孔子曰："羿[⑦]善射，奡[⑧]荡舟[⑨]，俱不得其死然。禹稷[⑩]躬稼而有天下。"夫子不答。南宫适出。子曰："君子哉若人！尚德哉若人！"

子曰："君子而不仁者有矣夫，未有小人而仁者也。"

【注释】

①宪：姓原名宪，孔子的学生。②谷：这里指做官者的俸禄。③伐：自夸。④怀居：怀，思念，留恋。居，家居。指留恋家居的安逸生活。⑤危：直，正直。⑥孙：同"逊"。⑦羿：音 yì，传说中夏代有穷国的国君，善于射箭，曾夺夏太康的王位，后被其臣寒浞所杀。⑧奡：音 ào，传说中寒浞的儿子，后来为夏少康所杀。⑨荡舟：用手推船。传说中奡力大，善于水战。⑩禹稷：禹，夏朝的开国之君，善于治水，注重发展农业。稷，传说是周朝的祖先，又为谷神，教民种植庄稼。

【译释】

原宪问孔子什么是可耻。孔子说："国家有道，做官拿俸禄；国家无道，还做官拿俸禄，这就是可耻。"原宪又问："好胜、自夸、怨恨、贪欲都没有的人，可以算做到仁了吧？"孔子说："这可以说是很难得的，但至于是不是做到了仁，那我就不知道了。"

孔子说："士如果留恋家庭的安逸生活，就不配做士了。"

孔子说："国家有道，言语正直，行为正直；国家无道，行为正直，但说话要谦逊。”

孔子说：“有道德的人，一定有言论，有言论的人不一定有道德。仁人一定有勇气，有勇气的人都不一定有仁德。”

南宫适问孔子：“羿善于射箭，奡善于水战，最后都不得好死。禹和稷都亲自种植庄稼，却得到了天下。”孔子没有回答，南宫适出去后，孔子说：“这个人真是个君子呀！这个人真崇尚仁德。”

孔子说：“君子有时也许会做出不仁德的事，却从没有小人做出有仁德事。”

解读

能知进退就不会招人嫉妒

天下太平，国法严明，社会稳定，环境宽松，就要力争在行为和言语上都做一个正人君子；只要依法办事，说话坦率直接一点，不仅不会被“穿小鞋”，反而有助于提高效率。但在动乱的社会中，国无章法，人无依靠，作为一个道德高尚的人，固然在行动上必须公道行事，可是在言语上则一定要注意少发牢骚，避免得罪别人，甚至有时为了不得罪人而宁可装聋作哑，也不要把矛盾挑明而引祸降身。历史的记录可以让我们清楚地看到坚持这条行事原则的得失。

西汉初年，作为“汉初三杰”之一的萧何协助吕后用计谋诱杀了韩信。汉高祖刘邦此时正率军队在外平叛，闻此讯后，立即派使者拜萧何为相国，外加许多优厚的恩赐奖赏。文武百官都为此而向萧何贺喜，唯有一位叫召平的老臣却前来报忧吊丧。他对萧何说：“目前诸王都心怀二志，所以皇帝要亲自率兵在外平叛，无暇后顾。而相国您却镇守京都，不用冒负伤战死的危险，皇帝难免对您有疑心。所以，皇帝给您加封晋爵，用意只在于试探您。若您因此而居功自傲，日后就难免有不测之祸。所以我恳求您坚决推辞这些封赐，再拿出全部家财来资助劳师远征的军队，唯有如此，才可消除皇上对您的疑虑。”萧何听后，恍然大悟，马上依计而行。消息传到前方刘邦那里，刘邦十分高兴，对萧何不再疑心了。

同年秋天，淮南王黥布又起兵反汉，刘邦不得不再次率兵亲征。出发后，他数次派遣使者回京，询问萧何在后方具体做了一些什么事。萧何想，准是刘邦又在提防自己了，所以他就想旧戏重演。他的一位宾客知道此事后，马上劝阻他：“您如果再像上次那样做的话，就将面临杀头灭族之祸了。作为相国，您已是功盖群臣，权力爵位已是登峰造极。这七年来呕心沥血的苦心经营，使您已更加受到百姓的爱戴与拥护。现在皇上之所以数次派使者来询问您的情况，就是害怕您以自己的声望，给他来一个‘后院放火’。所以，您现在最好是用贱价来强买民间的田宅，并向民众放债，以此来招致民众的怨恨，这样皇帝就会对您感到放心了。”

萧何醒悟过来，又是依计而行。不久，他低价收买田产，高价放债，装出一副贪婪鬼、守财奴的嘴脸，对政事却再也不多过问，硬是把自己搞得声名狼藉。刘邦在前线知道了萧何与民众失和，悬着的心果然放了下来。萧何也就因此而避开了即将加身的大祸。

有一句谚语说："察见渊鱼者小祥，智料隐匿者有殃。"这里面该是凝集了历代多少辛酸世故！毫无疑问，敏锐地洞察一切的能力是必须具备而且理应受到称赞的，然而在动乱的年代，险恶的人世间，尤其是"邦无道"之时，如果不能做到"危行言孙"，很可能招致杀身的横祸。当然，我们不主张为明哲保身而当说不说，但注意一点言行的策略，恐怕还是有好处的。

待人处世，不怨不骄

【原典】

子曰："爱之，能勿劳乎？忠焉，能勿诲乎？"

子曰："为命①，裨谌②草创之，世叔③讨论之，行人④子羽⑤修饰之，东里⑥子产润色之。"

或问子产。子曰："惠人也。"问子西⑦。曰："彼哉！彼哉！"问管仲。曰："人也。夺伯氏⑧骈邑⑨三百，饭疏食，没齿无怨言。"

子曰："贫而无怨难，富而无骄易。"

【注释】

①命：指国家的政令。②裨谌：音 bì chén，人名，郑国的大夫。③世叔：即子太叔，名游吉，郑国的大夫。子产死后，继子产为郑国宰相。④行人：官名，掌管朝觐聘问，即外交事务。⑤子羽：郑国大夫公孙挥的字。⑥东里：地名，郑国大夫子产居住的地方。⑦子西：这里的子西指楚国的令尹，名申。⑧伯氏：齐国的大夫。⑨骈邑：地名，伯氏的采邑。

【译释】

孔子说："爱他，能不为他操劳吗？忠于他，能不对他劝告吗？"

孔子说："郑国发表的公文，都是由裨谌起草的，世叔提出意见，外交官子羽加以修饰，由子产作最后修改润色。"

有人问子产是个怎样的人。孔子说："是个有恩惠于人的人。"又问子西。孔子说："他呀！他呀！"又问管仲。孔子说："他是个有才干的人，他把伯氏骈邑的三百家夺走，使伯氏终生吃粗茶淡饭，终身也没有怨言。"

孔子说："贫穷而能够没有怨恨是很难做到的，富裕而不骄傲是容易做到的。"

解读

贫富都要有好心态

身处富贵而不骄傲容易吗？其实也是很难的。身边的人大多不如你，面对你的时候不是自惭形秽就是巧言讨好，这样时间长了，你不飘飘然才怪呢！可能骄傲的时候，自己还完全没感觉，还以为是本应如此呢！

晋武帝时，散骑常侍石崇是有名的豪富。他的钱到底有多少，谁也说不清。有一次，他到了洛阳，听说王恺的豪富很出名，有心跟他比一比。他听说王恺家里洗锅用糖水，就命令他家厨房用蜡烛当柴火烧。这件事一传开，人家都说石崇家比王恺家阔气。王恺为了炫耀自己富，又在他家门前的大路两旁，夹道四十里，用紫丝编成屏障。谁要上王恺家，都要经过这四十里紫丝屏障。这个奢华的装饰，把洛阳城轰动了。石崇成心压倒王恺。他用比紫丝贵重的彩缎，铺设了五十里屏障，比王恺的屏障更长、更豪华。王恺又输了一着。但是他还不甘心，向他的外甥晋武帝请求帮忙。晋武帝觉得这样的比赛挺有趣，就把宫里收藏的一株两尺多高的珊瑚树赐给王恺，好让王恺在众人面前夸耀一番。

有了皇帝的帮忙，王恺比阔气的劲头更大了。他特地请石崇和一批官员到他家吃饭。宴席上，王恺得意地对大家说："我家有一件罕见的珊瑚，请大家观赏一番怎么样？"大家当然都想看一看。王恺命令侍女把珊瑚树捧了出来。那株珊瑚有两尺高，长得枝条匀称，色泽粉红鲜艳。大家看了赞不绝口，都说真是一件罕见的宝贝。只有石崇在一边冷笑。他看到案头正好有一支如意，顺手抓起，朝着大珊瑚树正中轻轻一砸，一株珊瑚被砸得粉碎。周围的官员们都大惊失色。主人王恺更是满脸通红，气急败坏地责问石崇："你……你这是干什么!"石崇嬉皮笑脸地说："您用不着生气，我还您就是了。"王恺又是痛心，又是生气，连声说："好，好，你还我来。"石崇立刻叫他的随从回家去，把他家的珊瑚树统统搬来让王恺挑选。不一会儿，一群随从回来，搬来了几十株珊瑚树。这些珊瑚中，三四尺高的就有六七株，大的竟比王恺的高出一倍。株株条干挺秀，光彩夺目。至于像王恺家那样的珊瑚，那就更多了。周围的人都看呆了。王恺这才知道石崇家的财富比他不知多出多少倍，也只好认输。这场比阔气的闹剧就这样结束了。石崇的豪富就在洛阳出了名。

有的时候，我们看到身边的人都以富贵为荣，发达了就志得意满。长期处在这种环境中，难保不被同化，而染上骄奢的习气。能够出淤泥而不染的，都是真君子。但在孔子看来，这样还不是很难，要想看到身边的人一个个飞黄腾达，而自己丝毫不生气不埋怨，这才是真正难做到的。

心向仁义，完善品格

【原典】

子曰："孟公绰[①]为赵魏老则优，不可以为滕薛[②]大夫。"

子路问成人[③]。子曰："若臧武仲[④]之知，公绰之不欲，卞庄子[⑤]之勇，冉求之艺，文之以礼乐，亦可以为成人矣。"曰："今之成人者何必然？见利思义，见危授命，久要不忘平生之言，亦可以为成人矣。"

子问公叔文子[⑥]于公明贾[⑦]曰："信乎，夫子不言，不笑，不取乎？"公明贾对曰："以告者过也。夫子时然后言，人不厌其言；乐然后笑，人不厌其笑；义然后取，人不厌其取。"子曰："其然？岂其然乎？"

子曰："臧武仲以防求为后于鲁，虽曰不要君，吾不信也。"

子曰："晋文公[⑧]谲而不正，齐桓公[⑨]正而不谲。"

子路曰："桓公杀公子纠[⑩]，召忽[⑪]死之，管仲不死。"曰："未仁乎？"子曰："桓公九合诸侯，不以兵车[⑫]，管仲之力也。如其仁，如其仁。"

子贡曰："管仲非仁者与？桓公杀公子纠，不能死，又相之。"子曰："管仲相桓公，霸诸侯，一匡天下，民到于今受其赐。微[⑬]管仲，吾其被发左衽[⑭]矣。岂若匹夫匹妇之为谅[⑮]也，自经[⑯]于沟渎[⑰]而莫之知也。"

【注释】

①孟公绰：鲁国大夫，属于孟孙氏家族。②滕薛：滕，诸侯国家，在今山东滕县。薛，诸侯国家，在今山东滕县东南一带。③成人：人格完备的人。④臧武仲：鲁国大夫臧孙纥。⑤卞庄子：鲁国卞邑大夫。⑥公叔文子：卫国大夫公孙拔，卫献公之子。谥号“文”。⑦公明贾：姓公明，字贾，卫国人。⑧晋文公：姓姬名重耳，春秋时期有作为的政治家，著名的霸主之一。公元前636～公元前628年在位。⑨齐桓公：姓姜名小白，春秋时期有作为的政治家，著名的霸主之一。公元前685～公元前643年在位。⑩公子纠：齐桓公的哥哥。齐桓公与他争位，杀掉了他。⑪召忽：管仲和召忽都是公子纠的家臣。公子纠被杀后，召忽自杀，管仲归服于齐桓公，并当上了齐国的宰相。⑫不以兵车：即不用武力。⑬微：无，没有。⑭被发左衽：被，同“披”。衽，衣襟。“被发左衽”是当时的夷狄之俗。⑮谅：遵守信用。这里指小节小信。⑯自经：上吊自杀。⑰渎：小沟渠。

【译释】

孔子说：“孟公绰做晋国赵氏、魏氏的家臣，是才力有余的，但不能做滕、薛这样小国的大夫。”

子路问怎样做才是一个完美的人。孔子说：“如果具有臧武仲的智慧，孟公绰的克制，卞庄子的勇敢，冉求那样多才多艺，再用礼乐加以修饰，也就可以算是一个完人了。”孔子又说：“现在的完人何必一定要这样呢？见到财利想到义的要求，遇到危险能献出生命，隔了很长时间还不忘平日的诺言，这样也可以算是一位完美的人。”

孔子向公明贾问到公叔文子，说：“先生他不说、不笑、不取钱财，是真的吗？”公明贾回答道：“这是告诉你话的那个人言过其实了。先生他到该说时才说，因此别人不厌恶他说话；快乐时才笑，因此别人不厌恶他笑；合于礼要求的财利他才取，因此别人不厌恶他取。”孔子说：“原来这样，难道真是这样吗？”

孔子说：“臧武仲凭借防邑请求鲁君在鲁国替臧氏立后代，虽然有人说他不是要挟君主，我不相信。”

孔子说：“晋文公诡诈而不正派，齐桓公正派而不诡诈。”

子路说：“齐桓公杀了公子纠，召忽自杀以殉，但管仲却没有自杀。管仲不能算是仁人吧?”孔子说:“桓公多次召集各诸侯国的盟会,不用武力,都是管仲的力量啊。这就是他的仁德,这就是他的仁德。”

子贡问:“管仲不能算是仁人了吧?桓公杀了公子纠,他不能为公子纠殉死,反而做了齐桓公的宰相。”孔子说:“管仲辅佐桓公,称霸诸侯,匡正了天下,老百姓到了今天还享受到他的好处。如果没有管仲,恐怕我们也要披散着头发,衣襟向左开,变成了野蛮人。难道能让他也像普通百姓那样恪守小节,自杀在小山沟里,而谁也不知道吗?”

解读

不斤斤计较是一种豁达

从孔子对管仲的评价中,可以看出,他肯定了管仲有仁德,没有在他的节操与信用上斤斤计较。不斤斤计较是一种豁达。

不斤斤计较的人拥有豁达胸怀,即使在他们去世之后,也让人们深深地怀念。不斤斤计较是一种智慧,一辈子不吃亏的人是没有的。

人与人间你来我往,无法做到绝对公平,总是要有人承受不公平,要吃亏。倘若人们强求世上任何事物都公平合理,那么,所有生物一天都无法生存——鸟儿就不能吃虫子,虫子就不能吃树叶……

既然吃亏有时是无法避免的,那何必要去计较不休、自我折磨呢?事实上,人与人之间总是有所不同的。别人的境遇如果比你好,那无论怎样抱怨也无济于事。最明智的态度就是避免提及别人,避免与人比较这比较那,而应该将注意力放在自己身上,“他能做,我也可以做”,以这种宽容的姿态去看待所谓的“不公平”,你就会有一种好的心境:好心境是生产力,是创造未来的一个重要保证。

不斤斤计较,也是一种高明的处世方法。

大凡当领导的,都喜欢办事得力、不斤斤计较个人得失的部下。要取得领导的信任,首先你自己要付出巨大的努力。凡是领导交给你的工作都要尽最大的力量去完成,争取每一件事都做得漂漂亮亮。对待个人利益一定要以大局为重,不去斤斤计较。遇到一些非原则性的小事,即使自己觉得委屈,也不要去招惹你的上司,以免同他产生对立。这样,就会让他觉得,他对你有所亏欠,在需要的时候,他必然首先想到你。

常言说“吃亏是福”就是这个道理。

有时候，遇事换个角度想一想，不要在枝节问题上纠缠不休，一切就都迎刃而解了。对于一些无关紧要的小事，你真的不必太过计较。人生苦短，多留些快乐的日子给自己吧！

君子立身，不忘仁义

【原典】

公叔文子之臣大夫僎[①]与文子同升诸公[②]。子闻之，曰："可以为文矣。"

子言卫灵公之无道也，康子曰："夫如是，奚而不丧?"孔子曰："仲叔圉[③]治宾客，祝鮀治宗庙，王孙贾治军旅，夫如是，奚其丧?"

子曰："其言之不怍[④]，则为之也难。"

陈成子[⑤]弑简公[⑥]。孔子沐浴而朝，告于哀公曰："陈恒弑其君，请讨之。"公曰："告夫三子[⑦]。"孔子曰："以吾从大夫之后[⑧]，不敢不告也。君曰'告夫三子'者。"之[⑨]三子告，不可。孔子曰："以吾从大夫之后，不敢不告也。"

子路问事君。子曰："勿欺也，而犯之。"

子曰："君子上达，小人下达。"

子曰："古之学者为己，今之学者为人。"

【注释】

①僎：音 xún，人名。公叔文子的家臣。②升诸公：公，公室。这是说僎由家臣升为大夫，与公叔文子同位。③仲叔圉：圉，音 yǔ，即孔文子。他与后面提到的祝鮀、王孙贾都是卫国的大夫。④怍：音 zuò，惭愧的意思。⑤陈成子：即陈恒，齐国大夫，又叫田成子。他以大斗借出，小斗收进的方法受到百姓拥护。公元前 481 年，他杀死齐简公，夺取了政权。⑥简公：齐简公，姓姜名壬。公元前 484 ~ 公元前 481 年在位。⑦三子：指季孙、孟孙、叔孙三家。⑧从大夫之后：孔子曾任过大夫职，但此时已经去官家居，所以说从大夫之后。⑨之：动词，往。

【译释】

公叔文子的家臣僎和文子一同做了卫国的大夫。孔子知道了这件事以后说：

“可以称他为‘文’了。”

孔子讲到卫灵公的无道，季康子说：“既然如此，为什么他没有败亡呢？”孔子说：“因为他有仲叔圉接待宾客，祝鮀管理宗庙祭祀，王孙贾统率军队，像这样，怎么会败亡呢？”

孔子说：“说话如果大言不惭，那么实现这些话就是很困难的了。”

陈成子杀了齐简公。孔子斋戒沐浴以后，随即上朝去见鲁哀公，报告说：“陈恒把他的君主杀了，请你出兵讨伐他。”哀公说：“你去报告那三位大夫吧。”孔子退朝后说：“因为我曾经做过大夫，所以不敢不来报告，君主却说‘你去告诉那三位大夫吧’！”孔子去向那三位大夫报告，但三位大夫不愿派兵讨伐，孔子又说：“因为我曾经做过大夫，所以不敢不来报告呀！”

子路问怎样侍奉君主。孔子说：“不能欺骗他，但可以犯颜直谏。”

孔子说：“君子向上通达仁义，小人向下通达财利。”

孔子说：“古代的人学习是为了提高自己，而现在的人学习是为了给别人看。”

解读

做君子莫做小人

在孔子的言论中，关于君子和小人的论述很多。孔子认为君子和小人的区别在于有了仁德便是君子，没有仁德的则是小人。在孔子看来，义和利是君子和小人的分水岭，君子的本质是为人间大义而生存，小人则是为一己的各种利益所驱使。孔子主张人们要做君子，不要做小人，因此他说：“君子上达，小人下达。”

春秋时期，晋国大奸臣屠岸贾是晋灵公的宠臣。晋灵公被赵家的人刺杀后，景公即位，升屠岸贾为大司寇。这时，屠岸贾就开始鼓动晋景公灭掉对晋国有功的赵氏家族，为晋灵公报仇。

屠岸贾率三千人把赵府团团围住，把赵家全家老小，杀得一个不留。幸好赵朔之妻庄姬公主已被秘密送进宫中。屠岸贾闻讯必欲斩尽杀绝，要晋景公杀掉公主。景公念在姑侄情分，不肯杀公主。公主已怀有身孕，屠岸贾见景公不杀她，就定下斩草除根之计，准备杀掉婴儿。

公主生下一男婴，屠岸贾亲自带人入宫搜查，公主将婴儿藏在裤内，躲过了搜查。屠岸贾估计婴儿已偷送出宫，立即悬赏缉拿。

赵家忠实门客公孙许臼与程婴商量救孤之计，说：“如能将一婴儿与赵氏孤儿对换，我带这一婴儿逃到首阳山，你便去告密，让屠贼搜到那个假赵氏遗孤，方才会停止搜捕，赵氏嫡脉才能保全。”程婴的妻子此时正生一男婴，他决定用亲子替代赵氏孤儿。他以大义说服妻子忍着悲痛把儿子让公孙许臼带走。程婴依计，向屠岸贾告密。屠贼迅速带兵追到首阳山，在公孙许臼居住的茅屋搜出一个用锦被包裹的男婴，于是屠贼摔死了婴儿。他认为已经斩草除根，放松了警戒。在忠臣韩厥的帮助下，一个心腹假扮医生，入宫给公主看病，用药箱偷偷地把婴儿带出宫外。程婴已经听说自己的儿子被屠贼摔死，强忍悲痛，带着孤儿逃往外地。

十五年后，孤儿赵武长大成人，景公要恢复赵氏的声誉，韩厥趁机把这段冤情说了出来。景公大怒，特许赵武雪冤。赵武在韩厥的帮助下，兵戈讨贼，杀了奸臣屠岸贾，报了大仇。

程婴见赵氏大仇已报，陈冤已雪，不肯独享富贵，拔剑自刎。他与公孙许臼合葬一墓，后人称“二义冢”。

程婴与公孙许臼的义举后来得到景公的嘉奖，也被广泛传颂，成为千古佳话，他们的美名也千古流传。

君子是理想的人，是仁的外化，是义的体现，是智勇的代表。仁是君子的本质，无论环境再难，处境再险恶，都不能须臾离开仁。可以说，孔子将人们所具有的一切美德都赋予君子。每一个人都在生活之中，无论是总统、部长，或是科学家、艺术家、学者、平民，都离不开生活，生活是其实现道德的必由之途径。是君子，或是小人，是向上提升自己的精神，还是向下沉沦于世俗，全由自己。

明察慎思，不出其位

【原典】

蘧伯玉[1]使人于孔子，孔子与之坐而问焉。曰："夫子何为？"对曰："夫子欲寡其过而未能也。"使者出，子曰："使乎！使乎！"

子曰："不在其位，不谋其政。"曾子曰："君子思不出其位。"

子曰："君子耻其言而过其行。"

子曰："君子道者三，我无能焉：仁者不忧，知者不惑，勇者不惧。"子贡曰："夫子自道也。"

子贡方人[2]。子曰："赐也贤乎哉[3]？夫我则不暇。"

子曰："不患人之不己知，患其不能也。"

子曰："不逆[4]诈，不亿[5]不信，抑亦先觉者，是贤乎！"

【注释】

①蘧伯玉：蘧，音 qú。人名，卫国的大夫，名瑗。②方人：评论、诽谤别人。③赐也贤乎哉：疑问语气，批评子贡不贤。④逆：迎。预先猜测。⑤亿：同"臆"，猜测的意思。

【译释】

蘧伯玉派使者去拜访孔子。孔子让使者坐下，然后问道："先生最近在做什么？"使者回答说："先生想要减少自己的错误，但未能做到。"使者走了以后，孔子说："好一位使者啊，好一位使者啊！"

孔子说："不在那个职位，就不要考虑那个职位上的事情。"曾子说："君子考虑问题，从来不超出自己的职位范围。"

孔子说："君子认为说得多而做得少是可耻的。"

孔子说："君子之道有三个方面，我都未能做到：仁德的人不忧愁，聪明的人不迷惑，勇敢的人不畏惧。"子贡说："这正是老师自谦的说法啊！"

子贡评论别人的短处。孔子说："赐啊，你真的就那么贤良吗？我可没有闲工夫去评论别人。"

孔子说："不担心别人不知道自己，只担心自己没有能力。"

孔子说："不预先怀疑别人欺诈，也不猜测别人不诚实，然而能事先觉察别人的欺诈和不诚实，这就是贤人了。"

解读

不随便猜忌别人

"机动的，弓影疑为蛇蝎，寝石视为伏虎，此中浑是杀气；念息的，石虎可作海鸥，蛙声可当鼓吹，触处俱见真机。"好用心机的人，会怀疑杯中的弓影是毒蛇，将草中的石头当作蹲着的老虎，内心中充满了杀气；意念平和的，把凶恶的石虎当作温顺的海鸥，把聒噪的蛙声当作吹奏的乐曲，眼中所见到的都是真正的机趣。

桓伊是东晋孝武帝时期最出色的音乐家，他尤其擅长演奏竹笛，被称为"江南第一竹笛演奏家"。

当时，宰相谢安由于功劳和名声都特别大，引起了朝廷中一些小人的妒忌。他们恶意造谣中伤，在皇帝面前说谢安的坏话。于是，孝武帝与谢安之间便产生了矛盾。

有一天，孝武帝邀请桓伊去参加一个宴会，谢安也去陪同。桓伊想利用这个机会调解他们的矛盾。因为皇帝和宰相之间不和，对国家和人民是大为不利的，何况，孝武帝是受了坏人的挑拨和蒙蔽，他不应该冤枉了德才兼备、忠心耿耿的谢安。

孝武帝命令桓伊吹笛子，他吹奏一曲之后，便放下竹笛说："我对筝的演奏虽然比不上吹笛子，但还勉强可以边弹边唱，我想为大家演唱一曲助助兴，还想请一个会吹笛子的人来帮我伴奏。"

孝武帝便命令宫廷中的一名乐妓为桓伊伴奏。桓伊又说："宫廷中的乐师与我可能配合不好，我有一个奴仆，很会与我配合。"孝武帝便同意了桓伊的要求。

那位奴仆吹笛，桓伊便一边弹筝一边唱道："当皇帝真不容易，当臣子也很难，忠诚老实的没好处，反而有被怀疑的祸患，周公旦一心辅助周文王和周武王，管叔和蔡叔反而对他进行诽谤。"桓伊唱得声情并茂，真挚诚恳，谢安听着听着，禁不住泪如雨下，沾湿了衣袖。一曲唱完，谢安离开座位来到桓伊身边，抚摸着胡须说："您太出色了！"孝武帝听了这首歌曲之后，也显露出十分有愧的神色。后来，君臣之间便消除了误会，两人和好如初。

谣言是可怕的，它能将假的说成真的，好的说成坏的。君臣之间会因为谣言而互相猜忌，朋友之间会因为谣言而互不信任，家人之间会因为谣言而失去和睦。那么怎样避免呢？其实，问题的关键还是在我们自己，所谓"抑亦先觉者，是贤乎！"对别人的造谣中伤能够事先觉察，不也是贤者的风范吗？

他人有怨，有德自安

【原典】

微生亩[1]谓孔子曰："丘，何为是[2]栖栖[3]者与？无乃为佞乎？"孔子曰："非敢为佞也，疾固[4]也。"

子曰："骥[5]不称其力，称其德也。"

或曰："以德报怨，何如？"子曰："何以报德？以直报怨，以德报德。"

子曰："莫我知也夫！"子贡曰："何为其莫知子也？"子曰："不怨天，不尤人。下学而上达[6]，知我者其天乎！"

公伯寮[7]愬[8]子路于季孙。子服景伯[9]以告，曰："夫子固有惑志于公伯寮，吾力犹能肆诸市朝[10]。"子曰："道之将行也与，命也；道之将废也与，命也。公伯寮其如命何！"

【注释】

①微生亩：鲁国人。②是：如此。③栖栖：音 xī，忙碌不安、不安定的样子。④疾固：疾，恨。固，固执。⑤骥：千里马。古代称善跑的马为骥。⑥下学而上达：下学学人事，上达达天命。⑦公伯寮：姓公伯名寮，字子周，孔子的学生，曾任季氏的家臣。⑧愬：音 sù，同"诉"，告发，诽谤。⑨子服景伯：鲁国大夫，姓子服名伯，景是他的谥号。⑩肆诸市朝：古时处死罪人后陈尸示众。

【译释】

微生亩对孔子说："孔丘，你为什么这样四处奔波游说呢？你不就是要显示自己的口才和花言巧语吗？"孔子说："我不是敢于花言巧语，只是厌恶做一个顽固不化的人。”

孔子说：“千里马值得称赞的不是它的气力，而是它的品德。”

有人说：“用恩德来报答怨恨怎么样？”孔子说：“用什么来报答恩德呢？应该是用正直来报答怨恨，用恩德来报答恩德。”

孔子说：“没有人了解我啊！”子贡说：“怎么能说没有人了解您呢？”孔子说：“我不埋怨天，也不责备人，下学人事而上达天命，了解我的只有天吧！”

公伯寮向季孙告发子路。子服景伯把这件事告诉给孔子，并且说：“季孙氏已经被公伯寮迷惑了，我的力量能够把公伯寮杀了，把他陈尸于市。”孔子说：“道能够得到推行，是天命决定的；道不能得到推行，也是天命决定的。公伯寮能把天命怎么样呢？”

解读

把旧怨放在一边

在中国传统文化中，无论是老子的“以德报怨”还是孔子的“以直报怨”，它们都坚持了一个共同原则，即不争一时之短长。虽然别人有怨于我，但也不能因此斤斤计较，耿耿于怀，必思报复而后快，而应既往不咎，这样才不会使旧怨添新仇，越积越深。同时，双方以真诚之心寻找新的共同点，存异求同，不必要任何一方卑躬屈节，迎合对方；只是把旧怨放在一边，双方为共同的目标和利益进行合作，在合作过程中重建新的友谊。这样旧的怨恨就会逐渐淡化，自然消除，以达到“两惠无不释之怨，两杞无不合之交”的效果。

战国时，楚国与梁国相邻，边境土地肥沃，两国各设界亭，并且都在各自的地界上种了西瓜。梁国界亭的亭卒勤劳刻苦，起早摸黑，锄草浇水，在他们的管理下，瓜秧长势喜人。楚国界亭的亭卒散漫慵懒，对瓜田的事不闻不问，更别谈浇水锄草了，他们的瓜秧又瘦又黄，根本不能与梁亭的瓜秧相比。两相比较楚亭的人觉得大失脸面，十分生气，便乘夜黑偷偷将对面的瓜秧全扯断了。

第二天，梁亭的人发现瓜秧全都身首异处，就赶紧上报边县县令宋就：“楚亭的人真不是东西，我们干脆也将他的瓜秧扯断算了，以牙还牙。”宋就连连摇头，说：“千万不可，千万不可！我们不希望他扯断我们的瓜秧，为什么还要去扯断他们的瓜秧？对方做错了，我们以牙还牙，岂不是小人之举，何必呢？从今天起，你们要每天晚上去给他们的瓜秧浇水，并且不能让他们知道是你们做的。”

无论怎样隐蔽，总有疏漏的时候。楚亭的人发现真相后，纷纷向楚国的边县县令报告。他们感到很惭愧，又深深敬佩梁亭的人宽宏大量。于是他们又禀报楚王。楚王甚为感动，派遣使者带上厚礼来到梁国，赔礼道歉，并愿重修旧好。

朱熹说：“于其所怨者，爱憎取舍，一以至公而无私，所谓‘直’也。”即某件事应该怎么办，就怎么办，并不因为他对我有怨而挟私报复。你给我一拳，我无论如何要还给你一脚，这样的鼠肚鸡肠，是无知小人的逻辑。

人世纷争，难免恩怨。因恩生爱，因怨生恨，会导致人际关系的巩固或破裂。如何处理恩怨，尤其是如何释怨，着实是人生处世的重大课题。“以直报怨，以德报德”作为人生的立世方法，应该说更实用，也更容易施行。别人对不起我，我要是还对他好，那么，那些对我好的人，该怎样报答呢？所以孔子主张，以直道而行，是是非非，善善恶恶，对我好的，我当然对他好；对我不好的，我可以不记恨他，不理睬他就是了。

贤者明智，行为有节

【原典】

子曰：“贤者辟①世，其次辟地，其次辟色，其次辟言。”子曰：“作者七人②矣。”

子路宿于石门③。晨门④曰：“奚自？”子路曰：“自孔氏。”曰：“是知其不可而为之者与？”

子击磬⑤于卫，有荷蒉⑥而过孔氏之门者，曰：“有心哉，击磬乎！”既而曰：“鄙哉！硁硁⑦乎！莫己知也，斯己而已矣。深则厉，浅则揭⑧。”子曰：“果哉！末之难矣。”

【注释】

①辟：同“避”，逃避。②七人：即伯夷、叔齐、虞仲、夷逸、朱张、柳下惠、少连。③石门：地名。鲁国都城的外门。④晨门：早上看守城门的人。⑤磬：音 qìng，一种打击乐器的名称。⑥荷蒉：荷，肩扛。蒉，音 kuì，草筐。肩背着

草筐。⑦硁硁：音 kēng，击磬的声音。⑧深则厉，浅则揭：是《诗经·卫风·匏有苦叶》的诗句。

【译释】

孔子说："贤人逃避动荡的社会而隐居，次一等的逃避到另外一个地方去，再次一点的逃避别人难看的脸色，再次一点的回避别人难听的话。"孔子又说："这样做的已经有七个人了。"

子路夜里住在石门，看门的人问："从哪里来？"子路说："从孔子那里来。"看门的人说："是那个明知做不到却还要去做的人吗？"

孔子在卫国，一次正在敲击磬，有一位肩背草筐的人从门前走过说："这个击磬的人有心思啊！"一会儿又说："真鄙陋固执啊，这沉闷的声音！没有人了解自己，那就算了嘛。（好像涉水一样）水深就踩着石头蹚过去，水浅就撩起衣服蹚过去。"孔子说："说得真干脆，没有什么可以责问他了。"

解读

在行为上不轻举妄动

为人处世，虽然应该敢作敢为、不拘小节，然而一味地坚持己见，知其不可为而为之，则是人生大忌。如若不改，必吃苦头。这就要求我们在行为上不轻举妄动，在语言上以低姿态示人，否则就可能会遭遇"无妄之灾"。

汉武帝时最有名的大将军卫青是一个不妄为的将军，因此他受到了汉武帝的器重。

在卫青出兵定襄之时，部将苏健、赵信两军共三千多骑兵，与匈奴单于的部队遭遇，激战一日，几乎全军覆灭。

赵信被俘投降了匈奴，苏健却只身回到了军中。卫青帐下的议郎周霸说："自从大将军出兵以来，还未曾斩过部将，今天苏健丢了部队一个人逃回，应该将他斩首，以显示将军的威严。"军中有个叫安的长史说："不能这样做！苏健以几千士兵抵抗数万敌军，奋力苦战一天，士卒都不敢有二心，全军战死。现在他自己死里逃生，反而被斩，这是告诉后来的人，谁要是战败了，就不要再回来，不如投降的好，所以不能斩他。"卫青说："我卫青将真心诚意对待他，我不怕会因此没有威望。周霸劝我以斩部将的行为来显示威严，太不符合我的意愿。再说，虽然大将军出使在外可以斩部将，但以我的尊严和宠幸，也不敢在京城之外，擅自诛杀部将。将他送到皇上那里去吧，让皇上亲自裁决。如果以此形成作大臣的不敢专权独断的风气，不也很好吗?”于是将苏健囚禁起来送至汉武帝处，汉武帝果然赦免了他的死罪。

由此看来，在决定做某件大事时，千万不可过于自信、自作主张，一定要多方求证才能得到最佳的结果。

人们常说“多一事不如少一事”，这句话非常有道理。真正的聪明人理性都是胜过感性的，不该做的事从来都不妄为，能够以低姿态去待人和处世，这也是他们不会遇上“飞来祸”的奥秘。

修身成德，安人利己

【原典】

子张曰:“书云:‘高宗①谅阴②，三年不言。’何谓也?”子曰:“何必高宗?古之人皆然。君薨③，百官总己以听于冢宰④三年。”

子曰:“上好礼，则民易使也。”

子路问君子。子曰:“修己以敬。”曰:“如斯而已乎?”曰:“修己以安人。”曰:“如斯而已乎?”曰:“修己以安百姓。修己以安百姓，尧舜其犹病诸?”

原壤⑤夷俟⑥。子曰:“幼而不孙弟⑦，长而无述焉，老而不死，是为贼。”以杖叩其胫。

阙党⑧童子将命⑨。或问之曰:“益者与?”子曰:“吾其居于位⑩也，见其与先生并行也。非求益者也，欲速成者也。”

【注释】

①高宗：商王武丁。②谅阴：古时天子守丧之称。③薨：音 hōng，周代时诸侯死称薨。④冢宰：官名，相当于后世的宰相。⑤原壤：鲁国人，孔子的旧友。⑥夷俟：夷，双腿分开而坐。俟，音 sì，等待。⑦孙弟：同“逊悌”。⑧阙党：即阙里，孔子家住的地方。⑨将命：在宾主之间传言。⑩居于位：童子与长者同坐。

【译释】

子张说："《尚书》上说，'高宗守丧，三年不谈政事。'这是什么意思？"孔子说："不仅是高宗，古人都是这样。国君死了，朝廷百官都各管自己的职事，听命于冢宰三年。"

孔子说："在上位的人喜好礼，那么百姓就容易指使了。"

子路问什么叫君子。孔子说："修养自己，保持严肃恭敬的态度。"子路说："这样就够了吗？"孔子说："修养自己，使周围的人们安乐。"子路说："这样就够了吗？"孔子说："修养自己，使所有百姓都安乐。修养自己使所有百姓都安乐，尧舜还怕难于做到呢！"

原壤叉开双腿坐着等待孔子。孔子骂他说："年幼的时候，你不讲孝悌，长大了又没有什么可说的成就，老而不死，真是害人虫。"说着，用手杖敲他的小腿。

阙里的一个童子，来向孔子传话。有人问孔子："这是个求上进的孩子吗？"孔子说："我看见他坐在成年人的位子上，又见他和长辈并肩而行，他不是要求上进的人，只是个急于求成的人。"

解读

修德的人可以保全自己

《易经·大畜卦》的卦象上说"伊子以多识前言往行，以畜其德"，意思是让人们多学习前贤圣人的言行，来修养、积攒自己的德行。这和孔子的"修己"思想不无共通之处。

然而，现实中人们往往更喜欢追名逐利，而不去积攒德行。历史上许多大的灾祸，就是由此而引发的。正所谓"修名不如修德"，修德者可以独善其身，而修名者往往身败名裂。

唐朝战功赫赫的大将郭子仪就是一个修德之人，因此成名后才能在官场中安身自保。

想当初，郭子仪带兵平定安史之乱，击退吐蕃的入侵，在朝野都有很高的威望。而奸臣鱼朝恩却嫉恨郭子仪的功劳，多次向皇帝进谗言，百般诋毁他。

一次，郭子仪小有失败，鱼朝恩便诬陷他用兵不利，结果朝廷夺了他的兵权，把他召回朝中，改任闲职。人们为他感到不平，郭子仪反倒安慰众人说：

"我出征在外多年，回朝正好可以歇息调养，这并不是件坏事，你们应该为我高兴才是啊！"

郭子仪像

郭子仪的儿子心中愤怒，他对父亲说："奸人变本加厉，现在父亲的兵权也没有了，难道父亲还要忍吗？父亲如果当初和他们对着干，就不会落到这步田地。"

郭子仪教训儿子说："我身为统帅，皇上总是放心不下的。奸人害我，因为奸人深受皇上的信任，他们这才敢对我下手。我若不加忍耐，事情只会更坏。他们苦苦相逼，就是想让我走入他们的圈套啊！"

郭子仪猜想得一点不错，鱼朝恩等人就是想逼迫他抗争，好借机把郭子仪置于死地。郭子仪没有上当，躲过了大的劫难。

后来，鱼朝恩又派人挖了郭子仪的祖坟，郭子仪还是忍住了。鱼朝恩气急败坏，始终无法除掉他。

积攒名声只能招来小人们更多的嫉妒，给他们更多攻击自己的借口；而积攒德行，则在修身的同时，不给小人们任何攻击的机会，在无声无息间消灾避祸。

不争名不逐利，洁身自好，修养自己的品德才是消灾避祸的良药。

卫灵公第十五

君子与小人的不同之处在于，君子能够一直坚持正道，把仁作为自己毕生的追求，把义作为行事的根本，并坚持用“礼”来约束自我，这就是孔子所说的“一以贯之”。如果能这样做的话，那么“道”是很容易追求到的。

坚守正道，一以贯之

【原典】

卫灵公问陈[1]于孔子。孔子对曰："俎豆[2]之事，则尝闻之矣；军旅之事，未之学也。"明日遂行。

在陈绝粮，从者病，莫能兴。子路愠见曰："君子亦有穷乎？"子曰："君子固穷[3]，小人穷斯滥矣。"

子曰："赐也！女以予为多学而识之者与？"对曰："然，非与？"曰："非也。予一以贯之。"

【注释】

①陈：同"阵"，军队作战时，布列的阵势。②俎豆：俎，音 zǔ。俎豆是古代盛食物的器皿，被用作祭祀时的礼器。③固穷：固守穷困，安守穷困。

【译释】

卫灵公向孔子问军队列阵之法。孔子回答说："祭祀礼仪方面的事情，我还听说过；用兵打仗的事，从来没有学过。"第二天，孔子便离开了卫国。

（孔子一行）在陈国断了粮食，随从的人都饿病了。子路很不高兴地来见孔子，说道："君子也有穷得毫无办法的时候吗？"孔子说："君子虽然穷困，但还是坚持着；小人一遇穷困就无所不为了。"

孔子说："子贡啊！你以为我是学习得多了才一一记住的吗？"子贡答道："是啊，难道不是这样吗？"孔子说："不是的。我是用一个根本的东西把它们贯彻始终的。"

解读

安守贫穷不违正道

按孔子的意思，如果一个人受不了穷苦的生活，那就算不上一个君子。的确，很多人可以过富贵的日子，但你要他过几天穷日子他只会叫苦不迭。那些道德品质真正高尚的人，是能够在贫困的环境中保持好心态的。

19 世纪初林肯诞生在肯塔基州哈丁镇荒郊一间泥土小屋中。他 5 岁时就开始帮助家里做活，9 岁时生母去世，15 岁才开始读书。林肯上学时，读的书以《圣经》为主，用华盛顿与杰弗逊的字迹作为自己的练字模板。他前后只接受了一年的正规教育，完全凭不断自学成才。林肯身上有许多可爱之处。他从来不遮掩自己出身卑微的事实，当有人笑话他的父亲曾是个鞋匠时，林肯笑笑说："不错，我父亲是个鞋匠，但我希望我治国能像我父亲做鞋那样地娴熟高超。"林肯虽生活坎坷，饱经挫折，却仍乐观地等待明天。

林肯出身贫贱，却成为美国历史上最伟大的总统之一。是什么力量使林肯具有这样的感召力？其中肯定有一点，就是"君子固穷"。林肯的早期岁月都在贫困中度过，我们无法得知他当时的言行。但是我们知道，他在获得政治上的成功之后，对当年的贫困生涯并不讳言，可见他并没有把那段岁月当作自己人生中的污点或阴影，而是处之泰然。这样一份在贫困中安之若素的修养，给林肯平添了几分人格魅力。

人生不如意十之八九，谁都会碰到困难。我们身处逆境的时候，要提醒自己"君子固穷，小人穷斯滥"。要耐得住穷困，坚持走在正义的道路上，相信阴霾总会过去；而不能像小人那样不择手段。要知道，这样的修养不容易养成，"固穷"是一个君子的气节，一个人如果真的达到了这样的境界，那才是真的了不起。

知言知行，是为知德

【原典】

子曰："由！知德者鲜矣。"

子曰："无为而治者，其舜也与？夫何为哉？恭己正南面而已矣。"

子张问行。子曰："言忠信，行笃敬，虽蛮貊[①]之邦，行矣。言不忠信，行不笃敬，虽州里[②]，行乎哉？立则见其参[③]于前也，在舆则见其倚于衡[④]也，夫然后行。"子张书诸绅[⑤]。

子曰："直哉史鱼[⑥]！邦有道，如矢[⑦]；邦无道，如矢。君子哉蘧伯玉！邦有道，则仕；邦无道，则可卷[⑧]而怀之。"

子曰："可与言而不与之言，失人；不可与言而与言，失言。知者不失人，亦不失言。"

【注释】

①蛮貊：古人对少数民族的贬称，蛮在南，貊，音mò，在北方。②州里：五家为邻，五邻为里。五党为州，二千五百家。州里指近处。③参：列，显现。④衡：车辕前面的横木。⑤绅：贵族系在腰间的大带。⑥史鱼：卫国大夫，名鳅，字子鱼，他多次向卫灵公推荐蘧伯玉。⑦如矢：矢，箭。形容其直。⑧卷：同"捲"，收起来。

【译释】

孔子说："由啊！懂得德的人太少了。"

孔子说："能够无所作为而治理天下的人，大概只有舜吧？他做了些什么呢？只是庄严端正地坐在朝廷的王位上罢了。"

子张问如何才能使自己到处都能行得通。孔子说："说话要忠信，行事要笃敬，即使到了蛮貊地区，也可以行得通。说话不忠信，行事不笃敬，就是在本乡本土，能行得通吗？站着，就仿佛看到忠信笃敬这几个字显现在面前；坐车，就好像看到这几个字刻在车辕前的横木上，这样才能使自己到处行得通。"子张把这些话写在腰间的束带上。

孔子说："史鱼真是正直啊！国家有道，他的言行像箭一样直；国家无道，他的言行也像箭一样直。蘧伯玉也真是一位君子啊！国家有道就出来做官；国家无道，就把自己本领隐藏起来。

孔子说："可以同他说话但没有和他说，就是失人；不可以同他说话，却同他说了，这就是失言。有智慧的人既不失人，也不失言。"

解读

说话一定要谨慎

有人把语言形容成刀剑，可见慎言的重要。孔子是一个非常慎言的人，他待人诚恳恭谦，看起来好像不善言辞，但在公开场合里，他又非常地能言善辩。所以，孔子一直在陈说一个道理："言忠信，行笃敬，虽蛮貊之邦，行矣！言不忠信，行不笃敬，虽州里行乎哉！"

人的脸孔上，有两个眼睛，两个耳朵，两个鼻孔，却只有一张嘴巴，这奇妙的组合，似乎蕴涵着很深的意义，就是告诫人们要多听，多看，少说。

《伊索寓言》中有句名言："世界上最好的东西是舌头，最坏的东西还是舌头。"因此，人要懂得"祸从口出"的道理，要管住自己的舌头。

范雎在卫国见到秦王，尽管秦王求教再三，他都沉默不语；诸葛亮在荆州，刘琦也是多次请教，诸葛亮同样再三不肯说。最后到了偏僻的一座阁楼上，去了楼梯，范雎和诸葛亮才分别对秦王和刘琦指示了今后方向，所以历史上的"去梯言"，就表示慎言的意思。

东晋时代的王献之，一日偕同两个哥哥王徽之、王操之，一起去拜访东晋名人谢安。徽之、操之二人放言高论，目空四海，只有献之三言两语，不肯多说。三人告辞以后，有人问谢安，王家三兄弟谁优谁劣？谢安淡淡说道：慎言最好！

人生，有人喜欢饶舌，但也有人习惯于慎言。饶舌的人常常会吃亏；慎言的人，相对比较不容易受到伤害。

修身成仁，舍生取义

【原典】

子曰："志士仁人，无求生以害仁，有杀身以成仁。"

子贡问为仁。子曰："工欲善其事，必先利其器。居是邦也，事其大夫之贤者，友其士之仁者。"

颜渊问为邦。子曰："行夏之时①，乘殷之辂②，服周之冕③，乐则《韶》《舞》④。放⑤郑声⑥，远⑦佞人。郑声淫，佞人殆⑧。"

【注释】

①夏之时：夏代的历法，便于农业生产。②殷之辂：辂，音lù，天子所乘的车。殷代的车是木制成，比较朴实。③周之冕：周代的帽子。④《韶》《舞》：是舜时的舞乐，孔子认为是尽善尽美的。⑤放：禁绝、排斥、抛弃的意思。⑥郑声：郑国的乐曲，孔子认为是淫声。⑦远：远离。⑧殆：危险。

【译释】

孔子说："志士仁人，没有贪生怕死而损害仁的，只有牺牲自己的性命来成全仁的。"

子贡问怎样实行仁德。孔子说："做工的人想把活儿做好，必须首先使他的工具锋利。住在这个国家，就要事奉大夫中的那些贤者，与士人中的仁者交朋友。"

颜渊问怎样治理国家。孔子说："用夏代的历法，乘殷代的车子，戴周代的礼帽，奏《韶》乐和《舞》乐，禁绝郑国的乐曲，疏远能言善辩的人，郑国的乐曲浮靡不正派，佞人太危险。"

解读

正确看待生死

怎样对待生与死，这是人生一大课题。人作为自然界的有机体，生老病死都有其自然的规律，这是自然的法则，是天的法则，人是无力回天的，所以人固有一死。但关键在于：当生与死、个人生命与正义事业发生尖锐矛盾时，怎样选择，怎样面对生与死。

儒家的选择是“杀身成仁”、“舍生取义”。

公元550年，东魏丞相高洋篡夺了帝位，建立了北齐政权。为了巩固其统治，高洋一面残杀元氏宗亲，一面又收买元氏势力中的叛逆。定襄令元景安贪生怕死，乞求高洋赐姓高，以示效忠。他在一次与堂兄元景皓等人密商应付时局对策时，将这个想法提了出来，遭到元景皓的坚决反对，说“大丈夫宁做玉器被打碎也不做泥瓦得以保全，怎么能改从他人姓氏而抛弃自己的本宗呢?”

元景安把他的话报告给高洋，结果元景皓被杀害。

成语“宁为玉碎，不为瓦全”由此演化而来，比喻宁愿为正义的事业而献出生命，也不愿屈从失节而苟且偷生。这既反映了一种宁死不屈的高尚气节，也表达了人们对生与死的态度。这也是“舍生取义”的具体体现。

司马迁在《报任卿书》中说：“人固有一死，或重于泰山，或轻于鸿毛。”这就向我们昭示：为正义、为坚持真理而死，虽死犹生，就像碎玉，仍然放射出玉的光彩；贪生怕死、失节投敌，这种人虽生犹死，就如同被保全的泥瓦一样，为人不齿。

厚责自己，虑事以远

【原典】

子曰："人无远虑，必有近忧。"

子曰："已矣乎！吾未见好德如好色者也。"

子曰："臧文仲其窃位①者与！知柳下惠之贤而不与立也。"

子曰："躬自厚而薄责于人，则远怨矣。"

子曰："不曰'如之何，如之何'者，吾末②如之何也已矣。"

【注释】

①窃位：身居官位而不称职。②末：这里指没有办法。

【译释】

孔子说："人没有长远的考虑，一定会有眼前的忧患。"

孔子说："算了吧，我从来没有见过像好色那样好德的人。"

孔子说："臧文仲是一个窃居官位的人吧！他明知道柳下惠是个贤人，却不举荐他一起做官。"

孔子说："多责备自己而少责备别人，那就可以避免别人的怨恨了。"

孔子说："从来遇事不说'怎么办，怎么办'的人，我对他也不知怎么办才好。"

解读

居安思危有远见

人的一生总要遇上很多事情，没有人知道自己的将来会发生什么，如果自己都不为自己考虑将来的事情，没有人会提醒你。一定要有居安思危的意识，才能防患于未然。因此，孔子说“人无远虑，必有近忧”。

《左传·襄公》中曰：“居安思危，思则有备，有备无患。”“居安思危”这句成语包含着丰富的哲理，成为中国几千年来从政者的警句和座右铭。

历史上有一个很著名的“居安思危”的故事。项梁从吴中起义，然后率领八千人渡江向西，加入消灭暴秦的行列。这时候，他听说有个叫陈婴的人已经占领了东阳县，就派人前去联络，想要和他一起联兵西进。

陈婴本是东阳县的一个小官吏，由于他忠信恭谨，所以一直深受县民爱戴。后遇天下大乱，东阳县里的一些年轻人自发地组织起来，杀死了县令。但苦于找不到合适的首领，便请陈婴来领导。陈婴推辞不过，只好勉为其难。后来，他们又想推举陈婴为王。

陈婴的母亲是位有学问的妇女，对人生社会有不少经验，她听说要选陈婴为王，十分反对。她对陈婴说：“我们陈家虽是县里的望族，但从无做高官的人，现在一下子做什么王，名声太大了，容易招来祸害。况且，现在时局动乱，形势未明，出来称王，祸害比平时更大。不如另选人来做王，你当助手。成功了，你能得到封赏；不成功，人家也不会把你当头儿抓。”

听了母亲的分析后，陈婴思量再三，觉得还是不为王的好。于是他就对众人说：“我原本是个小官，威望不足以服众人。现在项梁在江东起事，引兵西渡，并派人来要和我们联合抗秦。项梁的祖世就为楚将，名声显赫，我们想成就一番事业，就得依靠像项梁这样的人。”

于是，陈婴带领两万多起义军投奔了项梁。

陈婴也是一名猛将，但他并没有不明不白地死于政治阴谋，实得益于母亲的那番话。知子莫若母，母亲知道陈婴的性格不适合与各路枭雄争逐天下。如果不适合还要硬当王，丢掉性命的可能性极大，因此不如依附在强者的势力之下，进可享受爵位，退可隐姓埋名，保有性命。从这个角度看来，陈婴的母亲是相当务实的。而陈婴也能听从母亲的警告，居安而思危，实乃大幸。

洪水未到先筑堤，豺狼未来先磨刀。做事应该未雨绸缪，居安思危，这样在危险突然降临时，才不至于手忙脚乱。“书到用时方恨少”，平常若不充实学问，临时抱佛脚是来不及的。总有人抱怨没有机会，然而当升迁机会来临时，再叹自己平时没有积蓄足够的学识与能力，以致不能胜任，也只能后悔莫及了。

德义存心，推己及人

【原典】

子曰："群居终日，言不及义，好行小慧，难矣哉！"

子曰："君子义以为质，礼以行之，孙以出之，信以成之。君子哉！"

子曰："君子病无能焉，不病人之不己知也。"

子曰："君子疾没世①而名不称焉。"

子曰："君子求诸己，小人求诸人。"

子曰："君子矜而不争，群而不党。"

子曰："君子不以言举人，不以人废言。"

子贡问曰："有一言而可以终身行之者乎？"子曰："其恕②乎！己所不欲，勿施于人。"

【注释】

①没世：死亡之后。②恕：指"恕"道。

【译释】

孔子说："整天聚在一块，说的都达不到义的标准，专好卖弄小聪明，这种人真难教导。"

孔子说："君子以义作为根本，用礼加以推行，用谦逊的语言来表达，用忠诚的态度来完成，这就是君子了。"

孔子说："君子只怕自己没有才能，不怕别人不知道自己。"

孔子说："君子担心死亡以后他的名字不为人们所称颂。"

孔子说："君子求之于自己，小人求之于别人。"

孔子说："君子庄重而不与别人争执，合群而不结党营私。"

孔子说："君子不凭一个人说的话来举荐他，也不因为一个人不好而不采纳他的好的话。"

子贡问孔子："有没有一个字可以终身奉行的呢？"孔子回答说："那就是恕吧！自己不愿意的，不要强加给别人。"

解读

设身处地地替别人着想

“恕”是一种推己及人的情怀。一个内心怀有仁德的人，即使不能成全别人，起码也不会陷害逼迫他人。自己不愿意干的事，不能推到别人头上，不能把麻烦和痛苦转嫁到别人头上；而应该在替自己打算的时候，也设身处地地替别人想一下。能够做到这一点，并且能够坚持，就可以算得上心底有仁义了，就能让自己在任何人面前都问心无愧，活得光明正大，活得舒心自然。

北宋的大政治家王安石做宰相的时候，中年丧妻，后来续娶了一个妾叫姣娘。姣娘年方十八，出身名门，长得闭月羞花，琴棋书画无所不通。婚后，王安石身为宰相，整天忙于朝中之事，经常不回家。姣娘正值妙龄，独居空房，便跟府里的年轻仆人私下偷情。这事传到了王安石那儿，这天，王安石使了一计，谎称上朝，却悄然藏在家中。入夜，他潜入卧室外窃听，果然听见姣娘与仆人床上调情。他气得火冒三丈，举拳就要砸门捉奸，但是就在这节骨眼上，他冷静下来，转念一想，自己是堂堂当朝宰相，为此动怒实在犯不上。他把这口气咽了回去，转身走了。

不料，王安石没留神撞上了院中的大树，一抬头，见树上有个老鸹窝。他灵机一动，随手绰起一根竹竿，捅了老鸹窝几下，老鸹惊叫而飞，屋里的仆人闻声慌忙跳后窗而逃。事后，王安石装作若无其事。一晃到了中秋节，王安石邀姣娘花前赏月。酒过三巡，王安石即席吟诗一首：“日出东来还转东，乌鸦不叫竹竿捅。鲜花搂着棉蚕睡，撇下干姜门外听。”姣娘是个才女，不用细讲，已品出这首诗的寓意，知道自己跟仆人偷情的事被老爷知道了。想到这儿她顿感无地自容。可她灵机一动，跪在王安石面前，也吟了一首诗：“日出东来转正南，你说这话够一年。大人莫见小人怪，宰相肚里能撑船。”王安石细细一想，自己年已花甲，姣娘正值豆蔻年华，偷情之事不能全怪她，还是来个两全其美吧。过了中秋节，王安石赠给姣娘白银千两，让她跟那个仆人成亲，一起生活，远走他乡。

一个人，一定要养成宽广的胸怀。职位越高，责任越重，胸怀就要越宽广。所谓“宰相肚里能撑船”，做宰相的人，胸怀要像大海一样宽广。有了宽广的胸怀，才能包容别人的过错，才能略过别人的瑕疵而看到好的一面，才能在不利于自己的情况下保持冷静沉着，这是做领导必备的素质。

明察是非，忍耐为上

【原典】

子曰："吾之于人也，谁毁谁誉？如有所誉者，其有所试矣。斯民也，三代之所以直道而行也。"

子曰："吾犹及史之阙文①也，有马者借人乘之②，今亡矣夫。"

子曰："巧言乱德。小不忍则乱大谋。"

子曰："众恶之，必察焉；众好之，必察焉。"

【注释】

①阙文：史官记史，遇到有疑问的地方便缺而不记，这叫做阙文。②有马者借人乘之：有人认为此句系错出，另有一种解释为：有马的人自己不会调教，而靠别人训练。本书依从后者。

【译释】

孔子说："我对于别人，诋毁过谁？赞美过谁？如有所赞美的，必须是曾经考验过他的。夏、商、周三代的人都是这样做的，所以三代能直道而行。"

孔子说："我还能够看到史书存疑的地方，有马的人自己不会调教，先给别人使用，这种精神，今天没有了罢。"

孔子说："花言巧语就败坏人的德行。小事情不忍耐，就会败坏大事情。"

孔子说："大家都厌恶他，我必须考察一下；大家都喜欢他，我也一定要考察一下。"

解读

忍耐也是一种美德

"小不忍则乱大谋"，这句话在民间极为流行，甚至成为一些人用以告诫自己的座右铭。的确，有志向、有理想的人，不会计较个人得失，更不应在小事上纠缠不清，而应有广阔的胸襟，远大的抱负。只有如此，才能成就大事，从而达到自己的目标。

“小不忍则乱大谋”，其核心就是一个“忍”字。所谓“心字头上一把刀，遇事能忍祸自消”。所谓“忍得一时之气，免却百日之忧”。

在中国的传统观念里，忍耐是一种美德。这一观点尽管与现代社会竞争不大合拍，但是，很多学者已经发现，中国传统文化里的很多东西并没有过时，相反，其中的学问博大精深，如果运用于现代人的生活，必将使人们受益匪浅。其中，忍耐就大有学问。当与人发生矛盾的时候，忍耐可以化干戈为玉帛，这种忍耐无疑是一种大智慧。

唐代著名高僧寒山问拾得和尚：“今有人侮我，冷笑我，藐视我，毁我伤我，嫌我伤我，嫌我恨我，则奈何?”拾得和尚说：“子但忍受之，依他，让他，敬他，避他，苦苦耐他，装聋作哑，漠然置他，冷眼观之，看他如何结局?”这种忍耐里透着的是智慧和勇气。

非洲一位总统曾问邓小平同志有什么好经验，他就说了一句话：“忍耐”。

忍一时风平浪静。忍耐不是目的，是一种策略，但并不是每个人都能做到忍耐。

人们常说，忍字头上一把刀。这把刀，让你痛，也会让你痛定思痛；这把刀，可以削平你的锐气，也可以雕琢出你的勇气。

有人说，忍耐就是一种妥协。其实，妥协不是简单地让步，而是在知己知彼的基础上达成的一种共识。不管是生活，还是工作，妥协都不仅仅是为了“家和万事兴”、“安定团结”，而且还隐藏着一种坚持，这种坚持实际上就是一种坚定的决心。

大凡有人的地方，就会有矛盾。世界越来越小，你不碰我，我还会碰你，关键是如何看待，如何处理。得饶人处且饶人，相逢一笑泯恩仇。一张笑脸，一句诚恳的道歉，就能化干戈为玉帛，冰释前嫌，何必为区区小事而斤斤计较、耿耿于怀呢?

没有爬不过去的山，也没有蹚不过去的河。忍一时的委屈，可以保全大家的宁静、和谐，并不损失什么，反而还会为你赢得一个更为宽阔的心灵空间。何乐而不为呢?

宏道忧道，遵道而行

【原典】

子曰："人能弘道，非道弘人。"

子曰："过而不改，是谓过矣。"

子曰："吾尝终日不食，终夜不寝，以思，无益，不如学也。"

子曰："君子谋道不谋食。耕也，馁在其中矣；学也，禄在其中矣。君子忧道不忧贫。"

子曰："知及之①，仁不能守之；虽得之，必失之；知及之，仁能守之，不庄以涖②之，则民不敬。知及之，仁能守之，庄以涖之，动之不以礼，未善也。"

子曰："君子不可小知③而可大受④也，小人不可大受而可小知也。"

【注释】

①知及之：知，同"智"。之，一说是指百姓，一说是指国家。此处我们认为指禄位和国家天下。②涖：音 lì，临，到的意思。③小知：知，作为的意思。做小事情。④大受：受，责任，使命的意思。承担大任。

【译释】

孔子说："人能够使道发扬光大，不是道能使人光大。"

孔子说："有了过错而不改正，这才真叫错了。"

孔子说："我曾经整天不吃饭，彻夜不睡觉，去左思右想，结果没有什么好处，还不如去学习为好。"

孔子说："君子只谋求行道，不谋求衣食。耕田，也可能会饿肚子；学习也可以得到俸禄。君子只担心道不能行，不担心贫穷。"

孔子说："凭借聪明才智足以得到它，但仁德不能保持它，即使得到，也一定会丧失。凭借聪明才智足以得到它，仁德可以保持它，不用严肃态度来对待它，那么百姓就会不敬。聪明才智足以得到它，仁德可以保持它，能用严肃态度来对待，但行为不按照礼的要求，那也是不完善的。”

孔子说：“君子不能让他们做那些小事，但可以让他们承担重大的使命。小人不能让他们承担重大的使命，但可以让他们做那些小事。”

解读

把百姓放在心上

孔子关于“谋道不谋食”“忧道不忧贫”的主张，并不是空头说教，而是他从自身的人生体验中总结概括出来的生活准则。这里面饱蘸着人生的甘苦浓汁，又蕴涵着丰富的人生哲理，不但鞭策着他自己孜孜不倦地追求实现自己的人生理想，也启迪着后人为国为民贡献自己的才华以至热血。

千古名篇《岳阳楼记》，深刻地表达了作者“不以物喜，不以己悲”的阔大情怀，其“先天下之忧而忧，后天下之乐而乐”的名言，正是为政者应当遵守的“道”。

《岳阳楼记》的作者范仲淹，字希文，是唐朝宰相范履冰的后代。他的祖先原是西邠州人，后来迁往江南定居，就成了苏州吴县人。

通过科举考试，范仲淹成为进士，后来官至龙图阁大学士。他幼时贫困，后来虽然富贵起来，但没有宾客在场时，一餐仍不吃两份肉菜。妻子儿子的衣食，也是刚够吃用。然而，他将自己的钱财赠送给别人，在家乡创置了“义庄”，用来赡养和救济那些无依无靠的本宗族的人。他待人十分亲热敦厚，并乐于替人家办好事。当时的贤士，很多是在他的指导和荐拔下成长起来的。他处理政事，最讲究忠厚二字，所到之处，多有惠民的德政。

有一年闹大蝗灾、大旱灾，灾情特别严重。范仲淹奏请朝廷，派遣大臣前往灾区巡视。没有得到答复，他就当面质问皇帝：“宫廷中的人如果半日不吃饭，会怎么样呢?”宋仁宗受其感动，便派范仲淹去慰问灾区。范仲淹所到之处，开仓赈济饥民，并禁止灾民滥设祠庙祭祀天地鬼神；还奏请朝廷减免折役茶，减免丁口盐钱；而且呈上一篇《救弊十事》的奏札，逐条论述了朝政诸弊。

在他生前，百姓们就画了他的肖像，给他立生祠来纪念他。待到他逝世时，各地听到噩耗的人，都深深为之叹息。许多百姓聚众举哀，像死去父亲一样痛哭斋戒了三天才散去。后人在他的碑上铭刻“廉洁俭约，克己奉公，直言尽职，利泽生民”等语。

范仲淹正是以倡导和践行“先天下之忧而忧，后天下之乐而乐”的精神，在宋代官场上树起了一座范仲淹之碑，也开拓性地诠释了“谋道不谋食，忧道不忧贫”。这种精神，即使在今天看来，也是光辉崇高的，值得我们去继承和发扬。

孔子这段话的实质，讲的是人生的目的、意义、理想、信念的定位问题，是人生修养的境界问题。作为君子、士人，任务就是修道，为社会为国家效力，并依据“道”提出治国的办法。当然，修道、维护道是一个困难、曲折、复杂的过程，理想与现实经常会有差距，甚至会产生冲突。正是基于理想与现实会发生矛盾、冲突的情况，孔子提出“君子谋道不谋食”、“君子忧道不忧贫”的主张。它能赋予以道自任的君子、士人以生命力和抗争力，使真正的知识分子在挫折、颠沛之时能保持一种完整的人格尊严，保持理想，弘毅精神。这或许正是当今大部分所谓的知识分子所缺少的。

同道而谋，当仁不让

【原典】

子曰：“民之于仁也，甚于水火。水火，吾见蹈而死者矣，未见蹈仁而死者也。”

子曰：“当仁，不让于师。”

子曰：“君子贞①而不谅②。”

子曰：“事君，敬其事而后其食③。”

子曰：“有教无类。”

子曰：“道不同，不相为谋。”

子曰：“辞达而已矣。”

师冕④见，及阶，子曰：“阶也。”及席，子曰：“席也。”皆坐，子告之曰：“某在斯，某在斯。”师冕出，子张问曰：“与师言之道与？”子曰：“然，固相⑤师之道也。”

【注释】

①贞：一说是“正”的意思，一说是“大信”的意思。这里选用“正”的说法。②谅：信，小信用。③食：食禄，俸禄。④师冕：乐师，这位乐师的名字

是冕。⑤相：帮助。

【译释】

孔子说：“百姓们对于仁的需要，比对于水火的需要更迫切。我只见过人跳到水火中而死的，却没有见过实行仁道而死的。”

孔子说：“面对着仁德，就是自己的老师，也不同他谦让。”

孔子说：“君子固守正道，而不拘泥于小信用。”

孔子说：“侍奉君主，要认真办事而把领取俸禄的事放在后面。”

孔子说：“人人都可以接受教育，不分贵贱。”

孔子说：“主张不同，不在一起谋事。”

孔子说：“言辞只要能表达意思就行了。”

乐师冕来见孔子，走到台阶沿，孔子说：“这儿是台阶。”走到坐席旁，孔子说：“这是坐席。”等大家都坐下来，孔子告诉他：“某某在这里，某某在这里。”师冕走了以后，子张就问孔子：“这就是与乐师谈话的道吗?”孔子说：“这就是帮助乐师的道。”

解读

交友要志同道合

孔子是位既高明又中庸，高出尘世也深通世故的圣人。他主张我们要“道不同，不相为谋”。其实他的意思就是要与仁德的人交往，接受其熏陶，与其愉快相处。

人们大都愿意与品德高尚的人结交，而品德低劣的人，常常被人所鄙视，很少有人愿与之交往。管宁不愿与华歆为伍的故事就是一个很好的例子。

管宁和华歆在年轻的时候，是一对非常要好的朋友。他俩成天形影不离，同桌吃饭、同榻读书、同床睡觉，相处得非常好。

有一次，他俩一块儿在菜地里锄草。管宁抬起锄头，一锄下去，碰到了一个硬东西。黑黝黝的泥土中，只见一个黄澄澄的东西闪闪发光。管宁定睛一看，是块金子，他就自言自语地说了句：“我当是什么东西呢，原来是锭金子。”接着，他不再理会了，继续锄草。

“什么？金子!”不远处的华歆听到这话，赶紧丢下锄头奔了过来，抓起金块捧在手里仔细端详。

管宁见状，边干活边责备华歆说："一个有道德的人是不可以贪图不劳而获的财物的，钱财应该是靠自己的辛勤劳动去获得。"

华歆听了，口里说："这个道理我也懂。"手里却还捧着金子舍不得放下。后来，他实在被管宁的目光盯得受不了了，才不情愿地丢下金子回去干活。但他心里还在惦记金子，所以干活也没有先前努力。管宁见他这个样子，暗暗地摇了摇头。后来又发生了类似的事情。

管宁目睹了华歆的所作所为，再也抑制不住心中的叹惋和失望，拿出刀子当着华歆的面把席子从中间割成两半，痛心而决绝地宣布："我们两人的志向和情趣太不一样了。从今以后，我们就像这被割开的草席一样，再也不是朋友了。"

这就是"割席断交"的故事。这个故事告诉我们：真正的朋友，应该有共同的思想基础和奋斗目标，能一起追求、共同进步。如果没有内在精神的默契，只有表面上的亲热，是无法真正沟通和理解的，也就失去了做朋友的意义了。

交友是人生处世的必然，也是人生进取的必需。正所谓"千金易得，知己难求"，朋友之间贵在志同道合。这里的志同道合，指的是君子之交，也就是与有德行的人交朋友，这样才能不断提高自己的道德水平。对于那些离经叛道的小人，纵然他们能给我们带来再多的好处，也要敬而远之才是。

季氏第十六

天下有道是人们所向往的。有所乐，有所戒，有所畏，有所思，这样做了，就能明白礼义之所在。对个人而言，可以避免不必要的纷争；对国家而言，可以减少不必要的干戈，天下自然也就有“道”了。

和睦相处，天下有道

【原典】

季氏将伐颛臾①。冉有、季路见于孔子曰：“季氏将有事②于颛臾。”孔子曰：“求！无乃尔是过与？夫颛臾，昔者先王以为东蒙主③，且在城邦之中矣，是社稷之臣也。何以伐为？”冉有曰：“夫子欲之，吾二臣者皆不欲也。”孔子曰：“求！周任④有言曰：‘陈力就列⑤，不能者止。’危而不持，颠而不扶，则将焉用彼相矣？且尔言过矣，虎兕⑥出于柙⑦，龟玉毁于椟⑧中，是谁之过与？”冉有曰：“今夫颛臾，固而近于费⑨。今不取，后世必为子孙忧。”孔子曰：“求！君子疾夫舍曰欲之而必为之辞。丘也闻有国有家者，不患寡而患不均，不患贫而患不安。盖均无贫，和无寡，安无倾。夫如是，故远人不服，则修文德以来之。既来之，则安之。今由与求也，相夫子，远人不服而不能来也，邦分崩离析而不能守也；而谋动干戈于邦内。吾恐季孙之忧，不在颛臾，而在萧墙⑩之内也。”

孔子曰：“天下有道，则礼乐征伐自天子出；天下无道，则礼乐征伐自诸侯出。自诸侯出，盖十世希不失矣；自大夫出，五世希不失矣；陪臣执国命，三世希不失矣。天下有道，则政不在大夫。天下有道，则庶人不议。”

孔子曰：“禄之去公室五世⑪矣，政逮⑫于大夫四世⑬矣，故夫三桓之子孙微矣。”

【注释】

①颛臾：音 zhuānyú，鲁国的附属国，在今山东省费县西。②有事：指有军事行动，用兵作战。③东蒙主：东蒙，蒙山。主，主持祭祀的人。④周任：人名，周代史官。⑤陈力就列：陈力，发挥能力，按才力担任适当的职务。⑥兕：音 sì。雌性犀牛。⑦柙：音 xiá，用以关押野兽的木笼。⑧椟：音 dú，匣子。⑨费：季氏的采邑。⑩萧墙：照壁屏风。指宫廷之内。⑪五世：指鲁国宣公、成公、襄公、昭公、定公五世。⑫逮：及。⑬四世：指季孙氏文子、武子、平子、桓子四世。

【译释】

季氏将要讨伐颛臾。冉有、子路去见孔子说：“季氏快要攻打颛臾了。”孔子说："冉求，这不就是你的过错吗？颛臾从前是周天子让它主持东蒙祭祀的，而且已经在鲁国的疆域之内，是国家的臣属啊，为什么要讨伐它呢？"冉有说："季孙大夫想去攻打，我们两个人都不愿意。"孔子说："冉求，周任有句话说：'尽自己的力量去负担你的职务，实在做不好就辞职。'有了危险不去扶助，跌倒了不去搀扶，那还用辅助的人干什么呢？而且你说的话错了。老虎、犀牛从笼子里跑出来，龟甲、玉器在匣子里毁坏了，这是谁的过错呢？"冉有说："现在颛臾城墙坚固，而且离费邑很近。现在不把它夺取过来，将来一定会成为子孙的忧患。"孔子说："冉求，君子痛恨那种不肯实说自己想要那样做而又一定要找出理由来为之辩解的做法。我听说，对于诸侯和大夫，不怕贫穷，而怕财富不均；不怕人口少，而怕不安定。由于财富均了，也就没有所谓贫穷；大家和睦，就不会感到人少；安定了，也就没有倾覆的危险了。因为这样，所以如果远方的人还不归服，就用仁、义、礼、乐招徕他们；已经来了，就让他们安心住下去。现在，仲由和冉求你们两个人辅助季氏，远方的人不归服，而不能招徕他们；国内民心离散，你们不能保全，反而策划在国内使用武力。我只怕季孙的忧患不在颛臾，而是在自己的内部呢！"

孔子说："天下有道的时候，制作礼乐和出兵打仗都由天子作主决定；天下无道的时候，制作礼乐和出兵打仗，由诸侯作主决定。由诸侯作主决定，大概经过十代很少有不垮台的；由大夫决定，经过五代很少有不垮台的。天下有道，国家政权就不会落在大夫手中。天下有道，老百姓也就不会议论国家政治了。"

孔子说："鲁国失去国家政权已经有五代了，政权落在大夫之手已经四代了，所以三桓的子孙也衰微了。"

解读

家庭幸福离不开和睦

一个国家繁荣富强的前提条件必然是无内忧，内乱的国家必然不能繁荣昌盛。家与国一样，人们常说的"家和万事兴"同样是这个道理。

"家和"是"兴家"的前提。我们不难想象一个时常充满了争吵、摔东西声的家庭，与一个处处充满着欢笑、相敬如宾的家庭有着多么大的差距。

家人之间的矛盾往往是由于缺乏谅解与信任引起的，倘若能够多体谅一下家人，设身处地地为家人着想，"家和万事兴"的情况便会很快到来。这里有两则故事，说的就是如何化解家庭矛盾的：

第一则故事是这样的：有一对小夫妻，他们常为吃苹果发生口角——女的怕苹果皮上沾了农药有毒，一定要把果皮削掉；而男的则认为果皮有营养，把皮削掉太可惜。常吃苹果，也就常吵。

后来，他们竟吵到他们的结婚介绍人那里去了。

结婚介绍人对男人说："你太太不吃苹果皮，你嫌她浪费，那你就把她削的苹果皮拿去吃了，不就没有事了！"

结婚介绍人还说，由于不同的家庭环境以及不同成长经历的影响，每个人的生活习惯会有所不同，因此，不要勉强别人来认同自己的习惯，同时，也要体谅宽容别人的习惯。小两口听了之后茅塞顿开。

还有一则故事：一户人家经常吵架，看见隔邻的一家非常和美，十分羡慕，便前往请教。

邻家的男主人回答说："我们家每个人都是坏人，所以不会吵架。"问的人不明所以，悻悻然离去。

一天，邻家有一辆脚踏车被窃，他们的对话无意间让经常吵架的那户人家听到："没有关好大门，是我的错。"

"不，我忘了上锁，是我不好。"

"其实我不应该把车子放在院子里。"

那户人家恍然大悟。

很多夫妻常为一些小事争吵，旁人也很难断清谁对谁错。其实，这些事无所谓对和错，需要的只是一点点宽容，互让互谅才是家庭生活中的法宝。

家庭的和睦，是每一位家庭成员共同努力的结果。每一个家庭成员只要能够不固执己见，多替他人着想，自然能够化矛盾为和睦了。如果每个家庭都能和睦相处，那么这个社会自然也就和谐安宁了。

明辨损益，修身养性

【原典】

孔子曰："益者三友，损者三友。友直，友谅[①]，友多闻，益矣。友便辟[②]，友善柔[③]，友便佞[④]，损矣。"

孔子曰："益者三乐，损者三乐。乐节礼乐[⑤]，乐道人之善，乐多贤友，益矣。乐骄乐[⑥]，乐佚[⑦]游，乐晏乐[⑧]，损矣。"

【注释】

①谅：诚信。②便辟：惯于走邪道。③善柔：善于和颜悦色骗人。④便佞：惯于花言巧语。⑤节礼乐：孔子主张用礼乐来节制人。⑥骄乐：骄纵不知节制的乐。⑦佚：同“逸”。⑧晏乐：沉溺于宴饮取乐。

【译释】

孔子说：“有益的交友有三种，有害的交友有三种。同正直的人交友，同诚信的人交友，同见闻广博的人交友，这是有益的。同惯于走邪道的人交朋友，同善于阿谀奉承的人交朋友，同惯于花言巧语的人交朋友，这是有害的。”

孔子说：“有益的喜好有三种，有害的喜好有三种。以礼乐调节自己为喜好，以称道别人的好处为喜好，以有许多贤德之友为喜好，这是有益的。喜好骄傲，喜欢闲游，喜欢大吃大喝，这就是有害的。”

解读

结交好友有益自身

中国古代伟大的思想家孔子提出了一个交友、择友的基本原则，他说：“友直，友谅，友多闻，益矣。”孔子从自己的生活体验中，总结出以三种人为友是有益的：一种是“友直”，“直”，指正直，就是说要选择那些正直、爽快的人为友；“友谅”，谅指诚信，就是要选择那些真诚守信的人为友；“友多闻”，多闻，指博学多识，就是要选择那些博学多闻、见多识广的人为友。他认为，与这样的人交友才是有益的。

有一年，晋国大夫俞伯牙奉命出使楚国，一路乘船而行。当船行至马鞍山下时，突遇一场暴雨，伯牙只得令船靠岸，暂避风雨。雨停后，一阵清风徐来，使他神清气爽，顿觉一路疲劳一扫而尽。他急忙走进舱内，取出瑶琴，置于船头，席船而坐，面对眼前的高山流水，尽兴地弹奏起来。悠扬的琴声伴着雨后的轻风，传到了正在山上砍柴的钟子期耳中，他立即停下手中的刀斧，沿着琴声，来到附近，隐于树后静听，并伴着琴声节奏的轻重缓急，不停地击掌，陶醉其中。此时的俞伯牙也越弹越有兴致，他将一股从未有过的激情融入琴弦，尽情地抒发着内心的快感。突然，琴弦断了，俞伯牙顿感蹊跷，他隐隐觉得附近有人在听他的演奏，于是来到岸上寻找。突然，他发现了隐于树后的钟子期，便热情地请他到了船上。

随后，伯牙鼓琴弹奏了一首《高山流水》曲，问钟子期可知其意。子期说："太好了！峨峨如泰山，荡荡若江河！"听完子期的回答，伯牙喜不胜收，顿觉相见恨晚，他为自己找到了多年难遇的知音而高兴。于是，他们越谈感情越近，越说兴致越浓，两人由此结下了莫逆之交，并相约第二年再来此地相会，重述知音之情。谁知此次相会后，钟子期突染重病，抱憾而亡。

第二年，俞伯牙如期赴约，久等不见子期前来，便携琴找到子期家中。得知子期病故，顿觉五雷轰顶。当即请人将他带到子期坟头，长跪不起，哭诉知音难觅之情。随后取出瑶琴，在子期的坟头弹奏一曲后，将琴摔碎以谢这位难得的知音。

"高山流水遇知音"的佳话流传千古，"知音"不仅成了"知心朋友"的代名词，也成了高洁友谊的象征。

人与人之间的影响是潜移默化的。赛德翰曾经说过，和一个好人或者坏人说话时，人的下意识就会受到好的或坏的影响。因此，结交朋友的时候，一定要结交那些品性高尚的人，宁缺毋滥，宁可孤独，也不找小人为伴。

当有所戒，亦有所畏

【原典】

孔子曰："侍于君子有三愆①：言未及之而言谓之躁，言及之而不言谓之隐，未见颜色而言谓之瞽②。"

孔子曰："君子有三戒：少之时，血气未定，戒之在色；及其壮也，血气方刚，戒之在斗；及其老也，血气既衰，戒之在得。"

孔子曰："君子有三畏：畏天命，畏大人，畏圣人之言。小人不知天命而不畏也，狎大人，侮圣人之言。"

【注释】

①愆：音 qiān，过失。②瞽：音 gǔ，盲人。

【译释】

孔子说："侍奉在君子旁边陪他说话，要注意避免三种过失：不该说的时候就说话，这是急躁；该说的时候你却不说，这叫隐瞒；不看君子的脸色而贸然说话，这是瞎子。”

孔子说：“君子有三种事情应引以为戒：年少的时候，血气还不成熟，要戒除对女色的迷恋；等到身体成熟了，血气方刚，要戒除与人争斗；等到老年，血气已经衰弱了，要戒除贪得无厌。”

孔子说：“君子有三件敬畏的事情：敬畏天命，敬畏地位高贵的人，敬畏圣人的话。小人不懂得天命，因而也不敬畏、不尊重地位高贵的人，轻侮圣人之言。”

解读

人生的不同阶段应有所戒

“君子有三种戒忌：少年的时候，血气尚未稳定，要戒女色；到了壮年，血气旺盛刚烈，要戒争斗；到了老年，血气已经衰弱，要戒贪得无厌。”在此孔子将人生分为三个阶段，对人的慎戒提出了训告。

少年之时，身心各方面的发育都没有稳定，具有很大的可塑性，主要在戒“色”。孔子这里的“色”指女色，男女的性关系和性行为。为什么少年之时要戒色呢？因为少年之时是人身心发展的重要阶段，主要精力和时间应放在学习上。如果过早沉迷于女色，必定会对学习带来不良的影响，也不利于身体的健康。

古人以三十岁以上为壮年，这时人的身体各方面都发育成熟，精力旺盛，生命机能处于最佳状态，好使气、逞能、称雄，有的人往往因为一句话不和，就大打出手。结果盛气过后，是伤害，是后悔，是不可挽回的损失。还有的人在事业上运用不正当的手段与对手竞争，并处处打击他人。结果不但自己没有站起来，也没有将对手打倒。古往今来，这类教训实在太多。故壮年之时，关键在于是否能够忍耐，不冲动，不感情用事。

到了老年，身体各方面的机能逐渐衰老、退化，为了健康起见，戒之在“得”。为什么戒之在“得”呢？因为人到了老年是该经历的经历了，该得到的得到了，应该有如平静的大海。有的人年轻的时候仗义疏财，到了老年却一分钱都舍不得花，对权力、事业更是舍不得放手。《官场现形记》中曾有这样一个情节：一个当过官的老人，做官上了瘾。久病在床，早就“门前冷落车马稀”

了，可是在病危的时候还想要过把官瘾。临死时躺在家里床上，已经进入了弥留状态，这时他的心里只有一个意念：还在做官，还要过官瘾。于是两个仆人站在房门口，拿出旧名片来，一个念道："某某官长驾到！"另一人说："老爷欠安，挡驾"。这样演习了几遍他才合上了眼睛。由此可见，老年人"戒得"实在是太重要了。

人活在世上，要想无欲无求几乎是不可能的，但怎样才能在社会生活中保持一种良好的心境？中医教导人们的做法是"恬淡虚无"。"恬淡"是指内心安静；"虚无"是指心无杂念。只有心无杂念，抛开一切超越现实的想法，少欲不贪，方能"皆有所愿"。

俗话说：知足常乐。过于追求荣禄得失，贪图名利富贵，就会永无满足的时候，心里也就永远不能平静，就会徒增烦恼。因此，孔子提出的人生三戒实可做"恬淡虚无"的处世良方了。

常学多思，道义自明

【原典】

孔子曰："生而知之者，上也；学而知之者，次也；困而学之，又其次也；困而不学，民斯为下矣。"

孔子曰："君子有九思：视思明，听思①聪，色思温，貌思恭，言思忠，事思敬，疑思问，忿思难②，见得思义。"

【注释】

①思：考虑。②难：祸患。

【译释】

孔子说："生来就知道的人，是上等人；经过学习以后才知道的，是次一等的人；遇到困难再去学习的，是又次一等的人；遇到困难还不学习的人，这种人就是下等的人了。"

孔子说："君子有九种要思考的事：看的时候，要思考看清与否；听的时候，要思考是否听清楚；自己的脸色，要思考是否温和；容貌要思考是否谦恭；

沦，被撤职监禁，身陷囹圄。

当我们为心中的理想而奋斗，在现实社会中仓促奔走时，我们能够保证自己不陷入物欲的陷阱而放弃心中的道德法则和正义吗？当你去做一件事时，是出于内心的善意，还是出于欲望和恶念呢？当我们面临选择的时候，鱼和熊掌，生与义，往往只能选择其中之一，那么我们当然要选择更为贵重的东西。人的生命是贵重的，但是在哲人看来，还有比人的生命更为重要的东西，那就是义，是人间的正义，是人们心中的道德法则。

见善而为，见义而行

【原典】

子曰："见善如不及，见不善如探汤。吾见其人矣，吾闻其语矣。隐居以求其志，行义以达其道。吾闻其语矣，未见其人也。"

齐景公有马千驷，死之日，民无德而称焉。伯夷叔齐饿死于首阳之下，民到于今称之。其斯之谓与？

陈亢①问于伯鱼曰："子亦有异闻②乎？"对曰："未也。尝独立，鲤趋而过庭。曰：'学诗乎？'对曰：'未也。''不学诗，无以言。'鲤退而学诗。他日又独立，鲤趋而过庭。曰：'学礼乎？'对曰：'未也。''不学礼，无以立。'鲤退而学礼。闻斯二者。"陈亢退而喜曰："问一得三。闻诗，闻礼，又闻君子之远③其子也。"

邦君之妻，君称之曰夫人，夫人自称曰小童；邦人称之曰君夫人，称诸异邦曰寡小君；异邦人称之亦曰君夫人。

【注释】

①陈亢：亢，音gāng，即陈子禽。②异闻：这里指不同于对其他学生所讲的内容。③远：音yuàn，不亲近，不偏爱。

【译释】

孔子说："看到合于善的地方，就担心达不到，看到不合于善的地方，就好像把手伸到开水中一样赶快避开。我见到过这样的人，也听到过这样的话。以隐居避世来保全自己的志向，依照义而贯彻自己的主张。我听到过这种话，却没有见到过这样的人。”

齐景公有马四千匹，死的时候，百姓觉得他没有什么德行可以称颂。伯夷、叔齐饿死在首阳山下，百姓到现在还在称颂他们。说的就是这个意思吧。

陈亢问伯鱼：“你在你父亲那里听到过什么特别的教诲吗？”伯鱼回答说：“没有呀。有一次他独自站在堂上，我快步从庭里走过，他说：‘学《诗经》了吗？’我回答说：‘没有。’他说：‘不学诗，就不懂得怎么说话。’我回去就学《诗经》。又有一天，他又独自站在堂上，我快步从庭里走过，他说：‘学礼了吗？’我回答说：‘没有。’他说：‘不学礼就不懂得怎样立身。’我回去就学礼。我就听到过这两件事。”陈亢回去高兴地说：“我提一个问题，得到三方面的收获，听了关于《诗经》的道理，听了关于礼的道理，又听了君子不偏爱自己儿子的道理。”

国君的妻子，国君称她为夫人，夫人自称为小童，国人称她为君夫人；对他国人则称她为寡小君，他国人也称她为君夫人。

解读

取长补短，完善自己

孔子说：“看到合于善的地方，就担心达不到；看到不合于善的地方，就好像把手伸到开水中一样赶快避开。”意在要求人们向善的方向努力。

司马光在《资治通鉴》中有这样一段话：“夫人之才，各有所值，虽周孔之才不能偏为人之所为，次其下乎？因当就其所长而用之。”从某种意义上说，学习他人的长处，不断提升自己，也是“向善”的具体表现。因为这样做可以不断地完善自己。

正所谓有高山必有低谷，除极少数的天才、全才之外，人都难免其短。而真正成功的那些人并不一定是天才，但是他们确有比天才还聪明的成功办法。

一个瞎子和一个跛子结伴而行。瞎子因为看不见路只能摸索着前进，所以走得很慢。跛子的一条腿长一条腿短，走起路来也十分缓慢。

路途中，瞎子突然感慨道：“要是我的眼睛好使，凭我这么强有力的腿肯定是个不错的运动员，可现在连走路都成问题，真是可悲。”

跛子在一旁也搭话道：“谁说不是呢？我虽然眼睛比你好使，可是腿脚却不好使，假如给我两条能正常走路的腿，我便知足了！”

路旁经过的人听到了他们的对话，便对他们说："你们两个人如果把各自的优点结合起来，不是就能达到各自的目的了吗?"他们俩想了想便明白了其中的道理，于是瞎子便将跛子背到了身上由跛子来指路。这样瞎子便有了眼睛，而跛子也有了两条能正常走路的腿，于是他们前进的速度变快了。

瞎子和跛子在自卑中，只是看到了自己的不足，却没有看到对方的长处，故而他们还是昔日的自己；当旁人稍加提点之后，他们才发现了对方的长处并加以利用，从而轻松实现了梦想。

无数经验和教训证明，只有知己知彼，一分为二地对待自己和别人，才有可能取长补短，不断地完善自己的思想品质和生存技能，在山高水长的人生之路上有所作为。

每个人都有自己的优点和缺点，关键在于我们如何对待它们。用智慧的双眼去发掘别人的长处、自己的不足，取长补短才是成功的法门。

阳货第十七

既然人性都是相近的，为什么还有善恶呢？孔子认为，这与后天习染有关。近朱则赤，近墨则黑。当我们不断接近高尚的德行时，将会领悟到，哪些是合乎伦理的，哪些是违背道义的，久而久之，也就是知勇尚义的仁人了。

人性相近，贵在修德

【原典】

阳货[1]欲见孔子，孔子不见。归孔子豚。孔子时其亡[2]也，而往拜之，遇诸涂[3]。谓孔子曰："来！予与尔言。"曰："怀其宝而迷其邦[4]，可谓仁乎？"曰："不可。""好从事而亟[5]失时，可谓知乎？"曰："不可。""日月逝矣，岁不我与[6]。"孔子曰："诺，吾将仕矣。"

子曰："性相近也，习相远也。"

子曰："唯上知与下愚不移。"

子之武城[7]，闻弦歌之声。夫子莞尔而笑，曰："割鸡焉用牛刀？"子游对曰："昔者偃也闻诸夫子曰：'君子学道则爱人，小人学道则易使也。'"子曰："二三子！偃之言是也。前言戏之耳。"

公山弗扰[8]以费畔，召，子欲往。子路不悦，曰："末之也已[9]，何必公山氏之之也[10]。"子曰："夫召我者，而岂徒[11]哉？如有用我者，吾其为东周乎[12]？"

【注释】

①阳货：又叫阳虎，季氏的家臣。②时其亡：等他外出的时候。③遇诸涂：涂，同"途"，道路。在路上遇到了他。④迷其邦：听任国家迷乱。⑤亟：屡次。⑥与：在一起，等待的意思。⑦武城：鲁国的一个小城，当时子游是武城宰。⑧公山弗扰：人名，又称公山不狃，字子洩，季氏的家臣。⑨末之也已：末，无。之，到、往。末之，无处去。已，止，算了。⑩之之也：第一个"之"字是助词，后一个"之"字是动词，去、到的意思。⑪徒：徒然，空无所据。⑫吾其为东周乎：为东周，建造一个东方的周王朝，在东方复兴周礼。

【译释】

阳货想见孔子，孔子不见。他便赠送给孔子一只熟小猪。孔子打听到阳货不在家时，往阳货家拜谢，却在半路上遇见了。阳货对孔子说："来，我有话要跟你说。"孔子走过去，阳货说："把自己的本领藏起来而听任国家迷乱，这可以叫做仁吗?”孔子回答说:“不可以。”阳货说:“很想干一番事业又屡次错过机会,这可以说是智吗?”孔子回答说:“不可以。”阳货说:“时间一天天过去了,年岁是不等人的。”孔子说:“好吧,我将要去做官了。”

孔子说:“人的本性是相近的,由于习染不同才相互有了差别。”

孔子说:“只有上等的智者与下等的愚者是改变不了的。”

孔子到武城,听见弹琴唱歌的声音。孔子微笑着说:“杀鸡何必用宰牛的刀呢?”子游回答说:“以前我听先生说过,‘君子学习了礼乐就能爱人,小人学习了礼乐就容易指使。’”孔子说:“学生们,言偃的话是对的。我刚才说的话,只是开个玩笑而已。”

公山弗扰凭借费邑反叛,来召孔子,孔子准备前去。子路不高兴地说:“没有地方去就算了,为什么一定要去公山弗扰那里呢?”孔子说:“他来召我,难道只是一句空话吗?如果有人用我,我就要在东方复兴周礼,建设一个东方的西周。”

解读

失德没有好结果

德与才是不能分开的,德靠才来发挥,才靠德来统帅。从德和才两个方面出发,人分为四种:德才兼备为圣人,德才兼亡为愚人,德胜才为君子,才胜德为小人。“君子挟才以为善,小人挟才以为恶,而愚者虽欲为不善,但智不能周,力不能胜。”这就是说,有才而缺德的人是最危险的人物,比无才无德还要坏。

战国时期,庞涓和孙膑拜鬼谷子为师,同在他的门下学习。

后来,庞涓当了魏国的大将,他便向魏王推荐孙膑,请求魏王把他召到魏国。

孙膑应召前来,对庞涓十分感谢。他说:“你不忘旧情,为我谋取前程,这是天高地厚之恩,以后我一定誓死报答。”

在和孙膑的谈话中,庞涓发现自己的才能和孙膑相差甚远,他开始担心起来。他对自己的心腹说:“魏王喜好有能力的人,万一孙膑被魏王重用,是否会冷落我呢?”

他的心腹说:“你不该向大王介绍孙膑,这会危及你的前途啊。有个荐贤的名声没有什么好处，一旦孙膑得势，即使他不忘你的恩情，总也赶不上自己风光实在。何况人心难测，你为什么要相信孙膑不会背叛你呢？”

孙膑像

庞涓私心作怪，马上对孙膑戒备起来。他为了永绝后患，在魏王面前诬陷孙膑心存不轨，使孙膑惨遭髌刑，双腿残废。

庞涓为了让孙膑写出鬼谷子所传授的一部兵法，表面上对孙膑虚情假意，问寒问暖。孙膑不明真相，竟流泪说：“如果没有你替我求情，我早死了，这份大恩，我真是无以为报了。”

孙膑日夜为庞涓默写兵书，写到一半，他才发觉自己受骗被害的实情，决心报仇。他装疯卖傻，骗过了庞涓，最后逃到了齐国。

孙膑在齐国受到了重用，他日夜思想要一雪前耻，常对身边的人说：“庞涓狼子野心，狠毒无情，我轻信了他险些丧命。他为了追求权势而道德丧尽，我一定要铲除这样的败类。他不仅是我的仇人，也是天下人的仇人，如果他能长命百岁，那么天下人就该学他那样了，这世界岂不成了个鬼怪天地？庞涓不识天理，他的死期不会远了。”

后来，齐国和魏国交战，孙膑屡出奇计，打得魏国大败。最后，庞涓在马陵道中了埋伏，自杀而死。

庞涓丧失人性，虽暂时拥有了权力，但还是逃脱不了灭亡的命运。孙膑为人忠厚，被庞涓所算计，并不是孙膑的仁德之过；他能大难不死，报仇雪恨，就是上天对他的充分肯定了。

所谓“性相近，习相远”，庞涓和孙膑同门而学，人生的结果却大相径庭，就是因为庞涓不注意修养自己的德行，致使私欲淹没了良知，最终自食恶果。

因此，任何时候，我们都不能轻视道德的力量。纵容自己为所欲为，终难逃正义的审判。因此，君子应当以德为人，以德处世。德才兼备，是真正的君子所必须具备的人格魅力。

多行仁道，方得人心

【原典】

子张问仁于孔子。孔子曰："能行五者于天下为仁矣。""请问之。"曰："恭、宽、信、敏、惠。恭则不侮，宽则得众，信则人任焉，敏则有功，惠则足以使人。"

佛肸①召，子欲往。子路曰："昔者由也闻诸夫子曰：'亲于其身为不善者，君子不入也。'佛肸以中牟②畔，子之往也，如之何？"子曰："然，有是言也。不曰坚乎，磨而不磷③；不曰白乎，涅④而不缁⑤。吾岂匏瓜⑥也哉？焉能系⑦而不食？"

子曰："由也，女闻六言六蔽矣乎？"对曰："未也。""居⑧，吾语女。好仁不好学，其蔽也愚⑨；好知不好学，其蔽也荡⑩；好信不好学，其蔽也贼⑪；好直不好学，其蔽也绞⑫；好勇不好学，其蔽也乱；好刚不好学，其蔽也狂。"

【注释】

①佛肸：音 bìxī，晋国大夫范氏家臣，中牟城地方官。②中牟：地名，在晋国，约在今河北邢台与邯郸之间。③磷：损伤。④涅：一种矿物质，可用作颜料染衣服。⑤缁：音 zī，黑色。⑥匏瓜：葫芦中的一种，味苦不能吃。⑦系：音 jì，结，扣。⑧居：坐。⑨愚：受人愚弄。⑩荡：放荡。好高骛远而没有根基。⑪贼：害。⑫绞：说话尖刻。

【译释】

子张向孔子问仁。孔子说："能够处处实行五种品德，就是仁人了。"子张说："请问哪五种。"孔子说："庄重、宽厚、诚实、勤敏、慈惠。庄重就不致遭受侮辱，宽厚就会得到众人的拥护，诚信就能得到别人的任用，勤敏就会提高工作效率，慈惠就能够使唤人。"

佛肸召孔子去，孔子打算前往。子路说："从前我听先生说过：'亲自做坏事的人那里，君子是不去的。'现在佛肸据中牟反叛，你却要去，这如何解释呢？”孔子说：“是的，我说过这样的话。不是说坚硬的东西磨也磨不坏吗？不是说洁白的东西染也染不黑吗？我难道是个苦味的葫芦吗？怎么能只挂在那里而不给人吃呢？”

孔子说：“由呀，你听说过六种品德和六种弊病了吗？”子路回答说：“没有。”孔子说：“坐下，我告诉你。爱好仁德而不爱好学习，它的弊病是受人愚弄；爱好智慧而不爱好学习，它的弊病是行为放荡；爱好诚信而不爱好学习，它的弊病是被人伤害；爱好直率却不爱好学习，它的弊病是说话尖刻；爱好勇敢却不爱好学习，它的弊病是犯上作乱；爱好刚强却不爱好学习，它的弊病是狂妄自大。”

解读

释前嫌为自己赢口碑

“君子报仇，十年不晚”这种偏激狭隘的话，不仅能误导人的精神言行，而且会改变一个人的一生。倘若付诸行动，则有可能产生毁己害人的恶果。聪明善良的人，无论从哪种角度出发，都不会采取这种不明智的做法。要知道：宽则得众。

中国历史上，李世民在一定意义上也是依靠一个“宽”字，才得到众臣的鼎力相助，从而开创了唐代盛世的。

李靖曾在隋朝隋炀帝时代任郡丞，而且他最早发现李渊即李世民的父亲有图谋天下之意，并亲自向隋炀帝检举揭发。李渊灭隋后，要杀李靖，李世民却极力反对报复，再三恳求父亲说，目前正是用人之际，不可滥杀将才；只要李靖甘心归顺，可免除一死。李靖的性命终于保住了。李靖有感于李世民的厚德，竭尽全力，为唐王朝的安邦定国驰骋疆场，立下了赫赫战功。

在唐朝王室争权中，魏征原来是辅佐李渊的长子太子李建成的。魏征早就察觉到李世民不是等闲之辈，不会甘心屈居秦王之爵。为巩固太子的地位，以便日后顺利继位，他曾鼓动太子建成杀掉李世民。这件事李世民耳闻已久，但玄武门政变夺取帝位后，李世民同样不计前嫌，量才重用，使魏征“喜逢知己为主，竭其力用”，为唐朝盛世的开创立下了丰功伟绩。

除以上两人之外，李世民还对许多与他有过冲突的人不计旧怨，一概量才录用，因而成为历史上深受臣民拥护的君主。

我们大概都对这样一句话耳熟能详：“冤冤相报何时了。”在我们的日常生活中，有一些人总是计较这样的事：谁曾在过去招惹过我，谁又曾在某时让我下不来台，将来找机会一定要好好整他一顿，出口恶气。其实，这种“恶气”并不是来源于别人，正是他自己催生的。可以想象，他倘若在某个时候得到机会去报复别人，势必会引起新的怨隙，这于人于己，都是有害无益的事。

诗中有德，乐中有礼

【原典】

子曰：“小子何莫学夫诗。诗，可以兴①，可以观②，可以群③，可以怨④。迩之事父，远之事君；多识于鸟兽草木之名。”

子谓伯鱼曰：“女为《周南》、《召南》⑤矣乎？人而不为《周南》、《召南》，其犹正墙面而立也与？”

子曰：“礼云礼云，玉帛云乎哉？乐云乐云，钟鼓云乎哉？”

【注释】

①兴：激发感情的意思。一说是诗的比兴。②观：观察了解天地万物与人间万象。③群：合群。④怨：讽谏上级，怨而不怒。⑤《周南》、《召南》：《诗经·国风》中的第一、第二两部分篇名。周南和召南都是地名。这是当地的民歌。

【译释】

孔子说：“学生们为什么不学习《诗经》呢？学《诗经》可以激发志气，可以观察天地万物及人间的盛衰与得失，可以使人懂得合群的必要，可以使人懂得怎样去讽谏上级。近可以用来侍奉父母，远可以侍奉君主；还可以多知道一些鸟兽草木的名字。”

孔子对伯鱼说：“你学习《周南》、《召南》了吗？一个人如果不学习《周南》、《召南》，那就像面对墙壁而站着吧？”

孔子说：“礼呀礼呀，只是说的玉帛之类的礼器吗？乐呀乐呀，只是说的钟鼓之类的乐器吗？”

解读

昭君为国嫁边陲

朝发披香殿，夕济汾阴河。于兹怀九逝，自此敛双蛾。沾妆如湛露，绕脸状流波。日见奔沙起，稍觉转蓬多。胡风犯肌骨，非直伤绮罗。衔涕试南望，关山郁嵯峨。始作阳春曲，终成苦寒歌。唯有三五夜，明月暂经过。

这首《昭君辞》，是南朝诗人沈约的一首诗。昭君即王昭君，是汉元帝时的一个宫女。匈奴呼韩邪单于来朝时，汉元帝将昭君嫁给了单于。昭君出嫁匈奴的故事引起后人的无限感慨，屡有歌咏其命运的诗歌。作者写昭君诗却不把注意力放在昭君出塞前后的一系列具体事件的叙述上，对于昭君出塞的缘由、过程以及出嫁匈奴后的生活和最终结局并不涉及，而是着重描写她离开汉宫前往匈奴途中的所见所感，从这样的角度写，更显得集中、精致，从侧面反映了这位绝代佳人的道德品质。

王昭君，姓王名嫱，南郡秭归人。她的父亲王穰老来得女，视她为掌上明珠，兄嫂也对她宠爱有加。王昭君天生丽质，聪慧异常，琴棋书画，无所不精。王昭君的绝世才貌，顺着香溪水传遍南郡，传至京城。公元前 36 年，汉元帝昭示天下，遍选秀女。王昭君为南郡首选。

传说王昭君进宫后，因自恃貌美，不肯贿赂画师毛延寿，毛延寿便在她的画像上点上丧夫落泪痣。昭君因此被贬入冷宫三年，无缘见到皇上一面。到了公元前 33 年，北方匈奴首领呼韩邪单于主动来汉朝，对汉称臣，并请求和亲，以结永久之好。汉元帝尽召后宫妃嫔，王昭君挺身而出，慷慨应诏。呼韩邪临辞大会，昭君丰容靓饰，元帝大惊，不知后宫竟有如此美貌之人，意欲留之，而难于失信，便赏给她锦帛二万八千匹，絮一万六千斤及黄金美玉等贵重物品，并亲自送出长安十余里。王昭君在车毡细马的簇拥下，肩负着汉匈和亲的重任，别长安、出潼关、渡黄河、过雁门，历时一年多的时间，终于在第二年的初夏到达了漠北。她的到来，受到了匈奴人民的盛大欢迎，并被封为“宁胡阏氏”。

自王昭君出塞以后，汉匈两族的关系日见好转，并出现了团结和睦，国泰民安，“边城晏闭，牛马布野，三世无犬吠之警，黎庶忘干戈之役”的欣欣向荣的和平景象。公元前 31 年，呼韩邪单于驾崩，留下一子，名伊屠智伢师，后来成为匈奴右日逐王。这时，王昭君以大局为重，忍受了极大委屈，按照匈奴

“父死，妻其后母”的风俗，嫁给呼韩邪的长子复株累单于雕陶莫皋，又生两个女儿。公元前20年，复株累单于又死，昭君自此寡居。一年后，33岁的绝代佳人王昭君去世，厚葬于今呼和浩特市南郊，墓依大青山。大青山傍黄河水，后人称之为“青冢”。

到了晋朝，为避晋太祖司马昭的讳，王昭君改称明君，史称“明妃”。

王昭君的历史功绩，不仅仅在于她主动出塞和亲，更主要的是她出塞之后，使汉朝与匈奴和好，边塞的烽烟熄灭了50年，增强了汉族与匈奴民族之间的民族团结，是符合汉族和匈奴族人民的利益的。她与她的子女后孙以及姻亲们对汉匈两族人民和睦亲善与团结做出了巨大贡献，因此，她得到了历史的好评。

非德勿行，升华德行

【原典】

子曰：“色厉而内荏[①]，譬诸小人，其犹穿窬[②]之盗也与?”

子曰：“乡愿，德之贼也。”

子曰：“道听而涂说，德之弃也。”

子曰：“鄙夫可与事君也与哉？其未得之也，患得之。既得之，患失之。苟患失之，无所不至矣。”

子曰：“古者民有三疾，今也或是之亡也。古之狂[③]也肆[④]，今之狂也荡[⑤]；古之矜也廉[⑥]，今之矜也忿戾[⑦]；古之愚也直，今之愚也诈而已矣。”

【注释】

①色厉而内荏：厉，威严；荏，虚弱。外表严厉而内心虚弱。②窬：音yú，洞。③狂：狂妄自大，愿望太高。④肆：放肆，不拘礼节。⑤荡：放荡，不守礼。⑥廉：不可触犯。⑦戾：火气太大，蛮横不讲理。

【译释】

孔子说：“外表严厉但内心空虚，这种人，在各种小人里面，大概像那穿墙为洞以入室行窃的小偷一类的人吧！”

孔子说：“没有道德修养而又被乡人认为忠厚的老好人，就是破坏道德的人。"

孔子说："在路上听到传言就到处去传播，这是道德所唾弃的。"

孔子说："可以和一个鄙夫一起事奉君主吗？他在没有得到官位时，总担心得不到。已经得到了，又怕失去它。如果他担心失掉官职，那他就什么事都干得出来了。"

孔子说："古代人有三种毛病，现在恐怕连这三种毛病也不是原来的样子了。古代的狂者不过是愿望太高，而现在的狂妄者却是放荡不羁；古代骄傲的人不过是难以接近，现在那些骄傲的人却是凶恶蛮横；古代愚笨的人不过是直率一些，现在的愚笨者却是欺诈啊！"

解读

道听途说不足为信

一个传闻，入乎耳，出乎口，不经过考证和内心思考就说出去，实在是轻率和不负责任的行为。现实中，真正明智的人是不会相信它的，而真正有道德的人，也是不会去为之煽风点火的。但不幸的是，现实中一些道听途说的事却总是具有非同寻常的杀伤力。

《战国策》中有一个"三人成虎"的故事。

战国时，魏国有一个叫庞葱的重臣。有一年，他奉命陪世子到赵国都城邯郸做人质。出发前，庞葱对魏王说："大王，如果有人告诉您，街市上有一只虎，您相信吗？"

老虎招摇过市，魏王当然不信，便回答："怎么可能有这种事？寡人不信！"

庞葱又说："如果又有一个人告诉您，街市上果然有一只虎，那大王信吗？"

魏王想了想，说："嗯，这就值得考虑了！"

"如果再有一个人说同样的话呢？"

"嗯，如果三人都这么说，那应该是真的。"

听完魏王的回答，庞葱兜出了说此话的真意，他说：

"事实上，街上并没有老虎，只是以讹传讹而已，大王何以信之呢，是因为说的人多了。现在我与世子，背井离乡，去远在千里之外的赵国当人质，我们在那里的情况大王无法准确了解到，说不定会有人传出'市有一虎'般的谣言，大王难道要相信吗？所以为了保证世子将来能顺利回国继承大统，请大王先请三个人传言大众，说我只是离开了都城，并不是去邯郸。”

魏王不以为然。庞葱陪世子去赵国做人质后不久，便有人暗中中伤庞葱，说他企图拥立世子，怀有二心，图谋不轨。说的人多了，魏王居然信以为真，命世子归国，而庞葱也不再被重用。

虽然庞葱已事先给魏王打了“预防针”，但也难逃“众口铄金”的命运，可见流言的破坏力之大。

魏王轻信流言，很显然是不明智的。要做一个明智的人，就不要随便传播流言，也不要轻易听信流言。

绝大部分道听途说的事情，真实性都大打折扣，相信这一点是没人怀疑的。但偏偏还是有很多人喜欢传播各种小道消息，摇鼓唇舌，看着闹得满城风雨，心里就有一种莫名的兴奋。这种人的心理是很卑劣的。听信流言、传播蜚语的害处，轻则歪曲事实，重则软刀杀人。这种行为，无论是从道德上还是在现实中，都是应当摒弃的。

不为乱言，不逆常理

【原典】

子曰：“巧言令色，鲜矣仁。”①

子曰：“恶紫之夺朱也，恶郑声之乱雅乐也，恶利口之覆邦家者。”

子曰：“予欲无言。”子贡曰：“子如不言，则小子何述焉？”子曰：“天何言哉？四时行焉，百物生焉，天何言哉？”

孺悲②欲见孔子，孔子辞以疾。将命者出户，取瑟而歌，使之闻之。

宰我问：“三年之丧，期已久矣。君子三年不为礼，礼必坏；三年不为乐，乐必崩。旧谷既没，新谷既升，钻燧改火③，期可已矣。”子曰：“食夫稻④，衣夫锦，于女安乎？”曰：“安。”“女安则为之。夫君子之居丧，食旨⑤不甘，闻乐不乐，居处不安，故不为也。今女安，则为之！”宰我出，子曰：“予之不仁也！子生三年，然后免于父母之怀，夫三年之丧，天下之通丧也。予也有三年之爱于其父母乎？”

【注释】

①本章已见于《学而篇》，此处系重出。②孺悲：鲁国人，鲁哀公曾派他向

孔子学礼。③钻燧改火：古人钻木取火，四季所用木头不同，每年轮一遍，叫改火。④食夫稻：古代北方少种稻米，故大米很珍贵。这里是说吃好的。⑤旨：甜美，指吃好的食物。

【译释】

孔子说："花言巧语，爱看人眼色见风使舵的，这种人的仁心就很少了。"

孔子说："我厌恶用紫色（杂色）取代红色（正色），厌恶用郑国的声乐扰乱雅乐，厌恶用伶牙俐齿而颠覆国家这样的事情。"

孔子说："我想不说话了。"子贡说："你如果不说话，那么我们这些学生还传述什么呢？"孔子说："天何尝说话呢？四季照常运行，百物照样生长。天说了什么话呢？"

孺悲想见孔子，孔子以有病为由推辞不见。传话的人刚出门，（孔子）便取来瑟边弹边唱，有意让孺悲听到。

宰我问："服丧三年，时间太长了。君子三年不讲究礼仪，礼仪必然败坏；三年不演奏音乐，音乐就会荒废。旧谷吃完，新谷登场，钻燧取火的木头轮过了一遍，有一年的时间就可以了。"孔子说："（才一年的时间）你就吃开了大米饭，穿起了锦缎衣，你心安吗？"宰我说："我心安。"孔子说："你心安，你就那样去做吧！君子守丧，吃美味不觉得香甜，听音乐不觉得快乐，住在家里不觉得舒服，所以不那样做。如今你既觉得心安，你就那样去做吧！"宰我出去后，孔子说："宰我真是不仁啊！小孩生下来，到三岁时才能离开父母的怀抱。服丧三年，这是天下通行的丧礼。难道宰我对他的父母没有三年的爱吗？"

解读

自然常理不能违背

子曰："天何言哉？四时行焉，百物生焉，天何言哉？"天地之间的"道"是恒常而不可改变的。四季之更替，万物之生长，都遵循这自然之常理。我们以前会说"人定胜天"，认为只要努力就没有办不到的事，可是事实证明，这是人类的一厢情愿。事实上，从某种意义上说，人类只能顺应自然，而不可能去战胜它、逆转它。

比如说我们可以将果树嫁接，但是我们不能让一头牛的角上长出苹果来；

我们可以人工降雨，可是我们不能控制一场海啸的发生；我们可以提高粮食的产量，但是不可能让一亩地里长出1万斤粮食来。

也就是说，我们尽可以利用大自然的馈赐，可以用人类的聪明才智去创造一些东西，但是不可能完全违背大自然的规律，不能逆“道”而施，否则就会自取灭亡。

什么是自然？自然就是“自然而然”，也就是没有“外力”影响的这个世界的本来面目。现在来理解，它既应包含所有“自然”的存在，也应包括“自然运行的规律”。可是，如果自然是至大无外的话，有什么能成为“外力”而使之“不自然”呢？

我们常说的自不自然的概念其实是针对人类自身来说的，是从人类角度出发的。人，自有文明以来，就一直处于这样的矛盾之中：既认为自己是自然的一部分，又时常将自己置身于自然之外，以至于将自己看成一个能够影响“自然”的外力。这岂不是本末倒置了么？

但是，在人类制造了工具、有了一些发明、有了科学发展之后，开始提出人定胜天这类的口号，在处理人与自然的关系时，总是以人为本。但结果如何呢？

因为以人为本，树木被滥砍滥伐，野生动物被屠杀，地球的生态环境越来越恶劣。人类似乎已经完全忘记了自己本来就是自然的一部分，有什么道理不去顺应自然呢？

的确，许多天灾实为人祸，是因为人类的活动为自然环境带来无可逆转的伤害。

如果我们认定大自然中的一切都是在为人类服务，而用各种手段去改造它、控制它，那么距离人类的灭亡也就不远了。

我们提倡敬畏自然，是要顺“道”而行，因为“道”是万物之所由。我们说敬畏，重点在敬，而不是畏，是要以深厚的现代环境科学作为支撑趋利避害，明了自己该做什么不该做什么。我们应该善待我们的环境，同时摒弃自以为能够对自然为所欲为的科技迷信，以及对人自身的盲目崇拜。只有这样才会“得之者生，顺之者成”。

无论历史上还是现代社会中，我们都不难见到有些人或愚昧无知、意气用事，或匹夫之勇、不自量力，或骄妄轻狂、倒行逆施。结果往往都事与愿违，功不成名不就，落得个身败名裂，有的更为自然带来破坏，为社会带来损失，为他人带来灾难。这些人，除了没有真正了解自己，过高地估计自己的力量外，还有重要的一点就是悖时势，逆天道。

君子尚勇，勇而有义

【原典】

子曰："饱食终日，无所用心，难矣哉！不有博弈者乎？为之，犹贤乎已。"

子路曰："君子尚勇乎？"子曰："君子义以为上。君子有勇而无义为乱，小人有勇而无义为盗。"

子贡曰："君子亦有恶①乎？"子曰："有恶。恶称人之恶者，恶居下流②而讪③上者，恶勇而无礼者，恶果敢而窒④者。"曰："赐也亦有恶乎？""恶徼⑤以为知⑥者，恶不孙⑦以为勇者，恶讦⑧以为直者。"

子曰："唯女子与小人为难养也，近之则不孙，远之则怨。"

子曰："年四十而见恶焉，其终也已。"

【注释】

①恶：音wù，厌恶。②下流：下等的，在下的。③讪：音shàn，诽谤。④窒：阻塞，不通事理，顽固不化。⑤徼：音jiǎo，窃取，抄袭。⑥知：同"智"。⑦孙：同"逊"。⑧讦：音jié，攻击、揭发别人。

【译释】

孔子说："整天吃饱了饭，什么心思也不用，真太难了！不是还有玩六博和下棋的游戏吗？干这个，也比闲着好。"

子路说："君子崇尚勇敢吗？"孔子答道："君子以义作为最高尚的品德，君子有勇无义就会作乱，小人有勇无义就会偷盗。"

子贡说："君子也有厌恶的事吗？"孔子说："有厌恶的事。厌恶宣扬别人坏处的人，厌恶身居下位而诽谤在上者的人，厌恶勇敢而不懂礼节的人，厌恶固执而又不通事理的人。"孔子又说："赐，你也有厌恶的事吗？"子贡说："厌恶偷窃别人的成绩而作为自己的智慧的人，厌恶把不谦虚当作勇敢的人，厌恶揭发别人的隐私而自以为直率的人。"

孔子说："只有女子和小人是难以教养的，亲近他们，他们就会无礼，疏远他们，他们就会报怨。"

孔子说："到了四十岁的时候还被人所厌恶，他这一生也就终结了。"

解读

讲究勇的方式

勇，是人类社会中的传统美德。勇是有层次的，古人依据勇的程度和性质的不同，把勇分为狗彘之勇、贾盗之勇、小人之勇、士君子之勇。我们鼓励和提倡的是真正的大智大勇，是士君子之勇，而要隐忍的是狗彘之勇、贾盗之勇、小人之勇。

春秋时，齐国有田开疆、古冶子、公孙捷三勇士，很得国王齐景公宠爱。这三人结义为异姓兄弟，自诩是"齐国三杰"。他们挟功恃宠，横行霸道，目中无人，甚至在国王面前也"你我"称呼起来。这时，乱臣陈无宇、梁邱据等乘机把他们收买了过去，阴谋把国王推翻，夺取政权。

相国晏婴看不过去这种恶势力逐渐扩大。他明白奸党的主力在于武力，三勇士就是王牌。他屡次想把三人干掉，但三人正得宠，怕直接行动齐王不依从，会弄巧反拙。

有一天，邻邦的国王鲁昭公带了司礼的臣子叔孙来访问，谒见齐景公。景公立即设宴款待，叫三位勇士奉陪左右，威武十足，摆出不可一世的骄态。

酒过三巡，晏婴上前奏请，说："御园里的金桃熟了，可否摘些来宴客？"

景公答应了，于是晏婴亲自去摘桃。一会儿，金桃摘回来了，装在盘子里，每个有碗口般大，香喷喷的，但只有六个。

晏婴解释说："树上还有三四个未成熟，只可摘六个！"

两位国王各拿一个吃了起来，互相赞赏着。景公乘兴奖励给叔孙和晏婴每人一个。盘里只剩下两个金桃了，晏婴复请示景公，传谕两旁文武官员，让各人自报功绩，有功深劳重者得食此桃。

勇士公孙捷乃挺身而出，激昂地自夸起来，口沫横飞地说："从前我跟主公在桐山打猎，亲手打死了一只吊睛白额虎，解了主公的围，这功劳大不大呢？"

晏婴连忙说："擎天保驾之功，应该受赐！"

公孙捷很快把金桃咽下肚里去，翻开傲眼向左右横扫一下。古冶子不服气也站起来说：

"打虎有什么了不起，我当年在黄河的惊涛骇浪中，浮沉九里，斩骄龟之头，救回主上一命，你看这功劳怎样？”

景公接口就说：“真是难能，那次若不是将军，恐怕一船人都要溺死了！”又把金桃和酒赐给他。

可是，另一位勇士田开疆却气冲冲地发起牢骚来了。他说：“本人曾奉命去攻打徐国，俘虏了五百多人，逼徐国纳款投降，威震邻邦，使他们纷纷上表朝贡，为国家奠定了盟主地位。这算不算功劳？能不能受赐呢？”

晏婴立刻回奏景公说：“田将军的功劳，确比公孙捷和古冶子两位将军大十倍，可惜金桃已赐完了，可否先赐一杯酒，待金桃熟时再补赐吧！”

晏婴像

景公安慰田开疆说：“田将军！你的功劳最大，可惜你说得太迟。”

田开疆再也听不下去了，忍不住气愤地按剑大声嚷了起来：“斩龟打虎，有什么了不起？我为国家跋涉千里，血战功成，反被冷落，而且在两国君臣之间受此侮辱，为人耻笑，还有什么面子站在朝廷上呢？”随即拔剑自刎而死。

公孙捷大吃一惊，亦拔剑而出，说：“我们功小而得到赏赐，田将军功大反而吃不着金桃，于情于理，绝对说不过去！”手起剑落，也自杀了。古冶子跳了出来，激动得几乎发狂说：“我们三人是结拜兄弟，誓同生死，今两人已亡，我又岂可独生？”

话刚说完，人头已经落地，景公想制止也来不及了。自此以后，晏婴又把奸党逐个收拾，施展他的伟大抱负。齐国三位武夫，无论是打虎斩龟，还是领兵作战确实称得上勇敢，但那只是匹夫之勇，所以在晏婴真正的大智大勇中败下阵来。两个桃杀了三个武士。他们不能克制自己的骄悍之勇，才被晏婴利用了。

不好小勇，也就是说人不要逞强、逞能。做事应该量力而行，谨慎行事，给自己留有余地，这样才能进退有序。一个人恃勇行事，往往会过高地估计自己，轻视困难，轻视对手，使自己处于不利之地。有时明明是自己没有把握的事，却硬是要把胸脯拍得山响；有些事自己根本不会做，也从来没有做过，却仗着胆子夸下海口，立下军令状，这样做势必给自己带来痛苦和被动，甚而丧命。

微子第十八

士之为士，是由于他们具有高尚的情操；隐者之隐，是由于他们对世俗的彻悟。二者都是建立在高深的道德修养基础之上的。古时的高士和隐者虽然已经离我们很远，然夙夜思之，想象高士风怀，亦足以抚慰心灵了。

气节为重，直道事人

【原典】

微子[1]去之，箕子[2]为之奴，比干[3]谏而死。孔子曰：“殷有三仁焉。”

柳下惠为士师[4]，三黜[5]。人曰：“子未可去乎？”曰：“直道而事人，焉往而不三黜？枉道而事人，何必去父母之邦？”

【注释】

①微子：殷纣王的同母兄长，见纣王无道，劝他不听，遂离开纣王。②箕子：箕，音jī。殷纣王的叔父。③比干：殷纣王的叔父。④士师：典狱官，掌管刑狱。⑤黜：罢免不用。

【译释】

纣王暴戾，他同母的兄长微子离开了他，箕子做了他的奴隶，比干被杀死了。孔子说：“这是殷朝的三位仁人啊！”

柳下惠当典狱官，三次被罢免。有人说：“你不可以离开鲁国吗？”柳下惠说：“按正道事人，到哪里不会被多次罢官呢？如果不按正道事人，为什么一定要离开本国呢？”

解读

任何时候都不要改变气节

在人生的进程中，外界干扰因素有时是暗地袭扰，有时却是明着逼迫；有时是世道的诱惑，有时却是强权侵凌。在逼迫、侵凌面前，坚持直道而行，那种可欺不可罔的直节、气节就显得更为重要，更为可贵了。

西汉时，中郎将苏武受汉武帝派遣，带着和平的使命，手持汉朝的符节（即代表朝廷出使的符信），率领副手张胜、常惠及百来个卫兵，出使匈奴。当时，双方刚经过一场持年累月的战争，处于或战或和的抉择之时，苏武的使命无疑是不同寻常的。所以到匈奴后，他不以个人为怀，凡事都从有利于汉朝的立场出发，小心谨慎。却想不到他的副手张胜急功近利，卷入了一场企图刺杀原为汉朝使节而此时已投降匈奴者——卫律的预谋中，事未办成，风声却先漏了出去，于是，卫律和匈奴单于（匈奴的最高首领）就将两种选择摆在苏武他们面前，或投降，或被囚遭杀。苏武一闻“投降”两字，就大义凛然地对在场的所有人说：“作为堂堂大国的使者，却像犯人一样被人审问，这不是给朝廷丢脸吗？我已经有辱使命，倘再丧失气节，即使活了下去，又有何面目再去见人呢？”然后就拔刀往自己的脖子上抹去，即刻昏死，浑身是血。后经抢救，虽醒转来，苏武的脖子却已受了重伤，而惹出事端的张胜却在匈奴人的刀口下屈膝投降了。

对于苏武的气节与作为，连匈奴单于也感到钦佩，从而就更想将他收为己用。于是卫律奉命，一而再再而三地劝降。软硬兼施的伎俩都用完了，得到的只是苏武的蔑视和责骂。单于无法，只得将苏武关在地窖里，不供粮也不供水，想迫苏武就范。苏武却凭着气节与毅力，用雪和着毡来解渴充饥，顽强地活了下来。单于又派人将他流放到北海（今西伯利亚的贝加尔湖）牧羊。在那里，苏武只能以田鼠、野菜充饥。他对种种磨难坎坷都可以不以为怀，唯独忘不了自己作为使者的使命，忘不了自己手持的符节。他白天手持符节放羊，晚上则抱着符节睡觉，天长日久，符节上的穗子全脱落掉了，他依然把只剩下杆儿的符节视如命根。十几年就这样过去了，单于又派汉朝降将李陵去北海劝说苏武投降。苏武斩钉截铁地回答：“我生为汉朝之臣，不能对不起自己的祖宗和父母之邦，你不用多费口舌了。”毫不客气地将李陵顶了回去，不以气节作为交易的筹码，不以气节来交换荣华富贵。

从苏武身上，我们看到了支撑中国历史的脊梁，看到了他的气节中所体现出的民族尊严和人格力量，看到了气节如何具体落实为生命的信念、生存的力量和精神的支柱。苏武在历史上并没有做出轰轰烈烈、惊天动地的丰功伟绩，但他却是一个“不可陷、不可罔”的，具有坚贞不屈的高尚气节的大丈夫，令人敬佩之至。

君子修德求仁，有道有节，但这并不等于他只会迂腐地对各种有关仁德的教条死心塌地地去遵守，即使是对虚伪假冒的也深信不疑，不加追问，而是懂得因时因势而变，灵活地实现某种理想和目标。这不仅仅是一种做人的智慧，同时也是为了更好地把自己的原则坚持下去。因为他心中有自己的主张，而不是徒然披一张“仁德”的外衣，为保住名声而流于呆板乃至虚伪。

往者已逝，来者可追

【原典】

齐景公待孔子曰：“若季氏，则吾不能；以季、孟间待之。”曰：“吾老矣，不能用也。”孔子行。

齐人归①女乐，季桓子②受之，三日不朝。孔子行。

楚狂接舆③歌而过孔子曰：“凤兮凤兮！何德之衰？往者不可谏，来者犹可追。已而已而！今之从政者殆而！”孔子下，欲与之言。趋而辟之，不得与之言。

【注释】

①归：同馈，赠送。②季桓子：鲁国宰相季孙斯。③楚狂接舆：一说楚国的狂人接孔子之车；一说楚国叫接舆的狂人；一说楚国狂人姓接名舆。本书采用第二种说法。

【译释】

齐景公讲谈到如何对待孔子时说：“像鲁君对待季氏那样，我做不到，我用介于季氏孟氏之间的态度对待他。”又说：“我老了，不能用他了。”孔子离开了齐国。

齐国人赠送了一些歌女给鲁国，季桓子接受了，三天不上朝。孔子于是离开了。

楚国的狂人接舆唱着歌从孔子的车旁走过，他唱道：“凤凰啊，凤凰啊，你的德运怎么这么衰弱呢？过去的已经无可挽回，未来的还来得及改正。算了吧，算了吧。今天的执政者危乎其危！”孔子下车，想同他谈谈，他却赶快避开，孔子没能和他交谈。

解读

忘记该忘记的

人们总难以忘记自己所受的苦楚：读书时的穷困，因家境不好而受到的冷遇，还有婚姻的挫折，以及亲戚、朋友如何如何对不起自己……为此一直耿耿于怀，抑郁寡欢。其实，这都是些陈年旧账了，我们却为此所困，始终不开心，常年处于负面、阴暗的心态中，只会严重损害自己的身心健康。这样活着真是痛苦啊！

岂不知，有的事情需刻骨铭心，永世不忘；有的事情则要尽快淡忘，所谓事来则应，事去则净。哪些事该被淡忘呢？应淡忘人生中的挫折与不幸；应淡忘名利的得失；应淡忘岁月的伤痕；应淡忘别人对自己的伤害；应淡忘陈腐、过时的观念；应淡忘冷遇和种种烦恼。这样我们才能摆脱往事的阴影，保持随缘常乐的状态。否则，纠缠于昔日的痛苦中，时间长了，定会损害身心健康，导致疾病。加州大学一篇保健资料提出：半数以上的早老性痴呆和80%左右的恶性肿瘤都与生活中的负面事件及不良信息有关。因此，我们有必要学会淡忘那些负面事件及不良信息，学会保护自己的心理健康。

人生短暂，何必对过去的痛苦耿耿于怀呢？何必要自己伤害自己呢？对我们最有害的是仇恨、不满和烦恼。我们一定要对过去网开一面，宽恕所有的人；而宽恕别人，就是爱护自己，是真正、彻底的爱护自己。要知道，最有力量的是宽恕，是慈悲；最有力量的是“当下”，不是过去，也不是将来。我们当下就可以改变自己，可以淡忘不快，可以消解烦恼，可以使我们的生活充满祥和与友爱。这一切其实就在当下的一转念之间：你不妨想想，哪一句是你常说的？

“所有的人对我都不怀好意。”

“所有的人对我都有很大帮助。”

那么，什么事情需刻骨铭心，永世不忘呢？是别人对自己的恩德！所谓：人对我有恩不可忘，我对人有恩不可不忘。“虽行布施，而不希求施所得果，……虽有所作而无执著。”为何要牢记别人对自己的恩德？因为要随缘报恩。猫、狗之类尚且知道报恩，何况人类？不知报恩如何做人？故佛家提倡报四重恩：祖国恩；父母恩；师长恩；众生恩。

那么，为何又要淡忘自己对别人的恩德呢？因为念念不忘所施之恩，就意味着时刻期待别人的回报，其心态近似于放高利贷者。一旦对方不报答，或报答得不够，势必恨从心起，大骂其“白眼儿狼”、没良心。于是，烦恼丛生，反目为仇，善缘竟成恶缘。这可真是划不来！所以应虽行布施而不求回报，作而不执。这就是智慧。有了这种智慧，就能渡过烦恼的激流，到达无忧、安乐的彼岸。

往者不可谏，过去的就让它过去吧。淡忘不快，这是智慧和洒脱：

瘦竹长松滴翠香，流风疏月度炎凉。

不知谁住原西寺，每日钟声送夕阳。

胸怀淡泊，高士之风

【原典】

长沮、桀溺[①]耦而耕[②]。孔子过之，使子路问津[③]焉。长沮曰：“夫执舆[④]者为谁？”子路曰：“为孔丘。”曰：“是鲁孔丘与？”曰：“是也。”曰：“是知津矣。”问于桀溺。桀溺曰：“子为谁？”曰：“为仲由。”曰：“是孔丘之徒与？”对曰：“然。”曰：“滔滔者天下皆是也，而谁以易之[⑤]？且而与其从辟[⑥]人之士也，岂若从辟世之士哉？”耰[⑦]而不辍。子路行以告。夫子怃然[⑧]曰：“鸟兽不可与同群，吾非斯人之徒与而谁与？天下有道，丘不与易也。”

【注释】

①长沮、桀溺：两位隐士，真实姓名和身世不详。②耦而耕：两个人合力耕作。③问津：津，渡口。询问渡口。④执舆：即执辔，驾车。⑤之：与。⑥辟：同“避”。⑦耰：音 yōu，用土覆盖种子。⑧怃然：怅然，失意。

【译释】

长沮、桀溺在一起耕种，孔子路过，让子路去询问渡口在哪里。长沮问子路：“那个拿着缰绳的是谁？”子路说：“是孔丘。”长沮说：“是鲁国的孔丘吗？”子路说：“是的。”长沮说：“那他早已知道渡口的位置了。”子路再去问桀溺。桀溺说：“你是谁？”子路说：“我是仲由。”桀溺说：“你是鲁国孔丘的门徒吗?”子路说:“是的。”桀溺说:“滔滔的流水,天下都是一样啊,谁去改变它呢?而且你与其跟着躲避人的人,为什么不跟着我们这些躲避社会的人呢?”说完,仍旧不停地做田里的农活。子路回来后把情况报告给孔子。孔子很失望地说:“人是不能与飞禽走兽合群共处的,我不跟这些人相处跟谁相处呢?天下有道,我孔丘也就不必来改变它了。”

解读

追求人生的境界

隐士所达到的人生境界都是极高的,他们对世俗的一切看得都很淡。人的境界决定了人的眼界。当我们的境界只是一个汲于名利的庸人时,自然也就不可能体会到那些淡泊名利的人的感受。

庄子在他的作品《逍遥游》中,讲了一个故事:

肩吾对连叔说:“我听了接舆的一番言论,大而无当,不着边际。我很惊讶于他的话,那就像天上的银河一样看不到首尾。真是怪诞悖谬,不近情理啊!”

连叔说:“他说了些什么呢?”

肩吾说:“他说:‘遥远的姑射山中,有一神人居住在里边。那神人皮肤洁白,如同冰雪般晶莹;姿态柔婉,如同室女般柔弱;不吃五谷杂粮,只是吸清风喝露水;他乘着云气,驾着飞龙,在四海之外遨游。他的神情是凝净的,使万物不受灾害,年年五谷丰收。’我认为这些话是狂妄而不可信的。”

连叔说:“是呀!我们无法让瞎子领会文采的华丽;无法让聋子知晓钟鼓的乐声。岂止是在形体上有聋有瞎,在智慧上也有啊!听你刚才说的话,你还是和往日一样啊。那个神人,他的德行,与万物合为一体。世人期望他来治理天下,他哪里肯辛辛苦苦地管这种微不足道的事呢?这样的人,没有什么东西可以伤害他,洪水滔天也淹不着他;大旱时把金石都熔化了,把土山都烧焦了,他也不觉得热。他的‘尘垢秕糠’也可以制造出像尧、舜那样的圣贤君主来。他哪里肯把治理天下当作自己的事业呢?”

这正是真正的旷达境界。

芸芸众生把名利当作必需品,以为只有获得了名利,生活才能更自由更幸福,然而看世间有多少因名利而引来灾祸的人呢?对于那些臻于人生至高境界的人们来说,虽然无心立功建业,却能名盖天下;虽然有着名满天下的辉煌,却能韬光晦迹，不在意世俗的名利而逍遥自得，恬淡无怀，无往而不逍遥，无适而不自得。

可见，当人外无所求、内无所羡之时，自然而然就会到达“至足”的境界，并且感到非常快乐。而此中之乐绝非得所欲求之乐，而是不羡求功名利禄，不挂怀死生祸福、利害得失之精神至足之乐。这种快乐，对于满脑子只有名利二字的人来说，是无法企及，也无法想象的。这种快乐，不是纵情任性的，而是要在心灵和精神上不断地修炼才能达到的。

正道永在，不可僭越

【原典】

子路从而后，遇丈人，以杖荷蓧①。子路问曰：“子见夫子乎？”丈人曰：“四体不勤，五谷不分，孰为夫子？”植其杖而芸。子路拱而立。止子路宿，杀鸡为黍而食②之。见其二子焉。明日，子路行以告。子曰：“隐者也。”使子路反见之。至，则行矣。子路曰：“不仕无义。长幼之节，不可废也；君臣之义，如之何其废之？欲洁其身，而乱大伦。君子之仕也，行其义也。道之不行，已知之矣。”

【注释】

①蓧：音 diào，古代耘田所用的竹器。②食：使人进食。

【译释】

子路跟随孔子出行，落在了后面，遇到一个老丈，用拐杖挑着除草的工具。子路问道：“你看到我的老师吗？”老丈说：“我四体来不及勤劳，五谷来不及分辨，哪里顾得上你的老师是谁？”说完，便扶着拐杖去除草。子路拱着手恭敬地站在一旁。老丈留子路到他家住宿，杀了鸡，做了小米饭给他吃，又叫两个儿子出来与子路见面。第二天，子路赶上孔子，把这件事向他作了报告。孔子说：“这是个隐士啊。”叫子路回去再看看他。子路到了那里，老丈已经走了。子路说：“一个人不出仕，是不对的呀。长幼间的关系是不可能废弃的；君臣间的关系怎么能废弃呢？想要自身清白，却破坏了根本的伦理关系。君子做官，只是为了尽义务而已。至于道之不能行，他早就知道了。”

解读

遵守人间的正道

子路的一番话，从一定意义上讲，讲的是人间的“正道”。虽然君臣关系现在不存在了，但是上下级关系还存在。正道是永存人间的，它不以时间的推移而消失，不因人世的沧桑而改变。在什么时候，我们都不应忘记这人间正道。

天若有情天亦老，人间正道是沧桑。古今之成大事业、大学问者，必经过此三种之境界：“昨夜西风凋碧树。独上高楼，望尽天涯路。”此第一境也。“衣带渐宽终不悔，为伊消得人憔悴。”此第二境也。“众里寻他千百度，蓦然回首，那人却在灯火阑珊处。”此第三境也。

吃得苦中苦，方为人上人。

这是人生的正道，人只有走正道，不搞歪门邪道，才能人丁兴旺，天下太平。

为政要走正道，在其位要谋其政。“国家，天下之利势也。得道以持之，则大安也，大荣也，积美之源也。不得道以持之，则大危也，大累也，有之不如无之，及其綦也，索为匹夫，不可得也。”一个国家，集中了天下的利益和权势。有道的人主持，可以使国家得到大的安乐，大的荣耀，成为人们幸福的源泉；无道的人主持，却带来大的危险，大的拖累，有君王的地位还不如没有；等到形势极恶化了，他即使想当一个普通老百姓，也难以做到了。中国古代思想家荀况说得好：“治国之道，善于运用则仅有的百里方圆的地方也可以独立于天下，不善于运用哪怕像楚国有六千里国土也只能被仇人所驱使。”所以，为政要走正道。

为官走正道，不能满足于“千里做官，为了吃穿”，更不可“升官只是为了发财”。所谓“当官不为民做主，不如回家种白薯”。“处人尊位，食人重禄，临难而逃之，非忠也；十州之兵食，三江、五湖之险固，不发一兵而弃之，非勇也。失忠与勇，官则为盛名之下，其实难副。”

为官走正道，不可“当官做老爷”，而应“为官一任，造福一方”。“官无大小，皆国家公器，岂可苟便其私。”这就是说，官不论大小，职位高低，都是国家的官职，怎么可以用不正当的手段便利私人呢！当官“以权谋私”，天怒民怨，天理难容。所以那些“官倒”、“官商”们不要执迷不悟，要想保住自己的乌纱帽，还是走正道为上策，千万不可将世人的忠告视为耳边风。

孟子云：“君子立天下之正位，行天下之正道，得志则与民由之，不得志则独行其道。”它启迪人们要堂堂正正做人，行天下之正道，得志时与世人一样同行正道；当不得志时便洁身自好，独行正道。富贵不能淫，贫贱不能移，威武不能屈，这才能算得上是真正的大丈夫。

求全责备，不为君子

【原典】

逸①民：伯夷、叔齐、虞仲、夷逸、朱张、柳下惠、少连②。子曰：“不降其志，不辱其身，伯夷、叔齐与？”谓柳下惠、少连，“降志辱身矣，言中伦，行中虑，其斯而已矣”。谓虞仲、夷逸，“隐居放③言，身中清，废中权”。“我则异于是，无可无不可。”

大师挚④适齐，亚饭干适楚，三饭缭适蔡，四饭⑤缺适秦，鼓方叔⑥入于河，播鼗⑦武入于汉，少师⑧阳、击磬襄⑨入于海。

周公谓鲁公⑩曰：“君子不施⑪其亲，不使大臣怨乎不以。故旧无大故，则不弃也。无求备于一人。”

周有八士⑫：伯达、伯适、伯突、仲忽、叔夜、叔夏、季随、季騧。

【注释】

①逸：同“佚”，散失、遗弃。②虞仲、夷逸、朱张、少连：此四人身世无

从考，从文中意思看，当是没落贵族。③放：放置，不再谈论世事。④大师挚：大同“太”。太师是鲁国乐官之长，挚是人名。⑤亚饭、三饭、四饭：都是乐官名。干、缭、缺是人名。⑥鼓方叔：击鼓的乐师名方叔。⑦鼗：音 táo，小鼓。⑧师：乐官名，副乐师。⑨击磬襄：击磬的乐师，名襄。⑩鲁公：指周公的儿子伯禽，封于鲁。⑪施：同“弛”，怠慢、疏远。⑫八士：本章中所说八士已不可考。旧说一母四乳，皆孪生。騧：音 guā。

【译释】

古代的遗民有：伯夷、叔齐、虞仲、夷逸、朱张、柳下惠、少连。孔子说：“不降低自己的意志，不屈辱自己的身份，这是伯夷、叔齐吧。”说柳下惠、少连是“被迫降低自己的意志，屈辱自己的身份，但说话合乎伦理，行为合乎人心，这样也不错”。说虞仲、夷逸“过着隐居的生活，放弃了发表言论，能洁身自爱，废止也合乎权宜”。“我却同这些人不同，可以这样做，也可以那样做。”

太师挚到齐国去了，亚饭干到楚国去了，三饭缭到蔡国去了，四饭缺到秦国去了，打鼓的方叔到了黄河边，敲小鼓的武到了汉水边，少师阳和击磬的襄到了海滨。

周公对鲁公说：“君子不疏远他的亲属，不使大臣们抱怨得不到任用。旧友老臣没有大的过失，就不要抛弃他们，不要对人求全责备。”

周代有八个士：伯达、伯适、伯突、仲忽、叔夜、叔夏、季随、季騧。

解读

对别人的小过失不要计较

水过于清澈，就养不了鱼；做人如果过于苛刻，对人求全责备，就容易失去人缘。与人相处时，对别人的小缺点不要太在意，千万不要做一个小肚鸡肠、神经过敏的人，否则即使是本来很亲近的人，也不会喜欢和你携手共事的。

宋朝的吕蒙正，从不与人斤斤计较。他刚任宰相时，有一位官员在帘子后面指着他对别人说：“这个无名小子也配当宰相吗？”吕蒙正假装没听见，大步走了过去。其他参政为他愤愤不平，准备去查问是什么人敢如此胆大包天，吕蒙正知道后，急忙阻止了他们。

散朝后，那些参政还感到不满，后悔刚才没有找出那个人。吕蒙正对他们说："如果知道了他的姓名，那么就一辈子也忘不掉。这样的话，耿耿于怀，多么不好啊！所以千万不要去查问此人姓甚名谁。其实，不知道他是谁，对我并没有什么损失呀。"当时的人都佩服他气量大。

做人是这样，做事情也是这样。

宋太宗时期，有人上奏说在汴河从事水运工作的官吏中，有人私运官货到其他地方卖，众人颇有微词。太宗向左右说："要将这些吸血鬼完全根除实在不是容易的事，这就像以东西堵塞鼠洞一样无济于事。对此，只需将有些做得过分，影响极坏的首恶分子惩办了即可。如有些官船偶有挟私行为，只要他没有妨碍正常公务，就不必过分追究了。总之，这样做也是为了确保官运物质的畅行无阻呀！"

站在一旁的宰相吕蒙正也表示赞同。他说："水若过清则鱼不留，人若过严则人心背。一般而言，君子都看不惯小人的所作所为，如过分追究，恐有乱生。不若宽容之，使之知禁，这样才能使管理工作顺利开展。从前，汉朝的曹参对司法与市场的管理非常慎重，他认为在处理善恶的执法量刑上应该有弹性，要宽严适度。谨慎从事，必然能使恶人无所遁形。这正如圣上所言，就是在小事上不要太苛刻。"

律己要严，待人要宽，千万不要求全责备，拿显微镜看人，因为在显微镜下绝对没有完人。不过分吹毛求疵，凡事皆留有回旋的余地，对微末枝节的小事不妨姑且放过，这才是正确的处事为人的方法。

子张第十九

有德之人不仅注重自身的修养，更可贵的是他会坚定不移地把德行发扬光大，这自然也是“仁”的体现。孔子就是这样的一个人，所以子贡对他崇敬不已，并以日月来赞誉自己的老师。

执德信道，心常思之

【原典】

子张曰："士见危致命，见得思义，祭思敬，丧思哀，其可已矣。"

子张曰："执[①]德不弘[②]，信道不笃，焉能为有？焉能为亡？"

【注释】

①执：坚持。②弘：弘扬。

【译释】

子张说："士遇见危急不惜献出生命，看见有利可得时能考虑是否符合义的要求，祭祀时能想到是否严肃恭敬，居丧的时候想到自己是否哀伤，这样就可以了。"

子张说："守德而不能发扬光大，信仰道义而不忠实坚定，这样的人怎么能说他有道德，又怎么能说他没有道德？"

解读

弘扬节俭的品德

有道德的人都是很节俭的。人生活上俭，需求上就少；欲望少，就可直道而行。而人若多欲，则必贪富贵。这样在官则必贪，在民则必盗，所以，侈在道德上会造成恶。而崇俭鄙奢，乃古往今来中华民族的美德，弃俭而尚奢，无异于本末倒置，是十分有害的。

金世宗是金朝九帝中最崇尚节俭的皇帝。他"即位五载，而南北讲好，与民休息"，金朝从此进入了由征战转向和平，由动乱转向安定的平稳发展时期。在其统治的三十年间里，金世宗采取措施进行一系列的改革。在政治上，迁都中都，修订官制、礼仪制度，调整阶级关系；在经济上，解放生产力，促进生产；在教化风气上，则大力提倡节俭。对金世宗来说，崇尚节俭是他获得“小尧舜”美誉的一个重要原因；对拨乱反正后的金朝社会来说，提倡节俭也不失为恢复和发展经济的明智之举。

金世宗崇尚节俭，身体力行，表现在吃、穿、住、用等个人生活方面。世宗即位初年，即大定二年（1162 年）四月，世宗即“诏减御膳及宫中食物之半”。大定二十六年（1186 年）十二月，世宗对大臣说：“朕年来惟以省约为务，常膳止四五味，已厌饫之，比初即位十减七八。”可见，世宗从即位初年到其统治末年，都没有随着国家经济状况的好转而舍弃节俭，吃得一直很节省。

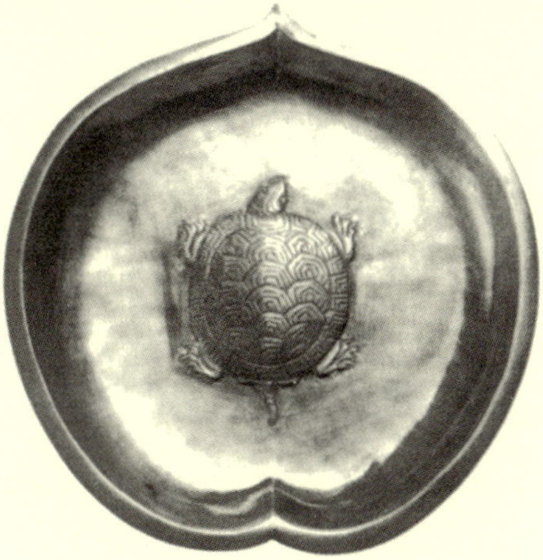

金世宗崇尚节俭，表现为竭力反对铺张浪费。大定九年（1169 年）正月，世宗与宣徽使敬嗣晖、秘书监移剌子敬谈起了金太宗灭辽时，为庆祝胜利一天杀三百头羊这件事。世宗针对此事说：“亡辽日屠食羊三百，亦岂能尽用，徒伤生耳。朕虽处至尊，每当食，常思贫民饥馁，犹在己也。”在世宗看来，这不仅是巨大的浪费，更是不懂得抚恤百姓的举动。世宗深谙此理：“太官之食，皆民脂膏。日者品位太多，不可遍举，徒为虚费。”

大定十三年（1173 年），太子詹事刘仲海请求增加东宫的侍人及张设。世宗却说：“东宫诸司局人自有常数，张设已具，尚何增益。太子生于富贵，易入于侈，惟当导以淳俭。”世宗不但没有满足其愿望，而且还教诲亲王大臣们不要铺张浪费。大定十六年（1176 年）三月，世宗训诫皇太子和亲王：“大凡资用当务节省，如其有余，可周亲戚，勿妄费也。”值得注意的是，世宗认为：“且教化之行，当自贵近始”。也就是说，要倡导节俭，首先必须从贵族和大臣们做起。世宗认识到这一点，实属难能可贵。金世宗以万乘之主而能克一己之私欲，戒子弟务必从俭，即使在今天亦称楷模。

我们都知道“由俭入奢易，由奢入俭难”的道理；“以俭立名，以侈自败”，也是显而易见的。现实生活中，恐怕亦不乏实例。说到底，俭是一种克制，奢是一种放纵，作为万物之灵的人，不注意节俭，没有克制和自持，放纵奢欲，其后果是不可想象的。

尊贤容众，气度宽宏

【原典】

子夏之门人问交于子张。子张曰：“子夏云何?”对曰：“子夏曰：‘可者与之，其不可者拒之。’”子张曰：“异乎吾所闻：君子尊贤而容众，嘉善而矜不能。我之大贤与，于人何所不容？我之不贤与，人将拒我，如之何其拒人也?”

子夏曰：“虽小道①，必有可观者焉，致远恐泥②，是以君子不为也。”

子夏曰：“日知其所亡，月无忘其所能，可谓好学也已矣。”

子夏曰：“博学而笃志③，切问④而近思，仁在其中矣。”

子夏曰：“百工居肆⑤以成其事，君子学以致其道。”

【注释】

①小道：指各种农工商医卜之类的技能。②泥：阻滞，不通，妨碍。③志：志向。④切问：问与切身有关的问题。⑤百工居肆：百工，各行各业的工匠。肆，古代的手工作坊。

【译释】

子夏的学生向子张请教怎样结交朋友。子张说：“子夏是怎么说的?”答道：“子夏说：‘可以相交的就和他交朋友，不可以相交的就拒绝他。’”子张说：“我所听到的和这些不一样：君子既尊重贤人，又能容纳众人；能够赞美善人，又能同情能力不够的人。如果我是十分贤良的人，那我对别人有什么不能容纳的呢？我如果不贤良，那人家就会拒绝我，我又怎么能拒绝人家呢?”

子夏说：“虽然都是些小的技艺，也一定有可取的地方，但用它来达到远大目标就行不通了。所以君子不去做。”

子夏说：“每天学到一些过去所不知道的东西，每月都不忘记已经学过的东西，这就可以叫做好学了。”

子夏说：“博学并且有坚定的志向，就自身体会最真切处发问和思考，仁就在其中了。”

子夏说：“各行各业的工匠住在作坊里来完成自己的工作，君子通过学习来掌握道。”

解读

包容显示深厚的修养

当一粒河沙侵入蚌的体内，挥之不走，驱之不去，蚌不能像树一样，用时间、用毅力去消灭它身上的瘤子，而是反其道而行之，磨炼它、关爱它，用生命的能量去温暖它，直到把它磨出珍珠的光华。难怪有些珠宝加工大师看着珍珠的华贵、感受珠子的温润，说能从它的光辉中感觉到生命的律动。

美国总统林肯对政敌素以宽容著称，后来终于引起一议员的不满，议员说：“你不应该试图和那些人交朋友，而应该消灭他们。”林肯微笑着回答：“当他们变成我的朋友，难道我不正是在消灭我的敌人吗？”

一位哲人曾说过：“不要追求财富，因为你不会永远拥有它，只有朋友才能伴你走完一生。”所以朋友很重要，但是在与朋友交往的过程中，也会经常发生矛盾，唯有“包容”才能建立更加牢固的友谊。

实际上，每一个生命体，都是一个依赖“包容”创建起来的和谐的、有机的组织。从最低等的原始生物到作为万物之灵的人，任何生物体都由许多不同的物质成分、不同的元素“包容”而成。生物体要维持机体的正常运转，要维持其作为生命的存在，就一刻也不能没有“包容”。如果组成这个生物体的物质成分闹起“分裂”，等待这个生物体的就只有解体和死亡。“包容”是生命的根本机能。包容会产生强大的感染力和凝聚力，使各种各样的人都能成为你的朋友，团结在你周围。包容是一种豁达的人生态度，一种深厚的性情修养，它可以化干戈为玉帛，化戾气为祥和，增进人的相互理解，在人间播撒爱的种子。包容的人有爱，因而也被别人爱；包容的人包纳万物，因而也能拥有万物。

君子德高，不拘小节

【原典】

子夏说："小人之过也必文。"

子夏曰："君子有三变：望之俨然，即之也温，听其言也厉。"

子夏曰："君子信而后劳其民；未信，则以为厉己也。信而后谏；未信，则以为谤己也。"

子夏曰："大德不逾闲①，小德出入可也。"

子游曰："子夏之门人小子，当洒扫应对进退，则可矣，抑②末也。本之则无，如之何？"子夏闻之，曰："噫，言游过矣！君子之道，孰先传焉？孰后倦焉？譬诸草木，区以别矣。君子之道，焉可诬③也？有始有卒者，其惟圣人乎？"

子夏曰："仕而优④则学，学而优则仕。"

【注释】

①闲：木栏，这里指界限。②抑：但是，不过。转折的意思。③诬：欺骗。④优：有余力。

【译释】

子夏说："小人犯了过错一定会掩饰。"

子夏说："君子有三变：远看他的样子庄严，接近他又温和可亲，听他说话又觉得严厉不苟。"

子夏说："君子在取得信任之后才去劳使百姓，否则百姓就会以为是在虐待他们。要先取得信任，然后才去规劝；否则，别人就会以为你在诽谤他。"

子夏说："大的道德原则不能有丝毫违犯，小节上有些出入是可以的。"

子游说："子夏的学生，做些打扫和迎送客人的事情是可以的，但这些不过是末节小事，根本的东西却没有学到，这怎么行呢？"子夏听了，说："唉，子游错了。君子之道先传授哪一条，后传授哪一条，这就像草和木一样，都是分类区别的。君子之道怎么可以随便乱来呢？能按次序有始有终地教授学生们，恐怕只有圣人吧！”

子夏说：“做官还有余力的人，就可以去学习，学习有余力的人，就可以去做官。”

解读

别把小事放在心上

“大德不逾闲，小德出入可也”，这句话说的是大的原则一定要坚持，小节上有点出入未尝不可。因为有大智慧的人行为总是很超脱，他们襟怀坦荡，从不为一点鸡毛蒜皮的小事去斤斤计较。而有点小聪明的人却总是纠缠不清，鸡蛋里可以挑出骨头，无事也可以生非。这实在是很可悲。人生那么短暂，每个人都应该致力于让自己活得更有意义，怎么能为了些小事而让自己背上沉重包袱呢？

在现实生活中，当双方发生矛盾或冲突时，对于别人的批评，除了虚心接受之外，还要养成毫不在意的功夫。人与人之间发生矛盾的时候太多了，因此，一定要心胸豁达，有涵养，不要为了不值得的小事去得罪别人。生活中常有一些人喜欢论人短长，在背后说三道四，如果听到有人这样谈论自己，完全不必理睬。只要自己能自由自在地按自己的方式生活，又何必在意别人说些什么呢？

有一次，一个人去拜访老子。到了老子家中，看到室内凌乱不堪，心中感到很吃惊，于是，大声咒骂了一通扬长而去。翌日，又回来向老子道歉。老子淡然地说：“你好像很在意智者的概念，其实对我来讲，这是毫无意义的。所以，如果昨天你说我我也会承认的。因为别人既然这么认为，一定有他的根据，假如我顶撞回去，他一定会骂得更厉害。这就是我从来不去反驳别人的缘故。”

从这则故事中我们可以得到如下启示：不能太较真，认死理。“水至清则无鱼，人至察则无徒”，太认真了，就会对什么都看不惯，就会连一个朋友都容不下，把自己同社会隔绝开。镜子很平，但在高倍放大镜下，就成了凹凸不平的山峦；肉眼看很干净的东西，拿到显微镜下，满目都是细菌。试想，如果我们“戴”着放大镜、显微镜生活，恐怕连饭都不敢吃了。再用放大镜去看别人的毛病，恐怕许多人都会被看成罪不可恕、无可救药的了。

人非圣贤，孰能无过。与人相处就要互相谅解，经常以“难得糊涂”自勉，求大同存小异，能容人，你就会有许多朋友，且诸事遂愿；相反，过分挑剔，

"明察秋毫"，眼里不揉半粒沙子，什么鸡毛蒜皮的小事都要论个是非曲直，容不得人，人家只会躲你远远的，最后，你只能关起门来当"孤家寡人"，成为使人避之唯恐不及的异己之徒。古今中外，凡是能成大事的人都具有一种优秀的品质，就是能容人所不能容，忍人所不能忍，善于求大同，存小异，团结大多数人。他们具有宽阔的胸怀，豁达而不拘小节；从大处着眼而不会鼠目寸光；从不斤斤计较，纠缠于非原则的琐事，所以他们才能成大事、立大业，使自己成为不平凡的人。

孝贵情真，不失仁心

【原典】

子游曰："丧致①乎哀而止。"

子游曰："吾友张也为难能也，然而未仁。"

曾子曰："堂堂乎张也，难与并为仁矣。"

曾子曰："吾闻诸夫子，人未有自致者也，必也亲丧乎。"

曾子曰："吾闻诸夫子，孟庄子②之孝也，其他可能也；其不改父之臣与父之政，是难能也。"

【注释】

①致：极致、竭尽。②孟庄子：鲁国大夫孟孙速。

【译释】

子游说："丧事做到尽哀也就可以了。"

子游说："我的朋友子张可以说是难得的了，然而还没有做到仁。"

曾子说："子张外表堂堂，可惜难以和他一同共行仁道。"

曾子说："我听老师说过，人不可能自动地充分发挥感情，如果有，一定是在父母死亡的时候。"

曾子说："我听老师说过，孟庄子的孝，其他人也可以做到，但他不更换父亲的旧臣及其政治措施，这是别人难以做到的。"

解读

孝可见儿女真情

孝，指善事父母。孝有三等："大孝尊亲，其次弗辱，其下能养"。孔子认为孝是"德之本"，人之最大罪恶为不孝。"士有百行，孝敬为先"，修身"莫先于孝"。《孝经》上说："孝始于事亲，忠于事君，终于立身。"

不孝之人，即无德之人，处处被人戳脊梁骨；而心存孝道之人，却处处受人尊敬，在某些时候还会受到特殊"待遇"呢！因为由孝可见真情，真情是最能感动人的。

据《史记·仓公传》记载，齐地有一人叫淳于意，家居临淄（今山东临淄市），曾作过太仓（城中粮仓）令。因素好医术，遂辞官前往同郡阳庆处学医。三年后学成，于是辞师回乡，为人治病。因淳于意医道高明，治好不少疑难病症，所以名声远扬，求医者甚多，每日门庭若市。

淳于意医术虽高，但日接百人，日久天长，颇感劳累。有时为避烦扰，淳于意往往离家出游，数日方归。如此一来，有些病重之人，得不到良医治疗往往死亡，病人家属遂将怨气指向了淳于意。时日一长，积怨人增多，给淳于意带来了一场灾难。

汉文帝十三年（公元前 167 年）初，有人向官府告发淳于意，说他借医欺人，轻视生命。地方有司依告将他捉拿入狱，判为肉刑，因淳于意曾为太仓令，未敢擅施刑罚，于是上报朝廷，朝廷诏令，将他押赴长安。

淳于意无子，只有五女。临行，不由叹道："生女不生男，急时无所用!"少女缇萦，听父叹言，救父之心油然而生。当即收拾行装，随父入都，设法相救。

一到长安，淳于意立即被下入大狱。缇萦暂住馆舍，苦思无良策，于是拼死上书，替父赎罪。

文帝闻有少女上书，颇为惊奇，忙令左右呈上，展开一看，只见书中写道："妾父为吏，齐中皆称其廉平，今坐法当判肉刑，妾暗自感伤：死者不能复生，肉刑者不能复原，虽欲改过自新，也已没有机会。妾愿自没入官婢，以赎父罪，以使他有改过自新的机会。"

文帝阅毕，一种凄恻之感由心头升起，既有感于一个弱女子，竟有如此孝心；又有感于肉刑竟如此残酷。文帝手持缇萦之书，沉思了良久，遂提笔写了两道诏书：一诏写道：“特赦淳于意无罪，可挈女回家。”一诏写道：“诗曰：‘恺悌君子，民之父母。’今人有过，教未施而刑已加焉，或欲改过为善，而又无道可行，朕甚怜之！肉刑可使人断肢体，刻股肤，终身难复，使人痛苦不道德，这岂是为民父母者的本意？现令废降肉刑，以它刑代之！”

丞相张仓、御史大夫冯敬奉诏，遂将黥刑改为苦工；将割鼻改为笞三百；将断肢改为笞五百。自此，汉代肉刑皆被废弃。

由此可见，无论是古代天子，还是平民百姓都将“孝”看得很重，很欣赏那些大“孝”之人。

儿女先要有孝心才谈得上孝道，没有孝心，孝道从何而来？那么这个孝心又是什么？当我们读“临行密密缝，意恐迟迟归”时，感念到父母之心，体会到父母的恩德与亲情，我们被感动，这就是孝心。一切孝的行为，都是从这个心开始的。

知过改过，不失其道

【原典】

孟氏使阳肤①为士师，问于曾子。曾子曰：“上失其道，民散久矣。如得其情，则哀矜②而勿喜。”

子贡曰：“纣③之不善，不如是之甚也。是以君子恶居下流④，天下之恶皆归焉。”

子贡曰：“君子之过也，如日月之食焉。过也，人皆见之；更也，人皆仰之。”

【注释】

①阳肤：曾子的学生。②矜：怜悯。③纣：商代最后一个君主，名辛，纣是他的谥号。④下流：即地形低洼各处来水汇集的地方，引申为卑下的地位。

【译释】

孟氏任命阳肤做典狱官，阳肤向曾子请教。曾子说：“在上位的人离开了正道，百姓早就离心离德了。你如果能弄清他们的情况，就应当怜悯他们，而不要自鸣得意。”

子贡说：“纣王的不善，不像传说的那样厉害。所以君子不愿居于卑下的地位，使天下一切坏名声都归到他的身上。”

子贡说：“君子的过错好比日月食。他犯过错，人们都看得见；他改正过错，人们都仰望着他。”

解读

及时改正自己的错误

孔子在处理过失和改过的关系方面，强调改过，他把道德修养过程也看作是改过迁善的过程。他说，“君子之过也，如日月之食焉。过也，人皆见之，更也，人皆仰之。”君子的过错，好比日食和月食。他有过错，人人都看得见；他改正了，人人都仰望他尊敬他。

战国时候，赵国的国君因为蔺相如在完璧归赵和渑池之会两件事上立了大功，便拜蔺相如为上卿。这样，蔺相如的地位就在身经百战的老将廉颇之上了。

廉颇对此非常不服气，他觉得自己出生入死，为赵国立下了汗马功劳，而蔺相如只不过凭着一张嘴，地位就超过了自己，这也太不公平了。于是，他愤愤不平地扬言说：“如果让我再遇上蔺相如，我一定要当面羞辱他一番。”

有人把廉颇的话传给蔺相如。蔺相如以大局为重，尽量避免与廉颇碰面，他命令手下人说，以后如果遇到廉颇将军，一定要让开，不要和廉将军碰面。

有一次，蔺相如和一些手下人一起外出，远远看见廉颇的车马过来。听了禀报后，蔺相如赶紧命车夫把车子赶开，以躲避廉颇。廉颇经过以后，他们的车子才继续前行。后来又遇到廉颇几次，他都是这样做的。对此，廉颇感到很得意，而蔺相如的手下人却对蔺相如很不满。

蔺相如手下的人有一天都来找蔺相如，他们说：“您是国家的上卿，我们能够服侍您，觉得非常荣耀，可是我们也不知道您为什么会这样怕廉颇，论官职，您比他大，论功劳，您也不比他轻，为什么您要这样躲着他呢？难道您真是怕他对您不利吗？如果这样的话，那就太窝囊了，我们不愿意服侍这样的主人，所以我们决定还是离开的好。”

蔺相如对他们说：“你们说，是廉颇厉害还是秦王厉害？”手下人回答说：“自然是秦王厉害了。”蔺相如说：“既然是秦王厉害，那么，我敢当面斥责秦王，这难道不是有胆量的表现吗？我怎么会害怕廉颇呢？但是你们要想想，秦国为什么现在这么怕赵国，迟迟不敢来侵犯赵国呢？这是因为我敢于斥责秦王，而廉将军勇猛过人，我们两个的存在让秦王不敢轻举妄动。可是如果我们两个打了起来，结果肯定是两败俱伤，一定会给秦国可乘之机。如今我回避廉颇，这不是怕啊，我是必须忍下这种耻辱，要以国家利益为重啊。我之所以采取回避廉颇的做法，是出于这样的考虑啊。”

不久，蔺相如的话传到了廉颇的耳朵里。廉颇被蔺相如的高风亮节所感动，他想，“我的做法真是太过分了，蔺相如能这样地容忍我，完全是为了国家利益，而我这样地嫉恨蔺相如，却全是为了自己的怨气，我是多么不应该啊。不行，我要去给他道歉。”于是，廉颇命人给他拿来几根荆条，用绳子绑在背上，然后一路步行着到了蔺相如的府上，见到蔺相如以后，他倒头便拜，对蔺相如说：“廉颇错了，特意来向您请罪。”蔺相如见廉颇屈尊前来，赶忙跪下迎接，并说：“廉将军不要这么多礼，我们都是为国家做事的人，不应该计较这些的。”

蔺相如把廉颇让进屋里，两个人推心置腹地交谈了一整天。从此以后，两个人结成了生死之交，一起辅佐国君治理国家。蔺相如的宽容大度和廉颇的知错能改，千百年来一直流传于世。

陶渊明说：“实迷途其未远，觉今是而昨非。”我们今天觉得昨天犯了错误，说明在错误的道路上走得还不算远，一切都还来得及。如果到快要进棺材时才发现自己错了，那只能用自己的经历去警示后人了。所以说，有了错误，不要否定自己，更不能知错不改，一定要敢于面对错误。敢于面对自己不足的人，是值得敬佩的，也是有着通向成功的条件的。

大德之人，得人敬仰

【原典】

卫公孙朝[①]问于子贡曰：“仲尼焉学？”子贡曰：“文武之道，未坠于地，在人。贤者识其大者，不贤者识其小者，莫不有文武之道焉。夫子焉不学？而亦何常师之有？”

叔孙武叔[②]语大夫于朝曰：“子贡贤于仲尼。”子服景伯[③]以告子贡。子贡曰：“譬之宫墙[④]，赐之墙也及肩，窥见室家之好。夫子之墙数仞，不得其门而入，不见宗庙之美，百官[⑤]之富。得其门者或寡矣。夫子之云，不亦宜乎！”

叔孙武叔毁仲尼。子贡曰："无以为也！仲尼不可毁也。他人之贤者，丘陵也，犹可逾也；仲尼，日月也，无得而逾焉。人虽欲自绝，其何伤于日月乎？多[6]见其不知量也。"

陈子禽谓子贡曰："子为恭也，仲尼岂贤于子乎？"子贡曰："君子一言以为知，一言以为不知，言不可不慎也。夫子之不可及也，犹天之不可阶而升也。夫子之得邦家者，所谓立之斯立，道之斯行，绥之斯来，动之斯和。其生也荣，其死也哀，如之何其可及也？"

【注释】

①卫公孙朝：卫国的大夫公孙朝。②叔孙武叔：鲁国大夫，名州仇，三桓之一。③子服景伯：鲁国大夫。④宫墙：宫也是墙。围墙，不是房屋的墙。⑤官：这里指房舍。⑥多：用作副词，只是的意思。

【译释】

卫国的公孙朝问子贡说："仲尼的学问是从哪里学来的？"子贡说："周文王武王的道，并没有失传，还留在人们中间。贤能的人可以了解它的根本，不贤的人只了解它的末节，没有什么地方无文王武王之道。我们老师何处不学，又何必要有固定的老师传播呢？"

叔孙武叔在朝廷上对大夫们说："子贡比仲尼更贤。"子服景伯把这一番话告诉了子贡。子贡说："拿围墙来做比喻，我家的围墙只有齐肩高，老师家的围墙却有几仞高，如果找不到门进去，你就看不见里面宗庙的富丽堂皇，和房屋的绚丽多彩。能够找到门进去的人并不多。叔孙武叔那么讲，不也是很自然吗？"

叔孙武叔诽谤仲尼。子贡说："这样做是没有用的！仲尼是毁谤不了的。别人的贤德好比丘陵，还可超越过去，仲尼的贤德好比太阳和月亮，是无法超越的。虽然有人要自绝于日月，对日月又有什么损害呢？只是表明他不自量力而已。"

陈子禽对子贡说："你是谦恭了，仲尼怎么能比你更贤良呢？"子贡说："君子的一句话就可以表现他的智识，一句话也可以表现他的不智，所以说话不可以不慎重。先生的高不可及，正像天是不能够顺着梯子爬上去一样。先生如果得国而为诸侯或得到采邑而为卿大夫，那就会像人们说的那样，教百姓立于礼，百姓就会立于礼，要引导百姓，百姓就会跟着走；安抚百姓，百姓就会归附；动员百姓，百姓就会齐心协力。先生活着是十分荣耀的，死后大家是极其悲痛的。我怎么能赶得上他呢？"

解读

用道德赢得人心

每个人都希望自己具有良好的品德，《吉祥经》上也说：“布施是良好的品德，要尽力帮助亲戚朋友，行为上没有一点污点，这样才是最大的吉祥。”但良好的品德并不是你想得到就能得到的。具有良好品德的人不仅能赢得对方的心，而且还能赢得周围人的心，凡是知道他具有良好品德的人都愿意与他交往。

有这样一个故事：

有一天，琼斯和爸爸一同外出。路上，有一个仆人向他们脱帽鞠躬。爸爸急忙脱下帽子来还礼，但琼斯却没有理睬这个仆人。

爸爸看到琼斯的态度，就生气地说：“年轻人，你怎么还不如一个仆人文明呢?”

看着琼斯满脸委屈的样子，爸爸知道有必要给他上一堂思想品德教育课了。于是，给他讲了这样一个故事：

“你不想有我的力量吗?”飓风问和风，“你看，当我起驾的时候，他们在整个海岸都挂上台风信号来向我致敬。我折断一条船的桅杆就像你托起一根鹅毛那样容易。我的翅膀这么一扫，海边就到处都有被粉碎了的船板。我能够而且常常举起大西洋。病弱者最怕我，对我怕之入骨。所有的国家都在我的呼吸下畏缩着。难道你不想有我的威力么?”

和风没有回答，只是在天空中轻轻起舞。这时，所有的森林和田野，所有的海洋、河流和湖泊，所有的走兽和飞鸟以及人类，都为它的来临而高兴。鲜花盛开，麦地金黄，果子成熟，云朵轻轻浮起。风帆高举，鸟儿飞翔，到处是健康，到处是快乐。绿叶、鲜花、果实和收成，温暖、光明、快乐和生活——这就是和风给那骄傲而可怜的飓风唯一的回答。

有人说，在这个物欲横流的时代，再讲品德已经过时了。其实并不是这样，具有良好品德的人永远受到人们的尊敬，做起事情来也事半功倍。

在人的一生中，道德品格都会起作用，要么是你的宝库，要么是你前行的绊脚石。试想，如果你在二三十岁就被人贴上一个不道德的标签，往后的路怎么走？只有以一种好的品德待人方可终生受益。

人最值得尊重的，正是他在追求和奋斗过程中表现出的优秀的品格。真正的幸运属于拥有优秀品格的人。

尧曰第二十

尧是中国古代理想的君主，尧的时代也是孔子心目中理想的社会。读尧曰之篇，听圣贤之言，很自然地就勾起了人们对理想社会的怀念和向往。倘若人皆有尧舜之心，大同之世不远矣。

治国安邦，尽职尽责

【原典】

尧曰[①]："咨[②]！尔舜！天之历数在尔躬，允[③]执其中。四海困穷，天禄永终。"

舜亦以命禹。曰："予小子履[④]，敢用玄牡[⑤]，敢昭告于皇皇后帝：有罪不敢赦。帝臣不蔽，简[⑥]在帝心。朕[⑦]躬有罪，无以万方；万方有罪，罪在朕躬。"

周有大赉[⑧]，善人是富。"虽有周亲[⑨]，不如仁人。百姓有过，在予一人。"

【注释】

①尧曰：这是在泰山上，尧禅让帝位给舜时的讲话。②咨：即"啧"，感叹词，表示赞誉。③允：真诚。④履：商汤在祭天盟誓时的自称。⑤玄牡：玄，黑色。牡，公牛。⑥简：阅，这里是知道的意思。⑦朕：我。从秦始皇起，专用作帝王自称。⑧赉：音 lài，赏赐。下面几句是说周武王。⑨周亲：至亲。

【译释】

尧说："啧啧！舜啊！上天的大命已经落在你的身上了。诚实地保持那中庸之道吧！假如天下百姓陷于困苦和贫穷，上天赐给你的禄位也就会永远终止。"

舜也这样告诫过禹。商汤说："我小子履谨用黑色的公牛来祭祀，向伟大的天帝祷告：有罪的人我不敢擅自赦免，天帝的臣仆我也不敢掩蔽，都由天帝的心来分辨、选择。我本人若有罪，不要牵连天下万方，天下万方若有罪，都归我一个人承担。"

周武王得上天大赐，善人特别多。他说："我虽然有至亲，不如有仁德之人。百姓有过错，都在我一人身上。"

解读

敢于承担治天下责任

“百姓有过，在予一人”，这是执政者以天下为己任的最古老、最有力的表述。究竟什么样的人才是最好的为政者，才能真正治理好国家？人们当然都会想到有才能者，但仅仅有才能，并不见得是“最好”的。一个真正有大作为的人，首先要有以天下为己任的情怀和先国后家的精神。否则，即使有一些看得见的“政绩”，而不能以德化民，使天下归心，长治久安，又怎能算得上好的为政者？

历史上真正的贤能为政者其实屈指可数，这其中，周公算是一位。

周公姓姬名旦，是西周文王的儿子，武王的弟弟。周公，是人们对他的尊称。文王死后，周公辅佐武王讨灭残暴的商纣王，建立了周王朝，是周朝功劳卓著的开国元勋。

武王灭殷以后，遍封功臣宗室，受封的诸侯都忙着赶到自己的封国，辟地斥土，招民纳税，去当一国之君。周公被封到曲阜，称鲁公。他看到国家刚刚建立，天下尚未安定，诸侯叛乱不断，朝廷的礼乐制度也亟待建立，在这个时候，自己不能只顾经营个人的封国，享受王侯之乐，而弃国家急难于不顾。于是，他让儿子代替自己管理封国，自己留在京师，帮助武王处理国政。

周公贵为天子之弟，又是执掌国政的重臣，他却从不把地位和职权当作特权和享乐的资本。相反，他更加勤勉谨慎，每天都勤勤恳恳地为国事操劳，唯恐因为自己的怠慢和过失给国家造成损失。

当时，各地很多贤良之士来到周朝投效，周公非常恭敬地接待他们。如果他正在吃饭，宁肯把口中的饭食吐出来，也不咽下饭食而让贤士多等片刻；他若正在洗发，会马上停止，把头发挽起，决不让贤士等他洗完发，有时，他甚至一饭三吐哺，一沐三挽发，他这种恭谨勤勉地对待政事和礼贤下士的精神受到天下贤士的敬重。

武王死后，成王年纪尚幼，周公担心主轻国危，诸侯乘机叛乱，就决定自己代替成王执掌国政。周公的哥哥管叔和弟弟蔡叔，心怀不轨，到处散布谣言，说周公要加害成王，自己当国君。一些人误解周公，以为他真的要取成王而代之，一时间谣言四起，对周公很不利。

周公想到，国家正处在危机时期，如果自己为了顾及名声，回避谣言，放弃摄政，可能会使周朝几代人艰苦创立的事业毁于一旦，于是，他默默忍受着人们的误解，不顾流言中伤，尽心竭力地主持国政。他执政七年后，见成王长大成人，可以临朝听政了，就将国政交还给成王，自己每天仍然站在臣子的位置上，恭敬谨慎地听从成王的命令。

成王执政后，却听信了别人对周公的诬告，周公只得离开朝廷，躲到楚地。一次，成王在内府发现周公的一篇祷告文，是以前自己生病时，周公向河神祝告，请求河神让成王早日康复，并且在文中说为了周国的安宁，自己愿意代替成王受到神的处罚。后来，成王又发现另一篇祷告文，内容是早年武王病情垂危时，周公请求天神，说自己愿意代替武王去死。这两篇祷告文深深感动了成王，他明白了周公对国家是一片赤诚忠心！自己却误信谣言，让他离开朝廷。成王又悔又恨，失声痛哭，亲自去请求周公原谅，把他请回朝廷。

周公回来后，仍然尽心竭力地辅佐成王，直到他病逝前，还嘱咐把自己埋葬在成周，永远不离开成王。

边塞诗人高适所作《送董判官》中说得好："长策须当用，男儿莫顾身。"有救国济世的良策应当付诸实施，切莫计较个人身前身后的享受与美名，应以国家至上，忧在人先，乐在人后。如果不能像周公那样以天下为己任，尽心尽力，无怨无悔，还是趁早把政位让给贤能之士，以防留下骂名。

为政以公，能得民心

【原典】

谨权量①，审法度，修废官，四方之政行焉。兴灭国，继绝世，举逸民，天下之民归心焉。所重：民、食、丧、祭。宽则得众，信则民任焉，敏则有功，公则说。

【注释】

①权量：权，秤锤，指量轻重的标准。量，斗斛，指量容积的标准。

【译释】

应该谨慎权衡，审察法度，旧的官职废了就重新修立，全国的政令就会通行了。恢复被灭亡了的国家，接续已经断绝了家族，提拔被遗落的人才，天下百姓就会真心归服了。所重视的四件事是：人民、粮食、丧礼、祭祀。宽厚就能得到众人的拥护，诚信就能得到百姓的信用，勤敏就能建立功业，公平就会使百姓心悦诚服。

解读

法制体现公平正义

一个国家的建设，离不开法制建设，法制又是建立在公平正义的道德原则之上的。做到公平公正，自然人心敬服，领导者的威望自然树立起来，这种威的效果比以严、以酷所立的威更有效，也更长久。

清朝的雍正皇帝，就是一位很注重“法制公平”的人。

清朝的法律条文中，有一项“留养承祀”制度，为了体现公平正义的原则，雍正在位时，把这项法律条款制度化了。所谓留养承祀，就是指某些人虽犯了重罪当斩或要被流放到边远地区，但政府考虑到他上有双亲需要抚养，下边没有妻儿承继香火，同时该犯又无兄弟奉养老人，因此决定留他性命，好使老人得以奉养，香火得以传递。雍正指出，在留养承祀的具体问题上，应根据实际情况具体对待，即必须看被害者家中是否有子女来奉养双亲。假如被害人家中没有其他子女，而杀人者却反得留养承祀，那岂不有失公道吗？

雍正还规定：凡充军囚犯和免死发配囚犯，倘若家中有祖父母或父母深染重病无人照料的，对充军囚犯，处以杖责；对免死囚犯，枷号两月，杖责一百；然后再准许其留下来奉养老人。又规定：假如丈夫失手打死妻子，父母虽已故，但该犯却没有子嗣延续香火的，可将该犯枷号两月，杖责四十大板之后，才准其留养承祀。

从上述规定看，雍正皇帝既照顾到了老人的一面，使人老有所养，又照顾到了下一代的情况，使人家业永存，香火不断传延下去。在封建社会，此举是颇符合当时的社会环境和人们的伦理道德观念的，因此也就大体上体现了公平原则。

雍正的所谓公平自然也有其历史局限性，然而他所提倡的公平的精神却值得后世深思。为了体现法律面前人人平等的原则，雍正本人曾说：刑法应是至公至平的，不能随意忽轻忽重。

雍正的公平原则，不但认为法律面前是人人平等的，甚至还认为“王子犯法与庶民同罪”，比普通百姓犯法更可恶，更应从严受到制裁！他的这种说法，尽管在封建社会的历史条件下不可能完全实现，但即便是作为一种倡导，也是有着非凡意义的。

弘扬美德，惠民利民

【原典】

子张问孔子曰：“何如①斯可以从政矣?”子曰：“尊五美，屏四恶，斯可以从政矣。”子张曰：“何谓五美?”子曰：“君子惠而不费，劳而不怨，欲而不贪，泰而不骄，威而不猛。”子张曰：“何谓惠而不费?”子曰：“因民之所利而利之，斯不亦惠而不费乎？择可劳而劳之，又谁怨?欲仁而得仁，又焉贪？君子无众寡，无大小，无敢慢，斯不亦泰而不骄乎？君子正其衣冠，尊其瞻视，俨然②人望而畏之，斯不亦威而不猛③乎?”

【注释】

①何如：怎么样。②俨然：严肃庄重的样子。③猛：凶猛。

【译释】

子张问孔子说：“做到哪些方面可以从政?”孔子说：“尊重五种美德，排除四种恶行，这样就可以治理政事了。”子张问：“五种美德是什么?”孔子说：“君子要给百姓以恩惠而不耗费财力；使百姓劳作而不使他们怨恨；要追求仁德而不贪图财利；庄重而不傲慢；威严而不凶猛。”子张说：“怎样叫要给百姓以恩惠而自己却无所耗费呢?”孔子说：“让百姓们去做对他们有利的事，这不就是对百姓有利而不耗费吗！选择可以让百姓劳作的时间和事情让百姓去做，这又有谁会怨恨呢?追求仁德又得到了仁，还有什么可贪的呢?君子对人，无论多少，势力大小，都不怠慢他们，这不就是庄重而不傲慢吗?君子衣冠整齐，目不斜视，使人见了就生敬畏之心，这不也是威严而不凶猛吗?”

解读

两袖清风的于谦

对从政者而言，从政的目的就应该是效力于社会，而不是考虑为个人捞好处。所以从政者首先必须考虑如何为国家出力。历史上辅政者、从政者多得无法统计，但能流芳后世者都是公正廉洁、有德有为的“不贪”之人。

岳飞说：“文官不爱钱，武将不惜死”，明代名臣于谦都做到了。于谦不仅是一个军事家、民族英雄，更主要的是作为一个政治家，他一生勤政爱民，刚直不阿、忧国忘家，留下了千古美名。

于谦聪明好学，少有神童美誉，15 岁中秀才，23 岁中举人，24 岁中进士。在出任江西巡按后，他不畏权贵，平反冤狱，打击豪强，震动官场，名声大振。宣德五年（1430 年），河南、山西灾荒严重，朝廷拟派大员前往治灾，明宣宗亲笔书写了于谦的名字，授给吏部，破格提拔于谦为兵部右侍郎，巡抚河南、山西。

于谦肩负重任，匆匆上路赴任了。为了了解情况，他“朝在太行南，暮在太行北”。大灾之后的惨景深深地震撼着他的心。由于历任地方官不谋民生，只知搜刮民脂民膏，辛苦终年的农夫到头只能用粥菜充饥。一遇灾荒绝收，面临的就是绝境，于谦上书请求朝廷拨款 30 万两，开仓放粮，赈济饥民，并严令地方官秉公办事，严禁克扣中饱，违者严惩。这一举动，把几十万灾民从死亡线上解救了下来。为了使人民度过荒年，于谦还下令将一些地方仓库的存粮减价卖给农民，还免去了一些地方百姓的田租劳役。为了抑制灾后疫病的流行，他还设立了惠民药局，免费为百姓治病。

于谦在河南、山西任地方长官达 19 年之久。这一地区历来多灾，尤以河南为甚。为给人民筹长远之利，他做了一项规定：每年 3 月青黄不接之时，官府借粮给贫苦的百姓，待秋后归还；对实在无力偿还者可酌情免掉他们的借粮；州县官每年必须备足粮食，否则，任满当迁者不许离任。人民亲切地称他为“于青天”。

从 33 岁起任兵部右侍郎，巡抚河南、山西时起，于谦就历任高级官职，但他一生清廉自守，把名节看得很重。他认为金钱会损害名节，聚敛金钱的人即使逃过了国法，也逃不过公议。他为官从不搞排场，都是轻车简从，也从不搞请客送礼。当时地方官进京办事，按例要带很多钱物，以疏通关系，而于谦每次都空手入京。有人劝他说：你不带金银，也应带点手帕、蘑菇、线香之类的土产。于是，于谦作诗一首以明志：

手帕蘑菇与线香，本资民用反为殃。

两袖清风朝天去，免得阎闾话短长。

公正廉明是古代对做官的基本要求，对清官来讲，首先是不贪，然后是无私，不贪则廉，无私则公。这在现在仍有积极意义。不论为官或治家，必须以身作则，奉公守法。为人应心气平和，不欲不贪，保持廉洁的传统美德。人们如果能多克服些私欲就可以多存些公德。

摒弃恶行，德行自见

【原典】

子张曰：“何谓四恶？”子曰：“不教①而杀②谓之虐；不戒视成谓之暴；慢令致期谓之贼；犹之与人也，出纳之吝谓之有司。”

【注释】

①教：教化，教导。②杀：处罚。

【译释】

子张问：“什么叫四种恶政呢？”孔子说：“不经教化便加以处罚叫做虐；不加告诫便要求成功叫做暴；政令迟缓却又限定期限，这等于陷害人，所以叫做贼；同样是给人财物，却出手吝啬，叫做小气。”

解读

志于仁而不为恶

这里，孔子列举了四种恶行，意在劝诫为政者以仁为念，摒弃各种恶行。推而广之，为人亦应以善为念，勿以恶小而为之，这样才能使“仁”居于心，用自身的德行去感化他人。

司马迁在《史记·五帝本纪》里，记载了古代圣贤舜的故事。据说，舜一名重华，因为他的眼睛与众人不同，有两个眼瞳子。他父亲瞽叟是个糊里糊涂的人，母亲过早地去世了。他有个后母，还有一位后母生的弟弟名叫象。后母心地褊狭，兄弟傲慢蛮狠。舜在家里的地位和处境，自是不言而喻了。他体贴父亲，原谅后母，宽容弟弟，尽管劳动辛苦，又缺衣少食，但他毫无怨言。乡亲们都说："能够孝敬父母和友爱兄弟的人，将来必定有出息。"可是好几次，家里的人却想害死他。舜只好逃了出来，跑到一座名叫历山的山脚下开荒种地。历山下的乡亲们，主动让出了土地和渔场。舜在历山下，用水和泥制作成许多盛水用的陶罐，分给乡亲们。乡亲们爱戴他，乐意跟随他，只要他住过的地方，便很快成为熙熙攘攘的村镇。

舜的生活好起来了，他主动接双亲和弟弟来历山居住，照顾他们。舜这个举动，传到统治天下的尧帝耳朵里。当时，尧帝年老，儿子丹朱却愚钝无能，难于继承治理天下的大事，尧决定物色一个继承人。助手们异口同声地推荐舜。于是，尧帝送舜一张琴，还将两个女儿娥皇、女英嫁给他。

乡亲们见尧帝如此信任舜，都很高兴。弟弟象却怀着鬼胎，他要害死哥哥，霸占两位嫂嫂。便和母亲相商，叫糊涂的父亲把舜找来，说是要修补屋顶，以防漏雨。

这天，舜搬来一把梯子，又带了两个大斗笠，爬上屋顶去修房。弟弟象见四下无人，偷偷地把梯子搬走，又在房屋四周点着火。顿时，火借风威，风助火势，熊熊大火呼啦啦地烧起来了。舜情急智生，连忙将两个大斗笠系在胳臂上，就像大鸟展翅一样往下跳，终于安全脱险了。

弟弟一计不成，又生一计。他又要父亲去找哥哥，说是要打一口井。舜明知弟弟不怀好意，还是带着斧子、铲子和绳子去挖井。他在井里先挖出一个洞穴，然后继续往深处打井。就在这时，只听得轰轰隆隆地响声不绝，一块又一块的大石头砸了下来。舜赶忙躲进洞穴。过了好久，舜听井上面没有动静，才摸着绳子爬出井来。弟弟的阴谋又落空了。

舜踏着月色回到家里，从门缝里听见弟弟正向父母闹嚷着。弟弟说："哥哥已被我用石块砸死了，我要与你们分家，哥哥的琴和两位嫂子归我，其余的牛、羊、粮食也有我一份。"话音未落，只听得吱呀一声，舜推门进来了。他若无其事地拜见过父母，然后转身说道："弟弟，我还有许多事情要做，以后你多多帮忙料理家事吧！"弟弟听罢，禁不住热泪盈眶，表示今后要悔过自新。双亲也觉得很惭愧，对不起这么好的儿子。从此，家里和和睦睦，舜为百姓办事的劲头更足了。

尧帝经过多年的观察考验，见舜果然是一位值得信赖的人，在百姓中有很高威望，便把帝位禅让给他。舜 50 岁时开始代替尧帝行天子事。舜 61 岁时，尧帝死，便正式登位。

也许在今人看来，舜的这种仁德有些“傻气”。其实，他的心里对一切恶行都是了如指掌的。但他并没有以恶抗恶地去报复，而是以仁德来感化“恶”。这种行为不仅需要有宽如大海的心胸，更需要以“志于仁”来作支撑。

“仁者无敌”，这其实并不是一句高调。在当代社会，随着市场经济的发展，很多人错误地认为，所谓的“仁爱、良心”已经没有实际作用了，这其实是一种既狭隘又短浅的观点。从长远的发展看，立志行仁，内心就会有一种向善的自律力量，它会使一个人产生崇高的使命感和责任感，不但拥有了推动生活、事业的正确力量，而且也能够使整个前进的路上，都不会产生内在的焦虑、彷徨，同时令外界见不得人的干扰、攻击对你敬畏而远之。

立身有道，顺应自然

【原典】

孔子曰：“不知命①，无以为君子也；不知礼，无以立②也；不知言，无以知人也。”

【注释】

①命：指天命。②立：立足。

【译释】

孔子说：“不懂得天命，就不能做君子；不知道礼，就无法立足于世；不善于分辨别人的话语，就不能真正了解他。”

解读

不逆潮流而动

“识时务者为俊杰。”孔子说的“命”就是“天命”，就是时势时务，就是潮流，就是一种必然趋势。在“天命”面前，只能是顺之者存、逆之者亡。无论是常人，还是伟人，无论是立身还是处世，都必须首先认真细致地去“知天命”，把握“天命”。

周朝分封宗室子弟，王位传袭八百多年；秦朝废除分封制，到秦二世就灭亡；汉初吕后想危害刘氏天下，最后也是靠刘氏宗室子弟的力量才获得安定。唐太宗就从历史的正反经验中得出结论：分封皇亲贤臣，是使子孙绵延长久、社稷长治久安的办法。于是唐贞观十一年，他就定下制度，将皇室子弟荆州都督李元景，安州都督吴王李恪等 21 人，又加上功臣司空赵州刺史长孙无忌、尚书左仆射宋州刺史房玄龄等 14 人，一并封为世袭刺史。

这一重大举措，立即遭到臣属们的议论，许多大臣建议李世民收回成命，并放弃分封制度。李世民则以为这是借鉴历史的经验、遵从古代的法规，没有错，所以不愿意放弃。直到礼部侍郎李百药上了一道奏折，劝谏唐太宗应注重古今区别，不可墨守成规、刻舟求剑而行世袭封爵，李世民才幡然醒悟。

李百药在其奏章中，慷慨陈词，分析了商周时代实行分封制之所以成功的时代背景，总结了晋代分封失败的教训，然后一针见血地指出：不具体分析前朝前代的历史，不注重当朝当代的实际，只是笼统地说某种制度优、某种制度劣，一味地遵从古制，那就无异于刻舟求剑，作茧自缚。

唐太宗李世民看过奏章，觉得李百药态度中肯，道理深邃，论据可信，便采纳了李百药的意见，取消了宗室子弟及功臣世袭刺史的诏令。

一开始，李世民自以为是地采取了分封子弟为世袭地方大员的措施，殊不知这种做法根本不适合当时的社会经济状况。因此，当有远见的李百药上书之后，他也认识到了自己的错误。虽贵为皇帝，违背了“天命”也照样会遭到历史规律的惩罚。李世民的开明之处，在于他能够很快改正错误并回到正确的轨道上来，从而避免了让整艘社稷大船走向不可预测的航道。

孔子在这里讲的天命，其含义是指人力无法违背和抗拒的自然历史运行规律。正因为人没有办法对其加以直接地转变，所以叫“命”，“天命”即客观规律和时代趋势。不洞察时局，不掌握趋势，不把握现实，就没有做“君子”的凭借和资格。反过来说，一个人应该以顺应时代趋势作为立身处世、成事谋业的基本依据。这对于我们做事做人，尤其是在面临人生抉择和大事危局的时候，具有很强的指导意义。

参考文献

［1］李志敏．中华古书—四书五经［M］．北京：京华出版社，2003.

［2］于丹．论语心得［M］．北京：中华书局，2006.

［3］王少农．老子处世真经［M］．北京：中国国际广播出版社，2003.

［4］邢群磷，李敏．听南怀瑾讲论语全集［M］．哈尔滨：黑龙江科学技术出版社.2008.

［5］孟宪婷．孔孟的智慧［M］．呼和浩特：远方出版社，2009.

［6］迟双明．二十四史为政智慧［M］．北京：地震出版社，2006.

［7］东方智．做人要方处世要圆［M］．北京：当代世界出版社，2004.

［8］王福振．菜根谭智慧全集［M］．北京：中国纺织出版社，2009.

［9］胡礼明．有一种智慧叫包容［M］．北京：中国长安出版社，2008.

［10］章人英，夏继鑫．东方爱经——论语的人生智慧［M］．长春：长春出版社，2004.